ecotourism

Impacts, Potentials and Possibilities

생태관광론

ecotourism

Impacts, Potentials and Possibilities

생태관광론

2판 머리말

생태관광이란 단어가 왜 우리에게 이렇게 가까이 그리고 절실하게 닥아오는지는 산업의 발전이 가져다준 문명의 이기에서 시작되지 않나 싶어진다. 점점 더 인간이 이롭게 되고 편하게 되면 될수록 그에 수반하여 한 쪽은 무언가를 잃게 되는 제로섬과 비슷하다고나 할까?

유년시절 여름밤이면 반딧불이 하늘에서 이리지리 유영하고 다니면 그것을 잡아 눈가에 붙이고 도깨비 놀이를 하고, 메뚜기를 잡고 재첩을 잡는 것과 맑은 냇가를 가면 고기를 쉽게 잡을 수 있었던 것, 길가에 휘날리는 코스모스, 들국화 등 눈가에서 어른거린다. 어린 시절 지근거리에 있던 것에 대한 아련함이 지금은 없어지거나 대하기가 어렵게 되었다. 관광은 귀소본능(歸巢本能)에서 보는 학자도 있다. 그 아련함의 과거에 대한 추억을 더듬고 싶어 하는 향수를 찾아 들어가 본다. 하나의 관광의 새로움의 맥으로 다가선다.

Stepen Wearing과 John Neil은

1. 생태관광의 이론적 접근을 철학에서 찾고자 하였다.
2. 그리고 왜 우리는 환경을 보호하고 보전하여야 하는지에 대한 생성의 원리에 접근하고자 하였으며
3. 생태관광의 사례를 여러 부문에서 점차적으로 없어진 것을 살펴보면서 피해형태를 알아보고
4. 이를 보존(保存) 및 보전(保全)하기 위한 기법에 대하여 살펴보면서 이론적 고찰을 하였으며

5. 우리는 과연 미래세대를 위하여 지속적으로 물려 줄 수 있는 종(種)의 유지와 자연환경을 어떻게 하는 것이 바람직한가에 대하여 고민하면서 제시하였다.

과거의 아련함이 점점 더 사라지고 소멸되는 과정에서 인간이 지켜야 되고 그렇게 하기 위해서는 어찌해야 될지에 대하여는 Rachel Carson의 '침묵의 봄'과 Aldo Leopold의 '모래 군의 열두달'에서도 두드러지게 나타난다. 뉴질랜드의 피요르드 국립공원의 트래킹을 돌기 위해서 몇 개월을 기다려야 하고 북극 빙하의 사라짐은 지구환경의 심각성을 나타내고, 네팔의 트래킹이 가져다주는 폐해, 갈라파고스의 종의 유지를 위한 처절한 행동제한과 크로아티아 플리트비체의 신비스러운 자연보호는 자연환경이 가지고 있는 신비스러움에 경탄하면서 생태관광의 필요성을 되새겨 보게 해 준다. 본 역서를 내면서 부여하고자 하였던 것에 최대한 접근하고자 노력을 아끼지 않았음을 부연해 본다.

만물과 공유해야 하는 이 세상을 무모하고 무책임하게 오염시키는 인간의 행위에 가장 먼저 저항하고 이 책이 의미하고 있는 것이 되도록 중요한 몫을 한 이들에게 감사드립니다. 이 저서의 의미를 저자가 의도하는 바를 새기고자 심혈을 세심하게 기울여 준 역자들 서로의 노고에 감사한다. 또한 이 책이 출간 되도록 지원해 주신 임순재 대표, 편집자인 최혜숙 편집실장은 우리들에게 꾸준히 격려해 주었고 지지부진한 원고 진척 때문에 조정해야 하는 수고를 맡아 주었다. 이 책에서 관심 있는 분들에게 좋은 도움이 되기를 바란다. 자연을 이용하는 사람들에게 이성과 상식의 승리를 위해 자연경애의 윤리가 발아되기를 바란다.

2017. 8.

역자 채예병 · 김현지 씀

머리말

Stephen Wearing & John Neil : Ecotourism : impacts, potentials and possibilities의 역서를 내면서

생태, 웰빙, 친환경, 지속가능한 이라는 어휘의 쓰임이 많은 오늘날 이러한 개념에 대한 인지가 없으면 현대인이 아닌 것처럼 느껴지는 것은 그만큼 환경이 인간으로부터 위협받고 있는 동시에 환경은 인간에게 없어서는 안 되는 중요한 것임을 의미한다.

이러한 맥락 속에 한국관광의 발자취를 살펴보면 1975년 초 관광기본법 제정 시에 다소 생소했던 '국민관광'이란 단어가 법 목적에 삽입되었으며, 경주보문단지의 기본계획서에 환경의 지속성언급과 오수(汚水), 우수관의 확대 등과 같이 당시는 그리 심각하게 생각지 못했던 환경관련 단어가 정책입안에 고려되었던 사실을 통해, 우리는 당시의 정책입안자와 학자들의 미래지향적 사고에 감탄해 본다.

누구의 지속가능성인가? 또 누구를 위한 지속가능성인가?

Holy-Lacy는 지속가능성 개념은 환경단체와 개발단체 간의 이념적, 정치적 간격을 좁히기 위한 중재역을 위한 중재역할, 즉 근본적으로 상반되는 에코(eco)와 인간중심주의 두 패러다임의 교량역할을 해 왔다고 주장하였다. 또한 그는 지속가능성(sustainable)개발 앞에 형용사 생태학적(ecological)을 붙인 것이 세계에서 유례없는 교묘한 속임수로 수식어의 선택은 전체과정을 심하게 왜곡시켰으며 모든 경제적 견해들이 방어될 수 있도록 만들었다고 주장하였다.

우리의 생존이 달린 생태계를 보호하고 육성해야만 한다는 자원관리접근법과 Gifford Pinchot의 "보존을 위한 투쟁(The Flight for Conservation)"에서, 자원보존주의는 '제한된 개발'의 형태이며 최소한의 개발은 지구상의 생물을 부양하는 대기, 물, 토양, 모든 생물과 같은 자연체계를 위협하지 않는 선에서 지속가능하게 이루어져야 한다고 보았다. 또한, 일부 환경단체들은 자연지역이 전혀 혹은 거의 인간의 관여가 없는 비 개입에 의해 보존되어야 한다고 믿고 있는 '경성(Hard) 심층생태론' 지향주의에 반해 '연성(Soft) 과학기술접근법'은 인간과 환경의 본질적인 상호의존으로 인해, 생태공동체와 동일한 정도로 인간의 복지를 고려해야 한다고 하였다.

- 인간과 자연의 조화에 대한 믿음
- 대기오염, 토지, 황폐화 등 환경에 끼치는 인간의 부정적 영향을 완화하거나 제거하려는 시도
- 모든 생명체는 각각의 특별한 내재적 가치를 지닌다는 논점 등 인간의 역사 속에서 자연은 인간생존을 위해 천연자원과 영감(inspiration)을 제공해 왔으나, 세계 도처의 주요 생태계는 인간만을 위한 독점적 편익과 실리추구를 위해 주택 도시, 산업체, 도로와 같은 기반 시설들로 대체되어 왔다.

생태관광이 단순한 활동이 아닌 철학이라면, 과연 어떤 철학인가?

생태관광 발전에 기여해 온 철학적, 사회적 경향을 파악하고, 생태관광을 보다 포괄적인 역사적 맥락 하에서 살펴보면서 인간과 자연의 관계와 상호작용에 대한 면밀한 관찰을 통해 생태관광을 이해해 보는 것이 본서를 번역하게 된 의미이다.

생태관광은 기본적으로 자연환경에 의존하고 있다.

생태관광을 통해 인간은 자연환경과 지역원주민에게 어떤 혜택을 주고 있는가?

외국어로 된 책을 번역하기까지 문화와 환경이 다르고 이해의 폭이 다를 수 있겠구나 하는 점에 장시간의 시간적 투여가 필요하였다. 번역을 하고 과연 이것을 읽는 분들이 쉽게 이해할까? 결코 쉽지 않은 것이 번역이라는 점에 다시한번 고뇌의 끈이 지속되었다. 이런 과정에서 전 경원대 이종문 부총장님, 관우회 이양석 회장님, 경북관광개발공사 김태식 전무님의 현장이론과 현실적이며 실제적인 조언이 많은 도움이 되었다고 느끼며, 이 역서가 출간되는데 노고를 아끼지 않으신 김정미님께도 함께 감사드린다.

본서의 특징은 저자가 10년이 지난 시점에서 생태관광이 관광연구안에서 그리고 광범위하게 관광 산업의 변화를 겪은 것을 토대로 생태관광 산업의 급속한 성장에 주목하며 2판은 주류접근법에 대한 실행 가능한 대안으로서 생태관광산업의 위치를 확고히 하고자 하는 시기에 냈다는 것이 특징이다. 1판 내용의 개정 및 업데이트는 물론 파푸아뉴기니 코코다 트랙, 네팔의 포터, 제스폰팅의 인도네시아 멘타와이 제도 외 새로운 사례연구를 폭넓게 추가하여 독자들의 이해를 돕는데 주력하였으며, 추가문헌의 추가, 용어사전의 업데이트를 통하여 생태관광기관 및 기타 지속가능한 관광가이드 웹사이트 정보제공과 본서를 통한 연구, 관리, 운용, 마케팅, 계획, 개발, 해설 같은 영역 등 폭 넓게 제시한 점은 생태관광이 지속적으로 자리매김하는데 학생, 연구자, 정책입안자, 정책집행자, 생태관광관련 사업자 등에게 지침서 역할을 충분히 할 것이라 기대하고 펴낸 것이 특징이다.

대자연의 현상에서 인간의 '삶의 가치'를 보다 더 느끼면서 자연에서 무언가를 배우고 느끼게 하는 관광의 본질이 자칫 인공적으로 만든 관광 상품 속에서 몸살을 앓지 않았으면 하는 의미를 담고 이 역서를 펴낸다. 역자들은 본서가 단순한 지식의 축적에 그치지 않고 환경과 자연의 의미와 중요성을 깊게 느껴질 수 있는 생태관광의 역서가 되기를 바란다.

마지막으로 이 책이 나오기까지 도와주신 한올출판사의 임순재 대표님, 최혜숙 편집실장님과 편집실 여러분들께 감사드리고, 함께 원서(Stephen Wearing & John Neil : Ecotourism : impacts, potentials and possibilities)를 잡고서 세심하게 심혈을 기울인 역자들 서로의 노고에 고마움을 느낀다. 생태관광산업의 지속적인 발전을 기하는데 이 역서가 많은 도움이 되기를 기대해 본다.

역자 채예병 · 김현지 씀

CONTENTS

CONTENTS

CONTENTS

CONTENTS

Preface to the Second Edition

서 문

　'생태관광: 영향, 잠재력 및 가능성' 초판이 나온 지 10년이 흘렀다. 그 동안 생태관광은 관광연구 안에서 그리고 좀 더 광범위하게 관광산업 안에서 변화를 겪어 왔다. 학문 분야에서는 생태관광 관련 저서들의 출판이 기하급수적으로 증가했고, 2002년 '생태관광 저널' 초판이 출간되었다. 또한 2002년에 UN은 '국제 생태관광의 해'를 선언했다. 개회사에서 세계관광기구(WTO) 사무총장 프란체스코 프랑지알리는 생태관광 산업의 급속한 성장에 주목하며, 전세계 관광 산업의 미래를 보장하는 데 있어서 생태관광이 탁월한 역할을 담당하게 될 것이라고 말했다.

　또한 광범위한 환경 이슈들과 관련 해 국제 환경 정책 및 국제정치 합의 면에서 상당한 발전이 있어 왔다. 가장 주목할만한 것은 기후 변화로 현재 국제정치 의제에서 가장 중요한 이슈가 되었다. 2007년 2월 '기후변화에 관한 정부간 패널'은 지구 온난화는 90% 인간에 의해 발생하며 지구가 직면하게 될 가장 큰 환경 대재앙이 될 것이라는 내용의 연구결과를 발표했다. 또한 2007년에 앨 고어(전 미국 부통령 겸 기후변화 다큐멘터리 영화제작자) 그리고 러젠드라 프라찬드라(기후변화에 관한 정부 간 패널 의장)는 노벨평화상을 공동 수상했다.

　이러한 여러 도전문제에 직면해서 생태관광은 관광산업의 주변부에서 중요한 역할 담당자로 변화하고 있다.

　'생태관광: 영향, 잠재력 및 가능성' 2판은 주류 접근법들에 대한 실행 가능한 대안으로서 생태관광의 산업 내 위치를 확고히 하고자 하는 중요한 시기에 세상에 나오게 되었다.

2판은 3개의 주요 사례연구, 첫째 파푸아뉴기니, 코코다 트랙, 둘째 네팔의 포터, 셋째 제스 폰팅의 인도네시아 멘타와이 제도 서핑 관광을 포함해 7장의 초판 구성을 유지하고 있다. 2판은 초판 내용의 개정 및 업데이트뿐만 아니라 7가지 새로운 사례연구들이 본문 전체에 걸쳐 추가되었다. 초판 이후 생태관광 분야에서 발표된 여러 지식들의 폭과 깊이를 고려해서, 2판은 300가지 이상의 새로운 정보원들을 참고했다.

제시된 주제에 관한 좀 더 심층적인 독서를 원하는 독자들을 위해 각 장의 끝부분에 '추천 문헌'이 추가되었다. 업데이트된 용어 사전을 비롯해 책의 말미에 생태관광 기관 및 기타 지속가능한 관광자원 가이드 웹사이트 정보를 제공하는 새로운 섹션이 추가되었다.

서 론

생태관광은 무엇인가? 간단한 단어이지만 복잡하고 종종 모순적인 개념이다. 그것은 시류, 또는 일시적 유행인가?–생태학적 여행은 '차세대 유망주'이다; 가장 앞선 여행 방법은 바로 가까이에서 그리고 개인적으로 '자연'을 경험하기 위해 (가정의 모든 호화로움을 버리고) 익숙하지 않은 길로 배낭을 지고 떠나는 것이다.

또는 환경 문제가 가장 중요한 국제정치 의제인 21세기에 관광이 스스로를 마케팅 하기 위한 방법일까?–보존 문제는 현재 여론을 주도하고 있다. 지구 온난화, 열대우림 감소, 멸종 위기종의 죽음, 토지 오염은 세계적으로 보존을 위한 대중의 지지를 촉구하고 있다.

그 이유가 무엇이든 자연이 우리를 부르고 있으며 우리 모두는 함께 그 부름에 답하고 있다. 그리고 생태관광객들이 이러한 변화를 이끌고 있다. 그러나 '익숙하지 않은 길'을 간다는 것은 곧 그 길이 도로가 되고 심지어 고속도로가 된다는 것을 의미한다. 그리고 생태관광객들이 찾는 아름다운 야생공간은 '아무리 사뿐이 밟을 지라도' 인간의 영향에 허약하고 민감하다. 그러나 확실한 한 가지는 생태관광에 대한 세계적 관심 증가와 기하급수적 성장을 또 하나의 레크리에이션 추세로 단순히 설명될 수 없다는 것이다. 오히려 이는 인간이 자연을 바라보고 관계를 맺는 방식에 대한 근본적인 변화를 반영한다. 우리는 많은 질문들과 함께 시작했지만 쉬운 해답은 찾지 못했다. 어디서부터 시작할 것인가? 생태관광이라는 단어에서부터 시작해보자; 이 단어 안에는 외견상 모순적으로 보이는 두 개의 의미가 존재한다. 가장 분명한 의미인 관광에 대해 생각해 보자. 관광은 현재 세계에서 가장 대규모의 산업이다. 예를 들어 국제 항공편 승객 수는 1950년 2천 5백만에서 2005년 8억 6백만으로 추정되며, 평균 연성장률은 6.5%이다.(WTO, 2007)

여행 및 관광 소비, 투자, 정부 지출, 수출은 2006년(실질적으로) 4.6% 총 US$ 6조 5천 억까지 성장할 것으로 예상된다. 10개년 연간 성장률은 (2007-2016) 연 4.2로 예측되며 강력한 장기 성장세를 보여주는 것이다. 여행 및 관광산업은 2005년 전세계적으로 거의 일천 만 개의 일자리를(직접 및 간접적으로) 창출할 것으로 예상되며 세계적으로 총 234.3백만개 일자리가 여행 및 관광에 의존하고 있다.(WTTC, 2006:4)

이런 이유만으로도 많은 국가들이 관광을 높이 평가하고 있으며, 관광은 개발전략에 매우 중요한 위치를 차지하고 있다.

관광의 외화 및 국내 고용을 상당히 증대시킬 수 있는 잠재력으로 인해 정부는 관광 산업체들에게 구애 작전을 펼치고 있다.

서구 사회에서 여가시간의 증가, 실질소득의 증대, 이동성, 커뮤니케이션 및 국제 수송에서 기술적 진보, 인구통계학적 변화는 전세계적으로 강력한 관광수요를 이끌었다(Godbey & Robinson, 1997). 이러한 성장은 개발도상국에서 중요한 의미를 가지며, 전세계 국제 관광객 중 점유율은 1973년 20.8%에서 2000년 42%로 증가했다(WTO, 2002). 중요한 외화 수입원으로서 관광은 83%의 개발도상국에서 주요 수출 소득원이 되었다. 전세계 40개 최빈국에서 관광은 원유 다음으로 두 번째 중요한 외화 수입원이다.(Mastny, 2001)

항공산업 규제완화로 인해 개발도상국 여행은 점점 더 촉진되고 있으며, 경쟁이 늘어나고 항공여행 비용이 저렴해짐에 따라 전세계는 편리한 도달 범위 안에 놓이게 되었다. 국내 또는 기타 선진국으로의 휴가 여행에 대한 저렴한 대안으로서 현재 해외에서 휴가를 보내는 이들의 3분의 1 이상이 개발도상국을 목적지로 하고 있다. 전 세계 개발도상국의 대다수는 북반구의 겨울에서 탈출하길 원하는 일향성(sun-lust) 관광객들을 유인할 수 있는 기후대에 위치해 있다.

이러한 관광 '폭발' 어딘가 쯤에 생태관광이 존재하고 있다. '생태관광'은 전문여행 형태로 발전해 왔으며, 조류관찰, 과학연구, 사진 촬영, 다이빙, 트레킹에서 손상 생태계의 복원까지 다양한(그리고 종종 당황스러운) 활동 및 관광 유형들을 통합하고 있다. '생태관광'이란 단어는 폭이 넓고 헐렁한 의류와 같다. 어떤 이들에게 그것은 '자연기반' 관광활동의 부분집합이며, 또 다른 이들에게 그것은 '틈새' 시장, 특정 유형의 '특별관심관광'이다. 비교적 단시간 동안 생태관광은 많은 지역사회, 정부, 국제환경단체들의 상상력을 사로잡았다. 생태관광은 또한 자연환경체험 및 보존에 대한 확대된 동기로 이용할 수 있는데, 이는 사회적 가치의 근본적 변화에서 비롯된 것이다 (Blamey, 1995; Diamantis, 2004). 미국, 호주, 영국 관광객들의 60-90%가 관광객의 관광목적지에 대한 책임의 일부분으로서, 지역사회지원을 포함해 적극적인 환경보호를 고려하고 있다는 것이 밝혀졌다(Chafe, 2005). 특히 개발도상국에서의 이러한 지속적이고 근본적인 변화들은 생태관광 수요증가를 계속해서 이끌 수 있어야 한다.(Jenner & Smith, 1992; Higgins, 1996)

현재 생태관광 성장률 추정치는 극히 가변적이지만 평균 10~30% 범위 내이다[1](Kallen, 1990; Vickland, 1989). 이러한 가변성에도 불구하고 UN의 2002 '생태관광의 해' 지정을 포함해 관광산업은 전폭적으로 생태관광을 수용해 왔다.

다면적인 세상에서 어떤 하나의 사물은 빛이 반사되는 방식에 따라 또 다른 어떤 것을 의미할 수 있다. 그러므로 집 또는 서식지를 의미하는 그리스어 'oikos'에서 유래된 단어 '생태학 ecology'의 접두사 'eco'에 포커스를 좁혀 생각해 보자. 우리 인간이 살고 있는 환경은 가장 기본적으로 우리의 집, 우리의 거처, 우리의 생명을 유지하는 곳이다. 그리고 용어가 가지는 상대

---

1) 알다시피, 관광 유형의 다양성 그리고 분류 상의 논쟁은 부분적으로 생태관광시장의 규모를 평가하는 데 있어 어려움과 가변성을 말해 준다.

적 생소함에도 불구하고, 생태관광의 기원은 하나의 철학 그리고 체험으로서 환경 체험에 뿌리를 두고 있으며, 환경 보존주의자 및 환경 운동가 모두 생태관광의 철학적 유산을 간직하고 있다. 환경운동은 자연을 인간복지에 필수적인 것으로서 인식하는 자연보존운동으로부터 탄생되었다. 생물 다양성이 인간의 복지뿐만 아니라 인간의 생존에 필수적인 것이라는 과학적 이해의 결과로 최근에 이러한 신념은 더욱 강화되었다. 인간을 위한 유용성 또는 가치와 관계 없이, 자연은 스스로 존재할 권리를 가지고 있으며 반대로 인간은 모든 다른 종들의 운명을 결정할 수 있는 권리를 가지고 있지 않기 때문에 많은 이들이 자연보존의 필요성을 분명히 표현해 왔다.(Nash, 1989)

하지만 관광은 특별히 관광객들을 위해 건축될 수 있는 숙소로의 여행과 관련되어 있다; 우리가 밟는 장소는 그것이 인간이든 비(非) 인간이든 '타자(他者)들'의 생명 유지를 위한 곳이다. 세상은 이러한 '타자들'을 체험하기 위해-문화, 자연, 경관, 소리 및 냄새의 체험-특별한 경관을 보기 위해, 미지의 것, 이질적인 것, '마술적'인 것을 탐험하기 위해-그들의 장소에는 있지 않은 것들-전세계를 여행하면서, 욕구 충족을 위한 잔혹한 투쟁을 벌이며 활보하고 있는 부자들을 위한 무대이다.

이 책에서 출발하게 될 우리의 여행은 이해를 위한 여행이며, 다음 페이지들을 통해 그 여행은 우리를 전세계로 데려다 줄 것이다. 길을 가는 도중 호주, 라오스, 네팔, 북극, 인도네시아, 파퓨아 뉴기니와 아프리카 같은 곳들을 방문하기 위해 걸음을 멈추게 될 것이다. 이 여행의 첫 파트는 1장에서 시작되며 생태관광의 핵심 원칙들을 논의하게 된다. 근본적으로 생태관광은 비교적 방해 받지 않는 지역 또는 자연보호지역 여행과 관련되어 있으며, 지역의 식물군, 동물군, 지질, 생태계에 대한 이해, 감상, 보존을 촉진한다.

지역의 동물군, 지질 및 생태계는 생태관광의 자연기반 요소를 강조한다. 그러나 생태관광은 이러한 관계만으로 정의되지 않는다. 생물학적 그리고 물리적 특징은 생태관광의 중심적인 것이며, 자연지역 보존과 지속가능한 자원관리는 생태관광의 계획, 개발 및 관리에 필수적이다. 또한 생태관광활동은 관광목적지 또는 관광수용 지역사회 보존에 긍정적인 기여를 해야 한다는 개념 또한 포함되어야 한다. 관광산업, 지역사회, 보호지역 간 연결고리를 확립하고 유지함으로써 관광수용 지역사회와 관광객 모두에 대해 생태관광은 보존 목표 지지 기반을 창조할 수 있는 가능성을 가진다는 것을 이해해야 한다. 이는 우리의 여행을 위한 근거를 제공해 줄 것이며, 자연 및 사회환경의 보존 및 지속가능성이라는 주요 이슈들을 이해할 수 있게 할 것이다.

2장은 역사적 맥락 하에 생태관광을 설정하고 생태관광 발전에 기여해 온 주요 철학적 사회적 흐름들과의 관계를 살펴 본다. 특별히 인간-자연 간 관계 및 이들 사이의 상호작용에 초점을 맞추게 되며, 역사적으로 그리고 철학적으로 자연을 평가하는 방식에서의 변화, 그리고 이러한 가치 변화에 대한 생태관광의 적응 방식을 이해하는 데 도움이 될 것이다.

선진국의 지배적인 자유시장경제에서 정부규제 및 시장의 힘의 상호작용은 정책 방향에 매우 큰 영향을 미친다. 3장은 임업, 광업, 어업 및 농업 같은 전통 산업에 대해 대안을 제공해 줄 수 있는 가능성을 가진다는 점에서 특별히 정부에 관광이 매력적인 이유를 고찰한다. 그러나 많은 경우 생태계 및 지역사회에 끼치는 관광의 상당한 영향으로 인해 관광편익이 제한되기 때문에, 관광은 높은 기대에 부응하지 못하고 있다. 총체적인 전략도 없이, 입법 프레임워크에 대한 적절한 주의도 없이, 지역사회와의 협의 또는 개입도 없이, 효과적인 보호지역 관리 계획도 없이, 정부 또는 산업체는 종종 관광을 장려하고 있다. 개발을 위한 사회기반 시설의 제공 그리고 생태관광의 계획 및 관리를 위한 정책 및 제도적 전제조건들을 이해하기 위해, 지속가능 기반을 초과하지 않도록 보장할 수 있는 메커니즘에 대한 논의를 포함해 생태관광 관련 핵심 정책 이슈들을 고찰하게 될 것이다.

현재 보호지역의 기능 및 목적에 대한 논쟁 보다 생태관광에 대한 대립적인 관점들을 극명하게 보여주는 것은 없다. 그것은 두 가지 주요 지향점 '보존' 대 '이용'에 관한 대립이며, 보호지역 관광은 정확히 이러한 딜레마를 구체적으로 표현한다. 이러한 대립은 관광 및 보존 목표를 추구하고 있는 독립된 기관들의 용인된 제도적 장치들을 통해 나타나고 강화된다.

국립공원 관광에 대한 현재 논쟁의 초점은 보호지역 및 지정 보호구역 개념이 발생한 이후 존재해 온 오랜 논쟁의 연장이다. 보존 지지자들의 원칙은 보존여부에 관한 결정이 아니라 어떻게 보존할 것인가가 되었다. 이러한 면에서 지속가능개발전략으로서 생태관광은 지역의 지속적 보호를 위한 기반제공을 위한 투쟁 안에서 실제적인 성과를 제공하기 위한 수단으로서, 보호지역 관리자 및 보존 기관들의 정치 철학의 한 부분이 되어 가고 있다.

5장은 생태관광과 기타 다른 형태의 자연기반관광 차별화에 도움이 될 수 있는 해설 및 교육의 핵심 요소들을 소개한다. 방문객 체험 차원에 초점을 맞추는 것은 방문객이 단순히 환경 또는 사물을 바라보는 것이 아니라 그곳의 가치를 느끼고 인지한다는 것을 보여 준다. 이처럼 인식 고취, 이해 고양, 긍정적인 환경행동 유도, 그리고 참가자의 관점 및 태도의 명료화 또는 확장을 위해, 해설은 방문객의 인지 및 정서적 상태를 지향한다. 그러므로 해설은 보존 목표에 필수적이며 생태관광의 중심점이다.

관광산업은 숲, 모래톱, 해변, 산과 공원 같은 자연 자산들을 광범위하게 이용하고 있지만, 이러한 자산의 관리에 과연 무엇을 기여하고 있는가? 관광사회기반시설의 제공, 관광수용 지역사회에 미치는 관광영향관리 비용을 부담하는 것은 환경, 지역사회 및 정부이다. 지역사회, 특별히 원주민 또는 전통적인 지역 관리자들의 경우, 관광의 사회 문화적 영향을 직접적으로 체험하기 때문에 관광개발의 유해한 영향에 매우 취약하다. 많은 사례에서 해외 시장에 관광 목적지 홍보를 위해 원주민 문화가 광범위하게 이용되고 있지만, 당연하게도 많은 원주민들은 관광산업이 나쁜 성적을 내고 있으며, 그들의 정당한 이익 및 권리를 무시하고, 그들의 문화적 지식 및 유산으로부터 이익을 얻고 있다고 느끼고 있다.

6장은 특별히 보존 및 지속가능 목표를 충족할 수 있는 대안적 개발 형태로서 생태관광과 지역사회 간 관계를 탐색한다. 자연 및 문화환경의 특색 그리고 관광수용 지역사회의 지지는 성공적 산업의 기초이다. 보존 및 삶의 질 문제를 무시하는 것은 지역민 그리고 생존가능하고 지속가능한 관광산업의 기반을 위협하는 것이다.

7장은 이 책의 앞장에서 제시된 것들의 운영 환경을 설명하기 위한 세 가지 새로운 사례연구들을 제공한다.

첫 번째 사례연구는 파퓨아 뉴기니 코코다 트랙의 트레킹에 대해 탐구한다. 이 지역에서 트레킹 및 관광은 불과 10년 전에 시작된 완전히 새로운 현상이다. 사례 연구를 통해 트랙 주위 사업에 대한 지역사회의 참여 및 소유권 그리고 독특한 환경 및 문화적 조건을 가진 지역의 보존을 강조하는 생태학적 트레킹 전략의 기안 및 이행 과정을 추적한다. 비록 훨씬 더 발전된 네팔을 배경으로 하고 있지만, 첫 번째 사례 연구처럼, 두 번째 사례 연구는 트레킹을 탐색한다. 어떤 이들은 네팔의 관광에서 중요한 지속가능성 문제는 세상에서 가장 험한 지역들 중 하나를 따라 식량, 물, 연료, 텐트 및 트레커들의 개인 용품을 나르는 산업의 중추 현지 포터들의 안전 및 대우라고 주장하고 있다. 제스 폰팅의 세 번째 사례연구는 인도네시아 멘타와이 제도의 서핑 관광을 탐색한다. 지난 15년 동안 서핑 미디어의 상당한 주목을 받아왔기 때문에 이 지역의 서핑 관광은 급속히 성장하고 있다. 멘타와이 제도의 생활조건은 매우 열악하다. 그러나 지방정부의 법령에도 불구하고 지역사회는 의미 있는 방식을 통한 산업 참여에서 상당히 배제되어 있다. 서핑 관광과 지역 수송업, 소매업 및 농업 간 유대관계 개발에 의해 현지 멘타와이 제도 사람들이 참여할 수 있는 방법에 대해 폰팅은 대안적 시각을 제공하고 있다.

환경 의식이 증가하고 있는 이 시점에서조차, 세계 정치 의제는 서구의 자원소비 증대를 촉진하는 데 적극적인 역할을 담당하고 있는 경제 원칙에 의해 점점 더 지배되고 있다. 8장은 소비와 마케팅 강화를 위한 기본 도구들 중 하나와 생태관광 간 관계를 탐색한다. 특별히 생태관광과 마케팅 간-공급 대 수요 주도 마케팅 이슈-관계를 이해하고 평가하는 데 초점을 맞추고,

관광산업에서 마케팅의 구조 및 본질을 고찰한다. 마케팅과 생태관광 관계를 이해하는 데 중심적인 것은 보호지역, 보존 및 지역사회의 의미이다. 한쪽으로는 보호지역과 지역사회 다른 한쪽으로는 관광산업의 이중 목표를 고려하기 위해 노력하면서 생태관광 마케팅은 많은 혼란과 논쟁에 둘러싸이게 되었다.

생태관광 시장분석을 통해 우리는 새로운 관광 고객 집단인 생태관광객을 만나게 된다. 9장에서 우리는 그들이 누구이며 무엇을 요구하고 있는지 고찰한다. 관광객 동기, 인구통계학 및 사이코그래픽스 특징, 생태관광객의 욕구, 생태관광객이 목적지에 가지는 이미지 및 태도, 사회 문화 및 물리적 환경의 영향에 관한 분석을 통해, 생태관광객들의 차별적 특징들을 탐색한다.

생태관광은 변화의 촉매제로 인식되고 있으며 이 책은 생태학, 생물 다양성, 생물 지역주의, 경제 합리주의, 접근 형평성, 보호지역 관리 접근법, 사회정책, 관광 산업과 지역사회의 방향성 같은 광범위한 이슈들을 탐색한다. 이러한 모든 영역에서 중심적인 것은 지속가능성 문제이며, 이것은 개발의 중심점이다. 지속가능 개발은 자원 이용 문제를 뒷받침하며, 지역에 소득을 제공할 뿐만 아니라, 사회 기반 시설 및 생물권 보존을 위한 것이다. 10장은 지속 가능 개발의 하나의 모형으로서 생태관광과 관련된 이슈들을 논의한다.

그러나 미래는 어떠한 모습일까? 지속 가능 개발 모형으로서 생태관광이 가진 가능성에도 불구하고, 우리는 생태관광의 미래 방향성에 대해 알아야 할 필요가 있다. 관광의 경제적 편익이 지역사회에 보존을 지지할 수 있는 동기를 부여하기에는 종종 불충분하다는 것을 고려 해서, 생태관광을 평가할 수 있는 프레임워크가 요구된다. 지역사회 시각에서 보면 관광객들의 침입, 지역사회 내 그리고 지역사회 간 커져가는 소득 불평등, 오염 증가, 외부인들의 수익 몰수, 현지 물가 인상으로 인해 편익은 종종 상쇄된다.

대안적 평가 프레임워크에 대한 지속적인 문제 제기 및 평가가 없다면 생태관광이 제공할 수 있는 변화의 원동력을 잃을 위험성이 있다. 운영 및 제도적 장치에 대한 새로운 접근법에 전통적 접근법들은 종종 저항한다. 민간

부문 활동에 대한 적절한 규제 그리고 올바른 보호지역 관리가 없다면 생태
관광 개발은 그것이 의존하고 있는 자원 기반에 악영향을 끼칠 수 있다. 그
러나 실행 가능한 관광 실천은 시장 원칙을 다룰 필요가 있다. 연구, 관리,
마케팅 및 계획 같은 영역에서 대안적 접근방식은 사회 변화의 최첨단에 생
태관광이 위치할 수 있도록 지속적인 문제들에 대한 새로운 해답을 제공해
줄 수 있다.

　이러한 문제들의 복잡성에도 불구하고, 생태관광은 경제개발과 자연지역
보존 간 관계가 분명하고 직접적인 흔치 않은 영역들 중 하나이다.

Chapter 1

출발 : 생태관광 기반 탐사

CONTENTS

관광산업부문에서 '생태관광' 용어에 대한 대립적 해석들과 편의상의 전개가 이루어지고 있음에도 불구하고, 한가지 분명한 것은 생태관광에 대한 세계적인 관심 증가와 성장을 레크리에이션 트랜드 밖의 별개의 것으로 설명할 수 없다는 것이다. 그러나, 생태관광은 인간이 자연과 관광을 바라보고 관계를 맺는 방식의 근본적인 변화를 반영하고 있다.

제 1장에서는 생태관광 현상의 발달과 발달상의 특징 및 정의에 대한 논의를 되짚어 보고자 한다. 대중 관광에 의한 관광목적지의 문화 및 환경에 제기된 위협 증가에 대한 대안으로 인식되었던 생태관광이 초기에 강조하던 것은 자연 생태계에 최소 영향을 미치는 절제되고 조심성 있는 관광이라는 것이었다. 그러나, '대안관광' 개념은 많은 학자들에 의해 매우 다양하게 때로는 모순되게 해석되어 왔다. 어떤 학자들은 이국적 목적지―대부분 자연보호지역―를 여행하는 부자들의 패키지 투어, 혹은 매우 한정된 재정으로 배낭을 메고 세계를 다니는 젊은이들의 투어, 혹은 환경, 지역주민, 관광객간의 접촉과 이해를 강조하는 여행으로 정의 내리기도 했다.(Butker, 1990; Cohen,

1972; Newsome et al., 2002; Priporas and Kamenidou, 2003; Richards and Wilson, 2004)

이로 인해 특히 대안관광으로서의 생태관광에 대해 정확히 정의하는 것은 논쟁의 여지가 있고 동시에 어려운 일이다(e.g., Donohoe and Needham, 2006; Fennell, 2001). 개념을 명백히 하기 위해 우리는 우선 '생태관광' 용어 속에 엉켜 있는 많은 요소들을 풀어가는 작업으로 논의를 시작하고자 한다. 용어 그 자체가 매우 광범위한 요소들을 포함하고 있으나, 이 책을 통해 그 내용을 자세히 살펴 보고자 한다.

- '대중관광'과 대립된 '대안관광 형태'
- 자연을 지향하는 철학적 태도
- 특정 동기로 특징화되는 관광객
- 관광활동
- 관광상품
- 기술수준
- 계획수립을 위한 해결방안
- 현지, 지역, 국가, 국제 정치 접근법
- 지속가능한 개발을 위한 전략

대안관광으로서 생태관광

'대안'이라는 단어는 무언가에 대한 '반대의' 의미를 내포하고 있다. '대안관광'은 기존 관광의 부정적 측면 혹은 유해한 측면과 상반되는 의미를 가지고 있다. 이것은 전통관광과 근본적으로 다른 접근법들을 추진하며 여가를 즐기는 사람들의 부정적인 환경 및 사회 문화적 영향을 최소화하기 위한 시도로 특징화된다. 그러므로 대안관광과 대중관광 개념은 상호의존적이며 각각의 용어 정의를 구조화하는 일련의 가치판단에 의존한다.[1] 이처럼 대안관광 개념 그 자체는 매우 광범위하고 모호해 정반대의 다른 많은 여가 유형들, 예를 들어 세계 여행가들의 모험관광, 하이킹여행, 개인여행들이 대 안관광으로 분류되고 있다. 일부 학자들은 더 나아가 대중관광 이외의 모든 것들을 대안관광으로 분류할 것을 제안하고 있다.(Newsome et al., 2002)

Dernoi(1988:253)는 처음에 숙박 유형에 따라 대안관광을 정의했다. '대 안관광에서 고객은 궁극적으로 관광수용 지역사회의 가정에서 기타서비스, 시설 및 숙박을 직접적으로 제공받는다.' 그러나 그는 계속해서 '대중관광' 과 구별될 수 있는 대안관광의 다른 특징으로 AT(대안관광) · CBT(지역사회 기반 관광)는 개인, 가족, 지역사회로부터 개인적으로 제공되어 방문객에게 로 확대되는 환대 서비스를 받게 된다는 것을 제시하였다.

AT/CBT의 주목적은 관광수용 지역사회와 방문객간의 직접적인 개인 적 · 문화적 상호교류와 이해를 구축하는 것이다(Dernoi. 1988:89). 또한, ECTWT(Ecumenical Coalition of Third World Tourism: 제3세계관광연합)는 "대안관광은 서로 다른 지역사회 구성원들간의 정당한 형태의 여행을 추진 하는 과정이며, 참가자 상호간의 이해, 연대감, 평등의 획득을 추구하는 것 이다"라고 정의한다. 여기에서 특히 중요한 것은 실질적인 시설개발보다 잘 정비된 특별관심관광 조직화를 통한 관광수용 지역사회와 게스트간 접 촉의 촉진과 향상이다.

관광유형을 다루는 다른 문헌들은 주로 변형된 관광유형에 관심을 가져 왔으며, 관광유형으로 3가지 또는 그 이상의 범주로 분류하였다. 그러나, 유 형학적 관점에서 '대안관광'은 이러한 유형에는 포함되지 않는데, 이는 대 안관광의 이질적이고 광범위한 특성 때문이다. Mieczkowski(1995)는 '대안 관광'을 관광유형의 스펙트럼 상에서 두 개의 광범위한 범주 중의 하나로

---

1) '대안관광', '전통적 관광'과 같은 개념은 매우 다양한 관점에서 사용되어 왔으며, 가 장 대표적으로 전통적 대중관광(CMT-Mieczkowski, 1995)과 대중관광(MT-Butler, 1990)이다.

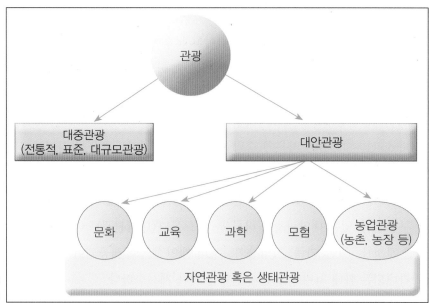

정의하였다. 첫째는 전통적인 대중관광(Conventional mass tourism: CMT)으로서 현재 관광시장에 만연한 유형이다. 두 번째 범주는 유연하면서도 포괄적인 카테고리로의 대안관광(AT)으로 CMT의 대안이라는 공통점을 가진 유형의 다양성을 내포한다. 이는 본질적으로 대중관광과 관련이 없으며 소규모, 저밀도, 비(非)도심지역에 분산되어 있고 주로 평균 이상의 교육수준과 고소득자들로 이루어진 특별관심 그룹의 사람들을 위해 제공된다.

Mieczkowski(1995)는 AT의 특정 유형을 문화관광, 교육관광, 과학관광, 모험관광, 농촌·목장·농장 단위의 농업관광으로 구분하였다(그림 1.1 참조). 여기에서 중요한 점은 CMT와 중복 부분이 있지만 구분의 주요 기준은 영향의 규모와 특성이다. AT의 다양한 유형간에도 중복 현상은 나타난다. 예를 들어, 문화관광은 많은 부분이 교육관광이며, 생태관광은 자연중심관광과 일치하고 있다. 따라서, Mieczkowski(1995)는 생태관광이 문화관광과 직접적으로 일치하는 것은 아니지만 교육·과학·모험·농촌관광 유

| 대안관광의 특징 | 표 1.1 |

- 관광에 근본적인 자원 특질의 보존, 보호, 강화
- 추가적인 관광 명소와 사회기반시설과 관련해, 지역 현장에 뿌리를 두고 지역 속성을 보완하는 방식의 개발 증진과 촉진
- 지역 상황을 개선하며, 지역사회 삶의 질에 부정적 영향을 끼치지 않도록 자연환경의 환경 수용력 또는 사회환경의 한계를 초과하지 않거나 파괴적 이지 않은 사회기반시설과 성장 지지(예, Bicak 등, 2006: Cox, 1985: 6-7: Yum, 1984)
- 환경영향 최소화를 추구하는 관광은 생태학적으로 건전하고 미개발 지역 들에서 행해지는 많은 대규모 관광개발의 부정적 영향을 최소화
- 생태학적 지속가능성뿐만 아니라 문화 지속가능성도 강조. 즉, 관광 수용 지역사회 문화에 해를 끼치지 않는 관광은 교육과 조직화된 만남을 통해 관광객이 경험하는 문화적 현실을 존중하도록 장려

형과 중복되고 있으며, 최근에는 친 빈곤(pro-poor) 관광과 자원봉사관광 (volunteer tourism)도 포함하고 있어 AT 환경 안에 두는 것이 어렵다는 것을 알게 되었다.

특정 관광형태로서 대안관광 분류에 관한 복잡한 논쟁을 피하면서 대 안관광에 존재하는 공통적인 특징을 정리하면, 아래와 같이 정리할 수 있 다.(표 1.1. 참조)

비록 완벽하진 않지만, 이는 '대중관광'과 반대되는 개념의 관광유형에 대한 개념적 아이디어와 특정 실례들을 보여주고 있다.

가장 일반적인 의미에서 대안관광은 자연적 가치, 사회적 가치, 지역사회 가치와 일치되는 관광유형의 하나로 광범위하게 정의할 수 있으며, 관광수 용 지역사회와 게스트가 긍정적이며 가치 있는 상호작용과 경험의 공유를 누릴 수 있도록 한다.

한편, 상기의 광범위한 특성과 반대로 우리는 생태관광을 대안관광의 한

형태로 볼 수 있다. 생태관광은 억제된 최소 영향으로 간략하게 정의될 수 있는데, 이는 방문 지역의 환경 및 문화의 보존, 이해 및 감상을 추구하는 해석적 관광으로 매우 전문화된 관광영역이다. 자연지역 또는 인간이 최소한으로 존재하는 지역에서 생태관광객들은 자연지역 방문과 체험을 통해 환경, 사회문화 교육 및 인식 필요성에 대한 명확한 동기를 가지고 생태관광체험에 참여한다.

Hector Ceballos-Lascurain은 생태관광이라는 용어를 만든 사람으로 널리 알려져 있다. 1981년에 Ceballos-Lascurain은 생태학적 관광의 형태를 가리키는 스페인 용어 'turisimo ecologico'를 사용하기 시작했으며, 그 후 1983년에 이 용어는 'ecoturisimo'로 축약되었다. 그는 NGO(Non-Government Organization)산하의 PRONATURA 의장이자 Mexican Ministry of Urban Development and Ecology 산하 SEDUE의 총재 자격으로 참석한 토론에서 이 용어를 사용하였다. 그는 멕시코 Chiapas주에 있는 열대우림지역 보호를 위한 운동과 산림생태시스템을 온전히 보존하기 위한 주요 전략으로 지역 생태관광의 촉진을 주장하였다. 그는 생태관광이 보존을 위한 가장 중요한 수단이 될 수 있음을 강조했다.

처음으로 이 용어가 활자화된 것은 Ceballos-Lascurain이 운영한 관광업체 광고가 실린 'American Birds'의 1984년 3~4월호 였다. 그의 정의는 오늘날 우리가 알고 있는 바와 동일한 의미로 'The future of ecotourismo'라는 제목의 1987년 논문에서 처음 쓰여졌다. 이 논문은 1988년 1월 27일자 Mexico Journal에 다시 게재 되었다(Ceballos-Lascurain, n.d: 2).

Ceballos-Lascurain은 생태관광을 자연환경이 주 포커스인 관광 형태라고 밝혔는데, 이는 특별히 대안관광 형태로서 생태관광 현상을 이해하기 위한 간단하지만 핵심적인 출발점을 제공해 준다. 생태관광에서 자연환경의 중요성은 두 가지 주요 양상으로 이루어져 있다.

● 자연환경을 손상하지 않는 여행

● 자연환경체험이 주된 목적인 여행

최근 수년 동안 자연환경에 초점을 맞춘 생태관광은 '자연관광', '자연보호구역관광', '저(低)영향 관광', '지속가능한 관광' 등[2] 수많은 관광형태를 포함하는 캐치프레이즈를 통해 발전해 왔다. 이런 다양한 형태의 관광은 모두 어느 정도 자연환경에 초점을 맞추고 있으며, 비록 생태관광과 밀접한 관련이 있지만, 자연기반 관광에는 많은 차원들이 존재하기 때문에 생태관광과 구별할 필요가 있다. 이는 두 가지 주요 패러다임으로 구분되는데, 하나는 자연기반관광에 한정된 수요주도형 개념인 생태관광이며, 다른 하나는 산업규제로서 특징화되는 공급측면 관점으로서의 지속가능관광이다. 우리의 관광객 체험이 자연에 의존하는 정도에 관심을 가져야 한다.

생태관광의 특징(The nature of ecotourism)

2007년 WTO의 발표에 따르면 관광활동은 2008년에서 2017년 사이에 매년 4.3%의 성장을 이룰 것으로 예상되고 있다. 생태관광·자연기반관광은 전체산업보다 성장속도가 3배나 빠른 부문으로, 관광산업 내에서도 가장 빠른 성장을 이룬 분야이다(Huybers and Bennett, 2002; International Ecotourism Society, 2008). '도시 생활의 압박은 사람들로 하여금 자연과 함께 하는 고독을 추구하도록 만들고, 국립공원과 기타 자연보호지역 방문객수가 증가함에 따라 자연으로의 도피라는 역사적으로 만연된 관광 추세에 대한 환경적 우려가 증가하고 있다는 것은 의심할 여지가 없다.'(Ceballos-Lascurain, 1990: 1)

---

2) 다른 예로, 녹색관광(Green tourism) (Jones, 1987), '자연중심적 관광(nature-oriented tourism)' (Durst and Ingram, 1989), '연성관광(soft tourism)' (Mader, 1999), '방어적 관광(defensive tourism)' (Krippendorf, 1982, 1987)이 있다.

자연기반관광은 많은 차원들을 가진다. 모든 자연지역여행 형태들이 반드시 생태관광인 것은 아니지만, 생태관광과 자연기반관광을 구별하기 위한 유용한 단계를 제공하며, 특정 관광활동과 자연간 관계에 대해 알 수 있는 많은 차원들을 제시한다.

- 자연에 의존하는 활동(경험)
- 자연에 의해 강화된 활동(경험)
- 자연 환경이 부차적인 활동(경험)

예를 들어, 조류탐사는 '자연과 환경에 대한 일반적인 관심에 기반한 즐겁고 편안한 휴일'을 제공하는 것으로(Curtin and Wilkes, 2005: 455), 자연환경 없이는 조류탐사를 실행하기 불가능하다. 마찬가지로, 캠핑도 종종 자연에 의해 강화된 활동(경험)이다. 대부분의 사람들은 혼잡한 도로보다는 자연 속에서의 캠핑을 선호한다. 그러므로 자연은 이러한 체험의 필수적인 부분이지만 체험의 근본적인 동기유발 요소는 아니다.

이들은 근본적으로 '집과 다른 어딘가를' 경험하길 바라는 비전문적 자연 관광객과는 다를 수 있고, 자연에 대한 관심과 함께 자연과의 상호작용이 삶의 질을 개선시키는 하나의 방법이라고 인식한다(Tonnini 등, 2006). 그러나, 생태관광의 기본적 관심사는 환경파괴와 지역사회에 미치는 영향 그리고 지속가능성을 이루기 위한 고품질의 관광경영이다(Ioannides 등, 2001). 자연기반관광의 일반적 정의는 생태관광을 정의하기에 전적으로 적절한 것은 아니라는 것은 분명하다.

이러한 점에서 관광의 특정 형태인 'Low Impact Tourism(저(低)영향 관광, LIT)은 자연기반 생태관광에 대한 우리의 이해를 강화해 줄 수 있다. LIT는 농촌마을기반 관광기반시설에 대한 민간부문 인센티브와 투자를 통해 토착 천연자원 관리체계를 확립하고, 마을 사람들과 농촌지역 거주자들이 관광업에 참여할 수 있도록 교육하는 것에 초점을 맞추고 있다. 이처럼 LIT

는 공급주도형이며(8장 참조), 즉 관광객 수는 문화 및 물리적 환경이 수용할 수 있는 정도한에서 정해진다. 이것은 명백히 '공급지역사회 · 관광목적지에 대한 사회적 영향, 경제개발, 자연자원관리' 문제들과 관련되어 있다 (Lillywhite and Lillywhite, 1990: 90). LIT는 공급 주도형이기 때문에 관광개발의 관리와 규제를 수요주도원리에 의존하고 있는 관광 · 여행업체가 아니라, 목적지 지역사회의 관리하에 둔다(e.g., Speelman, 1996). 그러므로 LIT의 기본적 고려 사항은 관련 문화를 훼손하지 않는 것이다. 목적지 지역사회의 관광개발관리는 광범위한 책임을 필요로 한다.

이것은 환경보호 및 관광체험의 질과 완전성, 환경 수용력 확립, 공급업체로서 소규모 운영업체 비율 확대, 관광부가가치, 그리고 섬세하게 개발된 사회기반시설을 위한 규제를 요구한다.(예, Brunet et al., 2001)

그러므로 LIT의 목표는 보존 및 관광정책의 확립 · 조화 · 상호지원, 공원개발과 관리를 위한 자금 제공, 보호지역의 원주민 참여 촉진, 관광 목적지 내 지역사회 수준을 향상시키는 것이다(Lillyshite and Lillywhite, 1990: 92). LIT의 특성은 다음과 같다.

- 현지 경영
- 양질의 여행상품 및 관광체험 제공
- 적극적인 문화 가치평가
- 훈련의 중요성 강조
- 자연적 · 문화적 자원의 의존
- 개발과 보존의 통합(Lillywhite and Lillywhite, 1990)

LIT의 기본원리는 생태관광과 동일 선상에 있지만, 중요한 점은 LIT가 특정 장소를 가지지 않는다는 것이다. 외진 열대우림 마을이든 초콜릿 전문 생산 공장이든 간에, LIT의 주요 쟁점은 관광체험이 장소에 미치는 영향이다. 여기에서 중요한 점은 LIT는 반드시 조용한 자연지역에서 발생하는 것은 아니지만, 생태관광은 일반적으로 그러한 양상을 가진다는 것이다.

지속가능관광: 자연기반보존

생물학적 · 물리적 특성에 초점을 맞추는 생태관광에서 자연환경은 중심에 있다. 그러므로 자연지역의 보존과 지속가능한 자원관리는 생태관광을 계획 · 개발 · 관리함에 있어서 필수 사항이다. Valentine(1993)은 생태관광과 생태관광이 의존하는 환경 사이의 '양 방향 상호작용'에 관심을 두었다. 그는 생태관광의 특성 중 하나는, 자연의 향유 및 자연의 보존 기여에 있음을 강조하면서, 두 가지 차원의 결합을 제시하고 있다. 즉, 생태관광은 자연에 대한 심층적 지식과 인식에 기반한 생태관광객들에 의해 활동이 수행되며 여행의 주요 동기로 자연에 초점을 맞추고 있다.

이는 또한, 생태관광활동은 목적지 혹은 관광수용 지역사회 보존에 긍정적인 기여를 해야 한다는 개념을 포함한다. 생태관광계획은 자원의 한계를 기반으로 이루어지기 때문에, 지역의 복원력 및 영향을 흡수할 수 있는 지역사회 능력을 초과하게 되거나, 생물의 다양성과 물리적 환경이 변모하게 된다면 생태관광의 기회를 상실하게 된다. 이러한 균형을 이루는 것은 어려운 도전 문제이며 지속적인 자원 모니터링 및 프로젝트 성공에 대한 지역사회의 관심을 필요로 한다.(Cusack and Dixon, 2006)

그러므로 생태관광의 필수요소는 지속가능성 −함축적으로 지속가능한 개발을 의미− 이며 우리는 3장과 4장에서 좀 더 자세히 이 쟁점들을 다룰 것이다. 다만 지금으로서는 의미의 모호함에도 불구하고, 지속가능성 개념은 본질적으로 하나의 대안으로서 관광체험설정에 기본이라고 말할 수 있다. Bruntland Report는 지속가능개발 개념을 도입하면서 그것을 '미래 세대의 욕구충족 능력에 손상을 주지 않으면서, 현 세대의 욕구를 충족시키는 개발'로서 정의했다(Mieczkowski, 1995: 457). 지속가능성은 변화와 변화율을 측정할 수 있는 기준 데이터 정립을 요구한다(Jennings, 2004; World Wide Fund for Nature, 1992). 환경적으로 지속가능한 관광은 대안관광과 기본적으로 동일한 것이 되었다. Butler는 환경적으로 지속가능한 관광을 다음과 같이 정의한다.

> 무한 기간 동안 생존 가능하며, 환경(인간과 자연)을 훼손하거나 변형하지 않는 방식 및 규모로 개발 및 유지되며, 심지어 기타 활동 및 과정의 성공적인 개발 및 복지를 억제하여 존재하는 지역내(지역사회 환경) 관광(1991: 29).

이후 논문에서 Butler(1999)는 지속가능한 '관광'은 단지 개발의 한 구성요소이며 커다란 혼합체의 한 부분을 이루는 요소로 생각할 필요가 있다고 말했다. Butler는 다음과 같이 언급한다.

> 지속가능관광은 본질상 포괄적이고 다면적이며, 지속가능개발 개념과 대립적인 것이다. 그러므로 지속가능관광은 지속가능개발 원칙에 따라 개발된 관광과 자동적으로 동일한 것이 아니다. 두 개념이 동일하다면, 개념간의 모호성과 혼란은 계속될 것이다. 관광지속성에 대한 지식이 확대되어야 한다면, 연구대상으로서 또는 개발대상으로서 '지속가능성'의 다양함을 넘어서 관광유형을 정의할 필요가 있다.(1999: 12)

WTO(World Tourism Organization, 2004)에 따르면 지속가능한 관광은 다음과 같은 조건들이 요구된다.

1. 관광개발의 주요 요소인 환경자원의 최적 활용, 필수적인 생태학적 프로세스 유지, 자연유산과 생물 다양성 보존에 기여
2. 관광수용 지역사회의 사회문화적 고유성 존중, 건축과 생활양식의 문화유산 및 전통가치의 보존, 문화간의 이해와 포용에 대한 공헌
3. 빈곤 완화 공헌, 관광수용 지역사회의 안정적 고용 및 소득 획득 기회,

사회적 서비스를 포함해 모든 이해 관계자에게 공정하게 분배되는 사회 경제적 편익 제공

지속가능 관광개발은 폭넓은 참여와 합의 수립을 위한 강력한 정치적 리더십 뿐만 아니라 모든 이해 관계자들의 정보에 입각한 참여가 요구된다. 지속가능 관광의 성취는 하나의 연속적 과정이며 지속적인 영향 모니터링을 필요로 하고, 필요시 예방 또는 수정 조치들을 도입 해야 한다. 또한 관광객들의 높은 만족도 수준을 유지하고, 의미 있는 관광체험을 제공해야 하며 지속가능성 이슈에 대한 인식 고취와 더불어 그들의 지속가능한 관광활동을 촉진해야 한다.(WTO, 2004)

'최소 영향'은 생태관광이 소규모로 운영되고 그로 인해 전문화된 기반시설을 거의 요구하지 않으며 생태관광(모든 형태의 관광)이 의존하고 있는 환경파괴를 일으키지 않는다는 것을 의미한다. Butler는 만약 생태관광이 천연자원을 훼손한다면 더 이상 생태관광이 아니라고 말한다(Butler, 1992). 이와 유사하게 Bragg(1990)는 훼손되지 않은 자연환경이 이러한 관광유형의 볼거리이기 때문에 생태관광은 정의상 환경에 최소한의 영향을 끼친다고 제시하고 있다. 다행스럽게도 국제회의[3]에서 많은 논의를 거쳐 오늘날 환경보호론자들과 책임관광운영자들은 보존이 생태관광의 필수요소라는 사실을 믿게 되었다.

서론에서 살펴본 것처럼 접두사 'eco'는 단어 'ecology'에서 유래되었다. 따라서, 생태관광의 활동과 경험은 환경에 긍정적으로 기여해야만 한다. 환경이 지속가능성과 생태적 온전함이라는 측면에서 편익을 얻지 못한다면, 자연에 초점을 맞춘 관광은 자동적으로 지속가능할 거라는 순진한 가정은, 잘못된 것이고 유해한 것이다(Butler, 1992). 여기서 '환경'은 단지 자연환

---

3) 이 회의들 중 주요한 회의들은 1992년에 개최되었다. United Nations Earth Summit; International Union for Conservation of Nature and Natural Resources (IUCN); Ⅳ World Congress on National Parks and Protected Areas.

경 −식물, 동물, 지형, 대기 상태− 뿐만 아니라 사회·경제·과학·경영·
정치적 요소들을 포함한 의미이다. 국제생태관광협회(The International
Ecotourism Society, 2007)는 이러한 원칙 하에 '생태관광은 관광수용 국가의
정치·환경·사회적 분위기에 대해 민감해야 한다'고 언명하고 있다. 또한,
생태관광객은 그들이 방문할 관광목적지의 지속가능한 미래에 기여해야 한
다.(O'Neill, 1991)

생태관광의 정의

생태관광은 네 가지 기본적 요소를 가진다. 첫째는 한 장소에서 다른 장
소로 이동 또는 여행이다. 생태관광의 기본 초점은 자연지역 체험이기 때문
에, 이 여행은 비교적 훼손되지 않았거나 자연보호지역을 방문하는 것으로
국한되어야 한다. 보호지역은 자연적·역사적·문화적 윤택함 때문에 생태
관광의 극히 중요한 요소이다(Cengiz, 2007). 또한 Ceballos-Lascurain(1990:
2)은 보호되거나 훼손되지 않은 자연지역은 '지속가능한 풍토와 명소를 만
날 수 있는 확실한 보장을 제공한다'고 설명하였다. 이것은 자연기반 생태
관광 정의에 포함되어야만 하는 두 번째 요소와 연결된다. 출장, 도시여행,
전통적인 해변휴가, 스포츠 휴가와 같은 활동들은 방문지역의 자연환경 체
험이 주안점이 아니기 때문에 생태관광으로 간주될 수 없다. Cater(2006)에
따르면 실제 생태관광을 구성하는 것이 무엇인가 하는 개념정의들이 넘쳐
남에도 불구하고, 가장 보편적인 공통점은 그것이 자연을 기반으로 한다는
것이다. Swanson은 다음과 같이 덧붙인다.

생태관광은 여행이며, 지역의 식물, 동물, 지질학, 생태계와 관련된 연
구, 향락, 또는 자발적 원조를 목적으로 개발도상국 또는 비교적 훼손
되지 않은 자연지역으로의 여행을 말한다. 또한, 주변 지역주민, 그들

의 요구, 문화, 토지 관계를 함께 고려하는 여행이다(1992: 2).

'비교적 훼손되지 않은 자연지역'이라는 단 하나의 의문점을 가진 채, 이 정의는 생태관광의 기본구성요소들을 내포하고 있다. 더욱이 생태관광은 자연을 복원시킬 수 있다. 인간활동의 결과로 훼손된 지역을 복원하는 것은 환경에 명백히 기여하는 것이며 지역사회에 직접적 이익을 가져다 주기 때문에 생태관광으로 분류될 수 있다. 또한, 이러한 지역을 여행하는 관광객들의 환경자원봉사는 윤리적 자극이 될 수 있다. 쉬운 예로, 멸종 위기 동물 서식지보호, 보호구역 쓰레기 제거, 재래종 심기, 유해 잡초 제거, 동식물 탐사 등이 있다.(e.g., Buckley, 2003; Davies, 2002)

세 번째로 생태관광은 보존중심이다. 관광산업의 한 부문으로서 생태관광은 '사라져가는 문화와 생태계에 대한 세계적 우려 증가의 결과로서'(Kutay, 1990: 34), 그리고 '보호지역을 훼손시킬 수 있고 주변지역에 예기치 않은 경제적·사회적·환경적 영향을 미치는', '부적절한 관광개발'과의 단절로(Ceballos-Lascurain, 1990: 1) 발생했다. 그러므로 생태관광은 문화적·환경적 인식, 환경 보전, 생태관광이 의존하는 자원의 소유주인 지역주민에 대한 권한부여 등을 포함한다(Chafe, 2007). 생태관광은 물리적·사회적·문화적 환경에 미치는 영향을 최소화하기 위해 자연지역 또는 보호지역내 소규모 방문객의 방문을 지향한다. 보전의 개념을 뛰어 넘어 생태관광은 '지속가능한 미래에 공헌'(O'Neill, 1991: 25) 하게 될 것이며, 생태관광 전략들은 경제적 수익과 자발적 원조의 형태로 폭넓은 개발전략을 지원하는 역할을 하게 될 것이다(Butler, 1999). 이러한 방식으로, '생태관광은 천연자원의 중요성에 대한 사람들의 인식 고취를 통해 천연자원 보존을 촉진할 수 있는 잠재력을 가지게 되기에'(Swanson, 1992: 2), 보존 개념은 생태관광의 정의에 포함되어야만 한다(Merino, 2006). 일반적으로 생태관광객은 대중관광객보다 환경영향에 더 많은 관심을 가지고 있으며, 그러므로 생태관광은 '문화, 유산, 자연환경에 대한 더 많은 이해와 존중을 촉진한다(사람들은 일반적으로 그들이 존중하는 것을 보호한다)(Richardson, 1991: 244). 본질적으로 생태관광체험은 환경과 지역주민, 그들의 문화, 요구, 욕구 모든 면에서 지속가능하다.

생태관광의 정의에 포함되어야 하는 네 번째 개념은 교육적 역할이다. 일반적으로 생태관광객은 자연관련 이슈에 대해 인지하고 있으며, 자연환경에 대해 더 많이 배우기를 원한다(Galley and Clifton, 2004). Tisdell and Wilson(2005)은 환경보전정서 및 실천의 유인(誘因)으로서 관광객들의 야생생물과의 상호작용 및 학습의 중요성을 강조하였다. 즉, '자연현상의 개념, 의미, 상호관계' (McNeely and Thorsell, 1989: 37)[1]를 설명함으로써 자연을 이해, 교육, 해석해야 한다는 점을 매우 강조한 것이다.

자연이 체험에 부수적인 다른 관광형태와 달리, 생태관광의 자연 의존성은 자연환경과의 상호작용에서 비롯된 교육적 욕구를 충족하고자 하는 관광객의 동기를 포함하고 있다.[5] 그러므로 생태관광 업체들은 여행전 또는 여행기간 동안 적절한 자격을 갖춘 가이드의 채용 및 환경정보제공을 통해 환경과 문화에 대한 수준있는 해설을 제공할 수 있을 것이다. 이러한 교육적 역할은 관광객 뿐만 아니라 산업경영자와 지역사회에도 적용된다. '파괴되기 쉬운 사회적 · 생태적 환경지역 내에서 관광객 대상의 적절한 행동에 대한 정보제공은 점차 관광산업 운영자들의 책임으로 인식되어 가고 있다' (Blangy &Epler-Wood, 1992: 관광산업 운영자들의 적극적 참여로 생태관광객들은 자연과 문화보전의 중요성을 더욱 깊이 이해하게 된다. 생태관광은 자연환경과의 상호작용을 원하고, 자연환경에 대한 지식 · 의식 · 인식을 개

---

4) Grossberg et al(2003)는 관광목적지에서 환경교육제공의 시도가 이루어진다면 일부 관광객은 우연적으로 생태관광객이 될 수 있다고 주장한다. 이것은 그들이 멸종위기 동식물 보호론자가 될 수 있는 동기를 제공하는 것으로 밝혀졌다.

5) 예를 들어, 하와이에 있는 리조트에서 한 가족이 휴가를 보낸다고 가정해 보자. 그들은 바닷가에서 수영, 달리기, 독서 등을 하며 레저, 즐거움, 레크리에이션을 만끽한다. 그들의 방문목적이 모래언덕 생태계 학습이었다면 그들은 생태관광객으로 간주할 수 있다.

발하길 원하는 사람들에게 매우 매력적인 대상이다. 또한 생태관광은 지역 주민들에게 관광객이 방문하는 지역과 명소에 대해 학습할 수 있는 기회를 제공해 줄 수 있다(Wallace, 1992). '지역사회 지도자들이 환경보존과 보호에 대해 더 많이 배우고자 하는 가족들과 어린이들을 위한 프로그램을 개발하고 지원한다면'(Vincent &Thompson, 2002: 153) 생태관광의 지속가능성은 더욱 높아질 것이다. 관광객들이 관심을 보여 줌에 따라 생태관광은 관광 수용 지역사회를 위해 지역민들이 그들 자신의 독특한 문화 전통의 가치를 새롭게 인식할 수 있도록 촉진할 수 있다.(Cole, 2007: 955; Kutay, 1990:40)

따라서, 생태관광은 사회가 자연을 바라보는 방식에서 근본적인 변화로 인한 활동들 뿐만 아니라, 환경적 가치의 이해, 지역사회 경제 활성화, 문화적 정체성을 강화할 수 있는 도구로서 잠재력을 가지고 있다.

추천 문헌

Fennell, D. A. 생태관광정의 내용 분석: 생태관광의 현 이슈들 4(5), 403-421

Donohoe, H.M. & Needham, R. D. (2006). 생태관광: 현대적 정의, 생태관광 저널, 5(3), 192-210

상기 두 논문은 고전 및 현대 문헌 검토를 통해 다양한 생태관광 정의들을 탐색한다.

Ceballos-Lascurain, H(1993) 세계적 현상으로서의 생태관광. 생태관광: 기획자 및 관리자 지침 (K Lindberg, & D. E. Hawkins, Eds). 생태관광 협회, North Bennington, VT, pp.12-14

Hector Ceballos-Lascurain은 생태관광 운동의 개척자이다. 이 논문에서 그는 생태관광의 발생, 그것의 잠재 편익 및 영향, 관광을 활용한 지속가능개발이 성취될 수 있는 방식에 대한 그의 견해를 피력한다.

Chapter 2

생태관광이 단순한 활동이 아닌 철학이라면, 과연 어떤 철학인가?

CONTENTS

생태관광 발전에 기여해 온 주요 철학적, 사회적 경향을 파악하기 위해 2장에서는 생태관광을 보다 포괄적인 역사적 맥락 하에서 살펴보고자 한다. 특히, 인간과 자연의 관계 및 그들간의 상호작용에 대한 면밀한 관찰을 통해 상기 질문에 접근해 보고자 한다. 이는 1장의 생태관광 정의에서 살펴본 바처럼, 생태관광은 기본자원으로 자연환경에 의존하고 있기 때문이다. 그러나 기본적인 방식에서 모두 환경에 의존하고 있는 벌목업, 광산업, 목축업, 어업에 대해 거의 아무 것도 우리에게 말해 주지 못한다. 특정 활동들을 구별하는 것은 인간 활동과 환경간 관계를 결정하고, 특히 그러한 활동들이 구현하는 가치를 이해하는 데 극히 중요하며, 또한 생태관광이 구현하고자 하는 자연의 가치에서 변화된 관점을 이해하는 데 도움이 될 것이다.

인간의 본성(Haman nature)

인간의 역사 속에서 자연은 인간생존을 위해 천연자원과 영감(inspiration)을 제공해 왔다. 물, 음식, 공기와 같은 가장 기본적 욕구부터 문화 다양성을 구성하는 상징, 의미, 행동과 같은 우리 삶의 독특한 방식을 형성하는 요소에 이르기까지, 자연은 인간생존 자체를 유지시켜 왔다. 심지어 우리의 자아개념도 자연에 의해 그리고 자연을 통해 성립되었다. 역사의 새벽, 프랑스의 라스꼬 동굴벽화, 전통 및 현대 토착 예술의 화가 및 시인에서부터 낭만주의 시인까지, 인간의 모든 것을 표현하는 데 있어 자연에 지향점을 두었다(Scott, 1974). 반면, 스코틀랜드의 경험론자 John Locke(1632-1704)는 자연의 모든 것은 사람에 의해 가치 있고 유용한 것으로 변형될 때까지 무용지물이라 주장하면서, 근대 자연관을 가장 간결하게 표현했다. 이는 서구사회가 맹목적으로 받아들였던 관습이다(Locke, 1841). 세계 도처의 주요 생태계는 인간만을 위한 독점적 편익과 실리추구를 위해 주택, 도시, 산업체, 도로와 같은 기반시설들로 대체되고 있다.

우리 자신의 물질적 목적을 위해 자연을 '개발'하고 이용하려는 충동에서 비롯된 환경파괴는 21세기의 가장 중요한 정치문제로 대두되었다. 이는 역사적으로 오랫동안 우리 가치시스템의 전형이었던 사회적 관습, 제도, 경제 면에서 현대 인간관계의 결과로 우리 스스로가 만들어낸 자업자득이라 할 수 있다. 생태계에 대한 인간의 행동은 인간과 자연간 관계에 대한 우리의 인식에 달려 있다(Newsome et al., 2002; White, 1967). 그러나 Holden(2005)은 보존 윤리가 실제 자원보존행동으로 변화하고 있음에도 불구하고 자연의 고유가치에 대한 인식이 여전히 부족하다는 사실에 대해 매우 안타까워하고 있다. 실제로 많은 사람들이 우리의 환경 상황 해결책이 정확히 가치관 변화에 달려 있다고 주장해 왔다. 그러나 특정 가치관에 대해 단순히 그것을 변화시켜야 한다고 주장하는 것은 중요하지 않다. 관계의 복잡성 및 우리의 현 상황을 이끈 역사적 사상들을 이해함으로써 우리는 '윤리적' 행동 또는 이러한 가치가 뒷받침하는 행동들을 이해할 수 있다.

다양한 사실, 수치, 과학적 데이터 그 자체는 세계적인 환경쇠퇴의 추세를 해결하기에는 충분치 않다.

> 환경지식 및 환경인식의 소유, 친 환경적 행동간 간격을 설명하기 위
> 해 수 많은 이론적 프레임워크들이 개발되어 왔다. 그러나 많은 연구
> 가 이루어졌음에도 불구하고, 명확한 설명은 여전히 이루어지지 않고
> 있다(Kollmuss and Agyeman, 2002: 239).

1987년 12월, 미국의 Robert Solow는 경제성장에 대한 이론으로 노벨 경제학상을 수상했다. 수상 자체는 놀라운 것이 못되지만 관심을 끄는 것은 Solow의 공공연한 전제 '자연의 불필요함'이다. 그에 의하면 '사실 세상 사람들은 천연자원 없이도 살 수 있기 때문에 자원고갈은 단지 하나의 사건일 뿐 큰 재앙은 아니다'(Shiva, 1989: 219)는 것이다. 1992년 브라질에서 개최된 UN지구정상회담 참석차 출국하기전 Bush 전(前)미국대통령이 한 연설 또한 주목할 만하다. 그는 미국의 경제성장을 저해할 수 있는 환경규제 관련 어떠한 조약이나 문서에도 서명하기를 거부한다는 미국의 입장을 분명하게 피력했다. 최근 2007년 발리에서 개최된 UN기후변화 회의에서 미국은 이산화탄소(CO_2) 배출의 의무적 감소목표 이행을 피하기 위한 방해 전술을 펼쳤다. 회의에서 미국 고위관계자들은 의무적 감소규제가 미국의 경제성장을 둔화시킬 것이라 주장하였다.

> '자원을 어떻게 사용할 것인가'의 질문은 생태관광 뿐만 아니라 자원
> 을 이용하는 모든 활동 유형들이 직면하고 있는 문제의 핵심이라고
> Peng는 설명한다.

선진국 정치인들이 국민들에게 자동차 구매와 연료사용을 줄일 것을 충고하기 두려워한다면, 개발도상국 정부는 국민들에게 허리띠를 더 졸라매

고 방 구조를 변경해 하나의 방을 두개로 나누어 쓰라고 말할 수 있을까? 외부의 부채 압박과 새로운 생태학적 책무에 대한 압박. 선진국에 의해 행해지고 있는 인간중심주의적 정책의 유산과 불평등은 지금도 개발도상국에 고통을 주고 있다.(1992: 25)

가치 교환(Exchanging value)

가치 문제는 (종종 대립적인) 자연계에 대한 개념 및 실제 활동에서 주요 고려 사항이다(e.g. Belshaw, 2001). 우리가 자연을 존중한다면, 그리고 자연과 관계를 맺는 방식이 중립적이지 않다고 생각한다면, 우리는 자연을 도구적 가치로 간주해서는 안되며 자연고유의 본질적 가치를 인정해야만 한다(Larrère and Larrère, 2007). Godfrey-Smith(1980)는 서구사회에서 가치를 평가하는 두 가지 주요 방식이 있음을 강조하였다. 어떤 것이 보유하고 있는 가치가 가치 있는 목적을 달성하기 위한 수단이라면 그것은 '수단적' 가치이다. 반면 '내재 가치'는 자기 본래의 권리로서 그 자체를 위해 존재하는 가치이다. 여기서 중요한 것은 이러한 개념과 가치의 토대가 되는 윤리관이다.

- '이용'의 윤리   인간과 자연이 규범적, 지배적 관계를 갖게 된다는 견해이다. 인간은 자신의 목적을 위해 그것을 자유롭게 사용하며, 자연은 일종의 이용가능한 자원으로 간주한다. 이는 수단적이며 인간중심적 견해이다.
- '자연'의 윤리   인간 이외의 존재도 인간과 동등한 가치를 지닌다는 견해이다. 이는 본질적이고 생태중심적 견해이다.

이용의 윤리는 인간의 입장에서 출발하는 단일 시각으로서 인간중심주의로 종종 말해진다. 서구사회에서는 모든 가치의 토대를 인간에 두고 있으며 더 나아가 인간이 모든 것의 척도이다. 이러한 윤리는 자연의 내재가치를 부정하며 자연의 가치는 단지 인간의 욕구와 욕망을 충족시키기 위해 존재한다는 시각이다.

이러한 인간중심주의가 역사속에 오랫동안 강하게 남아있게 된 원인으로 Locke를 비난하는 것은 적절하지 않다. 고대 그리스시대와 유대 기독교의 부흥이래 모든 계획과 목적에 있어 인간중심주의는 서구사회의 모든 지배적 철학적, 사회적, 정치적 전통 속에서 가장 심오하고 일관된 가설이었다.(Fox, 1990; Nash, 2001; White, 1967)

고대 그리스인에게 정신은 인류와 자연을 구별하는 기준이다. 유일한 정신적 보고(寶庫)로서 인간은 의미(意味)를 가지는 유일한 존재인 것이다. 유사한 예로, 유대 기독교 전통은 단순한 물리적 자연세계와 영혼을 분리하며, 자연을 평가절하하고 정신을 하나의 사물(대상)로 변형시켰다. 세상을 복종하게 하는 신의 명령, 성서의 이교도 애니미즘 파괴는 신을 두려워하는 인간의 마음 속에 자연, 특별히 야생의 자연에 대한 공포와 혐오를 일으키게 했다(Donagan, 1977; Nash, 2001; White, 1967). 영혼, 정신이 아닌 모든 물질들은 오직 우리가 투영하는 가치에 의해서만 존재하는 비활성의 생명이 없는 원료가 되었다.(Mathews, 1987: 38)

'인간중심적 도덕'과 이용윤리에 대한 반론은 쉽지 않다. 자연보호구역 또는 자연지역 그 자체가 내재가치를 지닌다는 개념은 종종 일시적인 희망사항으로 무시된다(Messer and Mosley, 1980). 왜냐하면 대부분의 경우 자연보호 및 보존옹호를 위해 사용되는 정당한 명분이기 때문이다. Godfrey-Smith (1980: 56-71)는 이러한 정당화를 네 가지 주요 범주로 설명하고 있다.

- 미학적/영적 범주('신성' 논거) 자연은 영혼의 회복과 미적 즐거움 면에서 가치가 평가됨
- 생물학적/생물 다양성 범주('저장고' 논거) 자연은 유전자 다양성 비축 면에서 가치가 평가됨

- 과학적 범주('연구실험' 논거)   자연은 과학적 탐구 면에서 가치가 평가됨
- 유희적 범주('체육관' 논거)   자연은 관광과 레크리에이션 제공 면에서 가치가 평가됨

그러나 지난 수십 년간 근본적으로 내재적 그리고 인간중심적 가치체계에 반하는 생태중심철학이 (재)출현했으며[1], 이는 다음과 같은 요소들을 내포하고 있는 매우 광범위한 철학이라 할 수 있다.

- 인간과 자연의 조화에 대한 믿음
- 대기오염, 토지 황폐화 등 환경에 끼치는 인간의 부정적 영향을 완화 (또는) 제거하려는 시도
- 모든 생명체는 각각의 특별한 내재가치를 지닌다는 논점
- 경제성장과 소비지상주의에 대한 반론
- 태양열 발전, 수동적 에너지 시스템(자연에너지), 재활용과 같은 대체기술의 채택
- 정치적·제도적 구조 변화
- 정치과정에서 억압받고 소외된 소수집단을 위한 장려

이러한 견해는 절대적으로 자연생물학과 생태학에 입각해 내재가치에 타당성을 부여하고자 하는 매우 광범위한 철학적 관점이며, 또한 세계가 상호배타적인 부분으로 구분된다는 시각을 거부한다. 즉, 생물과 무생물은 모두 본질적인 상호연계성을 가지고 있다고 주장하며 세상은 서로 공유하는 생명들의 얽혀진 조직이라고 믿고 있다.

대부분의 원주민들과 환경론자들은 자연이 지구상의 모든 생명체를 부양하는 거대한 상호연계 그물망이며, 인간은 수 백만의 생명체들

---

1) 이러한 관점의 재출현은 전혀 새롭지 않다. 기원은 소크라테스 이전 시대, 예를 들어 피타고라스 시대 철학, 또는 전 세계 많은 토착 비 서구 문화에서 찾아 볼 수 있다.

중 하나의 종에 불과하고, 모든 다른 생명체들을 지배할 수 있는 권리를 가지지 않는다고 생각한다. 또한 인간은 다른 생명체들의 생존권리를 결정할 수 있는 독점권을 가지지 않는다. 이러한 철학에서 자연은 상품 또는 수익제공 여부와 관계 없이, 인간의 욕구와 수요를 충족시키는 방식에 관계 없이 존재하고 번성할 권리를 가진다.

인간중심주의와 생태중심주의의 조화를 위한 노력하에 O'Riordan은 '환경보호주의는 양쪽 세계관을 모두 추구한다'고 주장하였다(O'Riordan, 1989: 85-6). Gough et al(2000)은 인간의 모든 세계관은 어느 정도 인간중심적이라는 것을 인정함으로써 극단적인 생태중심주의와 인간중심주의의 융합이 부분적으로 필요하다고 말한다. 환경보호주의 양상들은 생태중심-인간중심의 단일 차원상에서 구성될 수 있다.(표 2. 1 참조)

생태중심-인간중심 스펙트럼 (Gough et al., 2000)			표 2.1
생태중심	인간중심		
가이아주의	적응주의	공동체주의	간섭주의
'가이아(GAIA)' 신뢰	'생명' 존중	'공정성' 지향	'진보[발전]' 지향

생태중심주의: 현대의 뿌리

'현대 환경보호주의: 서론(Modern Environmentalism: An Introduction)'에서 David Pepper(1996)는 최근 역사속에서 환경의 질에 대한 대중의 깊은 우려가 나타났던 1890년대, 1920년대, 1950년대 후반, 1970년대 초의 네 연대에 대해 언급하고 있다. 우리는 체르노빌 사태(1986), 엑슨 발데스 재난(Exxon Valdez disaster, 1989), 1980년대 말과 1990년대에 극에 달했던 계획적인 토지개간사업, 가장 최근엔 IPCC(Intergovernmental Panel on Climate Change, 기후변화에 관한 정부간 협의체, 2007)의 (지구온난화에 대한) 연구 결과 또한 덧붙여 이야기할 수 있을 것이다.

인간중심주의에 대한 심각한 문제제기는 1960년대 초에서 1970년대에 이르러서야 의미 있는 접근이 이루어졌으며, Rachel Carson(1962)의 독창적 저서 '침묵의 봄'과 Lynn White(1967)의 '생태위기의 역사적 근원'의 영향으로 유발되었다. 이러한 변화의 시작은 인간중심가치체계 우위에 대해 근본적인 이의를 제기하게 했으며, 좀 더 공정한 생태중심 세계관의 지향 및 이러한 행동들을 옹호하는 움직임으로 방향 전환이 이루어지도록 하였다.(예. Capra, 1988; Fox, 1990)

윤리적 관점에 적절한 행동은 다양한 방식으로 해석될 수 있다. 자연이 내재가치를 가진다는 것을 거부하는 사람들은, 자연의 내재가치를 인정하는 입장이 합리적이지 못하며 논리적 기반이 확립되지 않았고, 또한 생물학적 또는 경제적 정당성(과학적 기반)이 없으므로 더욱 실용적이고 합리적인 근거에서 자연윤리 즉 생태중심주의를 정의해야 한다고 주장하였다. 이러한 관점을 기술지상주의 혹은 기술론적 환경주의로 표현한다.(Pepper, 1996)

기술지상주의입장에서 인류에게 물질적 복지를 제공하는 것은 경제성장과 기술발달이다. 보존은 효율적인 환경관리 영역, 즉 산업화 과정의 환경영향에 대응하기 위한 과학 및 기술적 지식의 활용으로 간주된다. 기술은 적대적 자연을 은혜로운 생산성으로 변형시킴으로써 모든 사람들에게 좀 더 나은 세상을 만들기 위해 활용된다.

세계환경문제를 걱정하는 대부분의 사람들이 이러한 철학에 만족스러워하는 이유는, 인류가 지구에 미치는 모든 악영향의 자명한 증거들에도 불구하고 기술은 불편함에 대한 위안을 주기 때문이다.

이러한 사상은 생태관광객들의 책임 수준을 환경보호주의까지 확대시킬 수 있으며 생태관광객들을 'Light Green'과 'Dark Green'으로 구분하였다. 대부분의 생태관광객은 지속가능성에 관심을 가지고 환경적으로 책임있는 방식으로 행동하기 위해 노력하는 한 Light Green으로 분류될 수 있으나, 결국 그들은 보존보다 편안함을 택할 것이다. 정반대 스펙트럼의 Dark Green 생태관광객들은 환경적으로 책임있는 행동을 하기 위해 상당한 노력을 하며 편안함보다 보존을 중시한다.

하지만 기술중심주의 양상 기저에는 미숙하고 때로는 불합리한 신념-진보 사상에 대한 신념-이 존재한다(Pepper, 1996). 기술중심주의의 기본 원칙은 다음과 같다.

- 관리 능력과 관리 효율성에 대한 확고한 믿음
- 여러 문제들은 객관적 분석활용 및 자연과학(과학기술) 법칙에 의존함으로써 해결될 수 있다(해결되어야만 한다).
- 상기 '자연'의 권위는 경제법칙에 의거해 정당화된다는 원칙(Pepper, 1996).

반면 생태중심주의 관점은 모든 수준에서-사회, 경제, 교육 제도의 재평가-개혁이 근본적으로 필요하다고 주장한다. 이러한 주장은 우리 사회의 완전한 방향 전환으로 볼 수 있다(Capra,1988). 이러한 가치 변화의 핵심은 인류가 자연에서 얻을 수 있는 편익과는 별도로, 자연은 그 자체의 존재할 권리를 가진다는 것에 대한 재인식이다. 지구상의 생물 다양성과 생물망을 유지하는 것은 인간뿐만 아니라 모든 종의 생물에게도 분명 중요한 것이다. Charles Birch는 생태중심적 윤리의 중요성에 대해 다음과 같이 언급했다.

우리의 생활방식은 인류를 제외한 다른 세계를 단순히 인간의 삶의 드라마가 펼쳐지는 무대로만 보는 인간중심적 윤리와 연결되어 있다. 모든 다른 생명체는 인간에게 단지 도구적 가치만을 가질 뿐이다. 지금 시급한 것은 모든 생물의 도구적 가치 뿐만 아니라 내재가치도 인정하는 생태중심적 윤리이다. 감성은 생명에 내재가치를 부여한다. 우리 시대의 큰 업적은 생태중심 윤리의 이론 뿐만 아니라 실제에서,

연민, 권리, 정의 개념들을 모든 생명체에게로 확대한 것이다.(Birch, 1991: 82)

James Lovelock(1988)의 가이아(GAIA) 가설은 궁극적인 생태중심 시각의 표현으로 볼 수 있다. Lovelock에 따르면 지구는 종(種)들과 그 환경이 하나의 체계로 진화하도록 결합된 가장 큰 생명유기체이다. 우리 인간은 단지 상호의존적 유기체의 한 부분에 불과하지만, 이 유기체의 생명주기에 불균형을 초래한다. 지구의 피드백 메커니즘을 통해 이 유기체는 반드시 인간의 생명에 필요한 것은 아닐지라도 생명 전체를 유지하는데 필요한 필수요건들을 최적화한다.

이러한 사상의 흐름은 우리를 '심층생태학(deep eco)[2)로 유도하는데, 이는 가장 광범위하게 논의되는 생태중심 사상들 중 하나이다(Newsome et al., 2002; Pepper, 1996). 심층생태학은 인간과 인간 이외의 세계까지 관심을 확대함으로써 자연과 조화로운 관계유지가 가능하다는 매우 포괄적인 철학적 세계관이다. 심층생태학은 자연에 대한 전체론적 시각을 가지고 있으며 인간은 본질적으로 '자아'를 통해 모든 생명체와 연관되어 있다. 인간과 자연 사이에 절대적인 경계선은 존재하지 않으며, 개인 또는 자아로서 '내'가 끝나고 다른 생명체가 시작하는 지점은 없다. 자아는 우리 주변의 지구를 둘러싸고 있으며 자연은 우리 자신의 확대이다(e.g. Capra, 1997; Mathews, 1993). 따라서, 종(種)들 간의 공동이익을 존중하고 이에 공헌하는 것은 우리의 의무이다. 심층생태학의 주장에 의하면, 다른 생명체와의 상호관련 및 그들의 내재가치를 인정하는 것은 우리가 생명유지에 극히 필요한 부분만을 취하고 지구상에서 인간의 영향을 최소한으로 줄일 필요가 있다는 것을 의미한다. 이러한 철학적 입장을 따르는 행동은 단지 '가볍게 지구 걷기' 뿐만 아니라, 자아실현이 인간의 욕구 충족을 위해 자연을 지배하고

---

2) 심층생태론은 생태과학과 스피노자(1632-1677) 철학에 많은 영향을 받은 노르웨이 철학자 아르네 네스(Arne Naess, 1912-2004)에 의해 처음 시작되었다.

변형함으로써 가능하다는 망상을 고집하는 사람들의 견해와 행동을 바꾸려
는 정중한 노력이 포함된다.(Young, 1990)

de Jonge(2004)는 심층생태론의 네 가지 주요 원칙을 제시하였다.

1. 인간과 자연과의 관계에 대한 심층적 문제 제기
2. 환경윤리 보다는 윤리의 형이상학
3. 기술적이고 규범적인 전제를 가진 정치운동
4. 지속적인 자연계 파괴문제를 다루는 행동주의적 접근

Aldo Leopold(1886-1948)는 초기 현대 심층생태학자들 중 한 사람이다.
다른 존재들(인간과 비 인간) 그리고 생태학적 과정을 포용하는 '초개인적
(transpersonal) 생태 자아의식에 대한 심층생태학의 관심은 Aldo Leopold
의 용어로 "생태학적 양심"이며 이것은 토지 윤리로 표현될 수 있다. 그는
토지 혹은 지구와 인간의 관계가 단순히 경제성에 의해 결정되어서는 안 된
다고 말한다. '오로지 경제적 동기에 기초한 보존 시스템 내에서 우리 인간
의 기본 약점은, 토지를 소유하고 있는 지역사회 대부분의 구성원들이 경제
적 가치를 얻지 못한다는 것이다'(1966: 20). 예를 들어, 남극에서는 협정조
약국들이 석유와 광물 탐사의 경제적 가치와 현존하는 생태계의 보존적 가
치를 저울질하고 있다. 과연 생태계가 오직 경제적 측면으로만 그 가치가
평가될 수 있을까? 생태계는 인간의 차원에서 파악될 수 없는 종들간의 현
존과 미래의 상호의존 관계, 여러 종들과 지역사회간 관계로 뒤얽혀 있다.
Leopold의 주장에 따르면 '이 생명체들은 생태공동체의 구성원이며, 공동체
의 안정은 보전(保全)에 달려 있고, 생물들은 존속의 권리를 가진다'(1966:
21). 생태계의 안정은 모든 생태계 구성원에 달려 있다. 예를 들어 남극에서
벌어지는 과도한 크릴 새우 조업활동은 조류, 물개, 고래, 남극공동체의 다
른 구성원 등 사실상 남극해양생태계 전체에 큰 영향을 주고 있다.

Leopold에 따르면 토지윤리는 개별 유기체 각각이 상호연관된 복잡한 공

동체의 일원이라는 원리에 바탕을 두고 있다. 이 공동체는 다양성, 연결성, 안정/변화와 같은 가치들을 가지고 있으며 생물 공동체의 완전성, 안정, 아름다움을 유지 보존하는 과정은 윤리적 추구 과정이다. 그는 오늘날 경제학이 '소유권'과 재산권에 의존하는 토지에 '가치'를 두기 때문에 현대 토지경제학은 이를 이룰 수 없다고 주장했다.

Leopold는 과감한 사회적 변화, 지적 주안점의 심층적 변화, 인류의 충성도, 애정과 신념의 필요성 등을 주장했다. 이러한 변화는 토지의 내재가치를 존중하며, 토지에 대한 관심과 존중을 필요로 하는 토지와의 윤리적 관계에 바탕을 두고 있다(e.g. Leopold, 1966; Lutz Newton, 2006; Mathews, 1993; Young, 1990; Lovelock, 1988). '토지' 또는 '지구', '환경'과 '우리'의 관계는 사회속의 '윤리'에 의해 결정되어야 하며, 이 윤리는 '생태학적 양심의 존재, 궁극적으로 건강한 토지는 개인의 책임'이라는 신념을 반영한다.(Leopold, 1966: 20)

토지윤리 혹은 자연윤리의 발전을 저해하는 가장 심각한 장애물은 서구사회가 개인주의와 경제적 가치체계를 우선시하는 지배적인 사상을 바탕으로, 자연의 '관리책임자(stewardship)'로써 토지와 밀접한 관계에 있다는 사실을 외면하는 것이다.

과학적 이해의 엄청난 발전을 등에 업은 과학기술은 사회제도의 세속화와 더불어 토지로부터 인간을 소외시키고, 이로 인해 '환경정신(environmental ethos)'과 자연윤리의 소멸을 초래하게 되었다(Capra, 1988; White, 1967). 그리고 환경관리 의식의 상실은 개인재산 및 관련된 모든 합법적 특권의식, 소유권 및 수익지향논리에 의해 제도화되었다.

여기에서 중요한 것은 Leopold의 사상이 경제적 관점에만 전적으로 기초한 보존에 대해 우려를 나타내고 있다는 것이다. 그는 경제적 동기에 기초한 보존체계의 기본 약점은 토지공동체 대부분의 구성원(동물, 식물 등)들이 경제적 가치를 가지지 못한다는 점이라고 주장한다. '생태계'는 불가분의 관계로 연결된 구성요소들의 공동체이므로 경제적 관점으로 평가될 수 없다는 것이다. 오직 하나의 차원으로 평가함으로써 어떤 구성원 또는 연결 고리를 없애는 것은 전체 공동체에 피해를 주게 될 것이다.

그러나 자원보존, 자원보호, 대안적 개발 접근이 (앞서 살펴 본 것처럼) 신성, 연구실험, 저장고, 체육관 가치 그 무엇이든 간에, 사회에 대한 자연의 도구적 가치를 옹호하는 인간중심주의나 경제적 가치에 대해 반드시 이의를 제기하는 것은 아니다.

누구의 지속가능성인가?

지속가능성의 개념은 환경단체와 개발단체간의 이념적, 정치적 간격을 좁히기 위한 중재역할, 즉 근본적으로 상반되는 에코(eco)와 인간중심주의 두 패러다임의 교량역할을 해 왔다. Hore-Lacy는 다음과 같이 언급하고 있다;

> 아마도 지속가능성은 일부 환경보호운동가(greenies)들이 크게 향상시킨 연방정부의 무한한 역량에서 발생했을 것이며, 브룬트란트 보고서내 용어인 '지속가능한(sustainable)' 개발 앞에 형용사 '생태학적(ecological)'을 붙임으로써 이루어졌다. 나는 이것이 세계에서 유례없는 교묘한 속임수라고 생각한다. 수식어의 선택은 전체 과정을 심하게 왜곡시켰으며, 모든 경제적 견해들이 방어될 수 있도록 만들었다. (1991: 375)

하지만, 이러한 속임수는 환경보호운동가에게는 특이한 것은 아니다. 대안촉진을 위해 지속가능성을 사용하는 환경지지자들과는 반대로, 전통적 개발과(수익성 있는 판매를 위한 상품생산 증가) 제휴한 이익단체들은 현재의 생산조건 정당화를 위해 지속가능성 개념에 의존하였다.

이것은 두문자어 'ESD'의 'E'를 바꿈으로써 '생태학적으로 지속가능한 개발(ecological sustainable development)'을 '경제적으로 지속가능한 개발

(economically sustainable development)'로 바꾼 마술적 변형을 통해 심화되었으며, 지속가능성 개념이 해석될 수 있는 범위를 보여 주고 있다. 이처럼 지속가능성 개념은 종종 매우 다양한 이유들로 논쟁 대상이 되기도 혹은 활용되기도 한다. Butler(1999)는 지속가능한 관광이 지속가능한 개발원칙하에 개발된 관광과 동일한 것은 아니라는 점을 주목했다.

기술지상주의자들은 우리가 자녀들에게 남길 수 있는 유산이 깨끗한 공기, 물, 생태적 다양성이 아니라 '세대 간 형평성'이라고 주장한다. 즉, 유산은 환경적으로 수용가능한 경제성장을 통해 창출된 공동체 부의 축적을 포함해야 한다(Hore-Lacy, 1991). 분명 우리 모두는 경제적 번영을 누릴 권리가 있기 때문이다.

지속가능성은 본질적으로 보존과 관련되어 있으며, 재생능력의 손상 없이 스스로를 재생하는 환경능력에 달려 있다(Swarbrooke, 1999). 보존의 정의는 다양하지만 주로 '미래 사용을 위한 파괴, 붕괴, 손실의 방지', '천연자원과 환경의 보호, 보존 그리고 세심한 관리' 개념을 가장 많이 포함하고 있다. 예를 들어, 일부 환경단체들은 자연지역이 전혀 혹은 거의 인간의 관여(영향)가 없는 비개입에 의해 보존되어야 한다고 믿고 있다. 이를 '경성(Hard)' 심층생태론 지향주의라 한다.

그러나 '보존'과 불간섭(비개입) 입장은 너무 이상주의적인 것일까? Eckersley(1992)의 주장에 따르면 세계 인구증가와 환경오염을 무시한 채, 작은 원시자연보호지역에만 초점을 맞추는 것은 자멸적인 것이다. 이러한 문제들은 조만간 남아있는 '야생'자연지역에 영향을 미치게 되기 때문이다. 따라서 심층생태론과 비개입 접근법은 적어도 인간의 영향을 고려해야만 한다. '연성 과학기술자(Soft technologists)'들은 자연보존에서 심층 또는 초개인적 생태학의 이상을 포용하는 접근법을 보여주고 있으며, 인간은 반드시 평가자의 역할을 수행해야 한다. 이것은 인간과 자연의 다양한 상호관계를 인정하지만 경제적 가치에 전적으로 기반하지 않는 것이다. 이런 접근법들은 생태공동체의 중요성을 인정하고 있으며 기술중심적 기술낙관주의에 반대된다. '연성 과학기술' 접근법은[3] 양자의 본질적인 상호의존으로 인해 생태공동체와 동일한 정도로 인간의 복지를 고려한다.

이러한 입장은 '관리책임(stewardship)윤리'를 지지하는데, 이는 우리의 생존이 달린 생태계를 보호하고 육성해야만 한다는 믿음을 전제로 한다. 자연의 관리인이라는 인간의 역할은 인간과 비인간 종 모두의 생존을 위해서 필요하다. 자연에 미치는 인간의 영향을 모니터링하기 위한 지속적 연구는 대부분의 자원관리 접근법의 지지 기반이 된다.

자원보존주의는 '제한된 개발'의 형태이며 최소한 개발은 지구상의 생물을 부양하는 대기, 물, 토양, 모든 생물과 같은 자연체제를 위협하지 않는 선에서 지속가능하게 이루어져야 한다. 자원보존주의의 초기 주창자는 미국 초대 산림청장인 Gifford Pinchot였다. 그는 저서 '보존을 위한 투쟁(The Fight for Conservation)' (1910)에서 세 가지 보존주의 원칙을 제시하였는데, 이는 개발, 폐기물 방지, 그리고 소수가 아닌 다수의 편익을 위한 개발이다. 이런 접근법은 오늘날 많은 공공자원관리에서 나타나고 있는데, 이는 천연자원을 생산 요소로 간주하므로 '자원개발'이라는 용어가 더 적합할 수 있다.

보존과 개발이라는 두 개념은 양립할 수 없는 것처럼 보일 수 있다. 무분별한 개발과 경제성장에 대한 변화의 필요성은 인정하지만, 자원개발 혹은 제한된 개발과 같은 자원보존과 대안적 개발접근법은 이런 문제점을 미연에 방지하고자 일시적 개발체제를 변화시키는 것에 그칠 뿐이라는 주장이 제기되기도 했다. 기술중심주의 프레임은 자원고갈과 환경오염같은 어떠한 시스템 장애도 과학기술적 해법에 의해 개선될 수 있다는 믿음에서 세워진다. 그러나 과학기술적 해법은 인간의 가치나 도덕관념의 변화는 거의 또는 전혀 요구하지 않고 오로지 자연과학기술의 변화만을 요구하는 것으로 정의될 수 있다(Hardin, 1968: 124). 경제적, 사회적, 생태학적 문제점들에 대

---

3) 이 접근법은 인간이 자연과정의 필수부분이라는 것을 인정하는 '인간복지생태학'과 관련되어 있다.

한 해결책을 과학기술에서 계속 찾는다면, 적절한 해결책을 찾을 수 없다. 이를테면, 미국 정부는 지구온난화를 막기 위한 필사적 노력으로 과학자들에게 햇빛을 차단하는 과학기술을 개발하도록 촉구해 왔다. 미국정부는 우주공간에 거대한 거울을 설치하거나 대기 중에 반사먼지를 주입하는 기술에 대한 연구가 배기가스 증가에 따른 '중요한 보험'이 될 수 있을 것이라 주장하였다. 그리고 미국정부는 2007년 발행된 중요한 UN 기후변화보고서의 권고안들 중 하나로 이 전략이 채택되도록 로비를 펼치기도 했다(Adam, 2007).

'공유지의 비극(Tragedy of the Commons)'을 도입한 Garrett Hardin(1968)의 논문에 의하면 공기, 대양, 어류, 오지 등 공동소유의 모든 자원은 결국 과잉개발 될 것이다.

누구도 자원에 대해 책임감을 가지지 않는다. 자원은 모두의 것이라 누구도 그것을 보호하려 들지 않기 때문이다. 이러한 사고를 관광에 적용한다면, 각 여행사들은 수익 극대화를 위해 노력하며 한정된 관광시스템 안에서 고객수를 무한정 늘리도록 만드는 시스템(관광객 증가에 따른 수익의 극대화) 안에 갇히게 된다. Hardin(1968)은 행정법 및 '강제조치'(세금, 인센티브, 기타 차별적 선택권) 조정을 통한 금지보다는 절제된 태도변화를 통해 무분별한 개발을 통제할 것을 제안한다. 이것은 정책과 관리체제에 함축적 의미를 가지며 3장에서 더 자세히 다룰 것이다.

공유지 논쟁은 생태관광과 중요한 관계가 있다. 공유지나 관광목적지는 오로지 인구밀도가 낮은 곳에서 적절히 활용될 수 있다. 방문객 수가 증가하면 목적지는 통제되거나 심지어 포기해야 한다. 더 소중한 다른 자유(관광수용지역사회 인구의 자유)를 보호하고 신장시키는 유일한 방법은 방문의 자유나 방문객 수를 포기하는 것이다. 여기에서 자유란 필요성의 인지, 즉 방문객의 수와 경험에 제한을 둠으로써 개인적 자유를 포기할 필요성을 인식하는 것이다.

Hardin은 공유지 황폐화에 대한 해답을 상호강제성에서 찾는다. 특정 행동을 금지하진 않지만, 예를 들어 이런 행동을 비경제적이게 만드는 차별적 선택권을 가진다. 이런 선택권은 다수에 의해 협의된 것이기에 기업이 특정 방법으로 행동하지 않도록 제지할 수 있다는 것이다. 개별기업은 더 적은 자유를 가지지만 다른 관점에서 자유로 간주될 수 있는 더 많은 장기적 지속가능성을 가지게 된다. Hardin이 말한 바처럼 공유지 논리에 갇힌 개인들은 전 세계의 파멸을 초래할 뿐인 자유를 가지지만, 일단 그들이 상호적 강제성의 필요성을 깨닫는다면 다른 목표를 추구할 수 있는 자유를 얻게 된다.

여기서 '자유'는 상호강제성의 필요를 수반한 자유이다. 다시 말해, 영향을 받는 대다수 사람들에 의해 합의된 법을 준수할 때 개인들은 각자의 목표를 자유롭게 추구할 수 있다. '권리' -그들이 마음대로 할 권리- 제한을 반대하는 사람들은 전 세계의 파멸만을 초래할 뿐이다.

개인의 권리와 타인에 대한 의무는 생태관광과 환경관리의 핵심 이슈들이다. 이것은 개인이 생태계 번영과 타인의 즐거움에 영향을 미치는 그들의 행동을 어느 정도까지 이해할 수 있는지, 많은 사람들이(각각 조금씩) 한 지역을 남용할 때 축적되는 결과는 무엇인지, 접근의 자유가 공평하게 제한되고 환경의 질을 유지하도록 하기 위해 사회는 어떻게 개인의 이용권을 규제해야만 하는지 등이 있다.(Hardin, 1998)

대중의 인정 없이 당국의 규제는 시행될 수 없기 때문에, 모든 형태의 정부개입은 상호협의된 '상호강제성'이라는 Hardin(1968, 1998)의 의견을 적용할 필요가 있다. 만약 관광객들이 그들 행동의 결과를 인식할 수 있다면, 그들은 이 결과가 다른 이들과 미래 세대에게 미칠 영향에 대해 좀 더 도덕적인 관심을 가질 수 있을까? 그들은 공익을 위해 정부가 부과한 이용규제를 존중하고 받아들일 수 있을 것인가?

생태중심적 관점에 입각한 자원관리는 만약 현재의 경제성장과 자원이용 추세가 계속된다면 현대과학과 과학기술이 더 이상 환경악화를 예방할 수 없음을 인정한다. 필요한 것은 철학, 정치, 경제의 변화로, 이를 통해 지속가능한 인구집단은 환경과 조화롭게 공존할 수 있으며, 우리는 더 나은 미래를 위해 강제적 해결방법의 시행을 두려워해서는 안 된다(Hardin, 1993)는 것이다. '환경보호운동가'들의 입장은(4장에서 상세히 논의함) 입법, 과학적 모니터링, 이용제한과 같은 사전(事前) 거시적 환경제약이 필요함을 강조한다. [4]

따라서 보존(conservation)은 종들의 바람직한 양과 질, 생태계 상태, 현재와 미래세대를 위한 과정들을 회복, 강화, 보호, 유지하려는 시도로, 인간의 자원(생물과 무생물) 이용에 대한 관리 및 규제를 포함한다.(Dunster and Dunster, 1996: 69)

적어도 가까운 미래에는 자연지역이 오직 그들의 도구적 가치에 의해서만 지켜질 수 있다는 점은 더욱 명백해지고 있다. 단순한 '희망사항' 일지라도, 새로운 생태학적 이해방식을 만들려는 노력을 버리지 말아야 한다. 경제학, 수학, 분석철학 분야의 많은 연구에서조차 측정할 수 없고 비교할 수 없는 가치를 동등하게 다루기 위한 노력이 이루어져 왔다. [5]

자원관리와 윤리(Ethics and resource management)

관리 그 자체는 인간중심적인 개념으로 간주될 수 있다. 자연지역이 내재가치를 가진다는 것을 인정한다면, 그들은 왜 관리를 받아야 하겠는가? 더욱이 국지적 지역생태계가 원시자연보호지역으로 보호된다면, '관리'는 생태계 침입으로 보여질 수 있다.

마찬가지로 특정 자연지역에 경계선을 두른다면 우리가 보호하려 노력하는 것은 무엇인가? 어디에 경계선을 그어야 할 것인가 – 무엇이 자연적인 것

---

4) 심층생태학은 자연의 내재가치 개념을 직관적으로 수용하고 비인간종들의 '권리' 인정을 주장하기 때문에 극단적인 보호입장으로 간주될 수 있다.

5) 예. Peterson 등(1988), 천연자원과의 특정 관계

인지 결정하는 것은 자원 관리자들인가? 더 현실적인 측면에서 관리비용이 요구된다면 보호지역의 관리비용은 누구의 책임인가?

환경윤리가 의미 있는 것이 되기 위해서는 운영상 적절히 활용되어야 한다.

> 규제부과는 자유를 감소시키고, 개인의 도덕적 판단의 필요성을 감소시킨다……. 윤리적 행동은 타인의 권리, 욕구, 복지를 고려한다. 그것은 단순히 법, 규제, 규범의 강제에 따른 행동이 아니다.(Mackay, 1992: 3)

그러나 지속가능한 관광개발은 공동의 이해안에서 감독, 개발, 관리를

네팔 히말라야 산맥, 보호생태계인가?

2007년 5월에 총 470명의 등반가로 구성된 43개의 원정대가 네팔과 티베트를 통해 에베레스트산 정상에 올랐다. 60명 이상의 등반가들이 세계에서 가장 높은 곳에 설 기회를 갖기 위해 정상에 있거나 정상 인근에서 대기 중이었다(경우에 따라 1~2시간). 470명의 등반가들에게 에베레스트 등반을 선택한 이유를 물었다면, 지구상 야생지역들 중 한 곳을 체험하고 싶은 욕망을 드러낸 답변이 있었을 것이다(Edward, 1992). 고기능 의류, 산소통 같은 등산 장비의 기술혁신, 가이드 동반 원정비용으로 고객들에게 4만~5만 달러를 청구하는 상업적 원정대의 증가는 지구상에서 가장 때묻지 않은 장소 중 한 곳을 경험하고픈 욕망을 실현하려는 수많은 등반가들을 계속 산으로 이끌 것이다. 네팔 사가르마타 국립공원(Sagarmatha National Park, Mt Everest)의 연구는 4000미터 이상의 생태계가 최근 30년 동안 관광에 의해 상당한 영향을 받아왔다는 것을 보여준다. 이러한 영향에는 원정대와 관광객 숙소 연료 용도로 연약한 고산관목과 고산식물의 무분별한 벌채, 과잉 가축방목, 침식 가속화, 무절제한 숙소건설이 포함된다(Byers, 2005).

현 네팔정부는 관광이 나라의 가장 큰 수입원이기 때문에 관광을 계속 장려할 것이다. 산악보호위원회(the Mountain Protection Commission) 같은 국제단체들은 원정대 수를 과감히 줄일 것을 주장하며, 1년 동안 8000미터 이상에 위치한 모든 정상 등반을 전면 금지할 것을 요청했다.

이는 네팔 히말라야의 비극이다. 환경 또는 생태 상품(자연보호지역)의 접근성, 효용성, 전시성 그리고 지역주민 및 생태계 재생력 간의 대립적 욕구에 있어 절충점을 조율하려는 노력은 관리경영조직에 매우 유익한 교훈이 된다(그림 2.1 참조).

CASE STUDY

| 그림 2.1 |
네팔 히말라야
우람한 초오유 산(8201m)을
걸어가고 있는 트레커들

위한 국제협력 및 합의체제를 통해서만이 성취될 수 있다.(예, Brundtland Commission, 1987)

위험에 처한 것은 우리의 '공유지'이다. 우리가 공유하고 있는 생태계의 지속가능한 개발 뿐만이 아니라, 관광개발의 규모정도를 떠나 모든 국가의 지속가능한 개발은 합리적인 관리경영에 달려 있다는 것이다. 공정한 규칙이 없다면 미래세대는 방문지의 상실로 피폐해질 것이며, 가장 고통을 겪는 사람들은 관광이 운영되고 있는 세계시장 경제안에서 거의 규제부과를 할 수 없는 개발도상국에서 살고 있는 사람들일 것이다.

현재의 경제성장과 자원이용경향이 지속된다면 현대 과학과 과학기술은 환경악화를 막을 수 없을 것이다. 지속가능한 관광의 이용자는 관광수용 지역사회의 사회, 물리적 환경과 공존하기 위해서는 철학, 정치, 경제의 변화가 필요하다는 점을 인식해야 한다. 이와 더불어 생태중심주의는 보존주의

(환경보호주의) 입장의 '공동체주의'로 간주될 수 있다. 이 입장은 경제성장에 대한 사전(事前) 거시환경적 제약의 필요성을 재차 강조하며, 분권형 사회경제체제 또는 비인간 종(種)에 대한 자연의 내재가치(수단적 가치와 대립적인) 개념에 기반한 '심층 생태학'을 지지한다.(예, Pepper, 1996)

생태중심주의의 무간섭 주의는 이론상의 '희망사항'이고, 미래 논의를 위한 의제로 설정하는 것은 이상적이지만 현실에서 실행하는 것은 비현실적인 것이라는 잘못된 비판을 받고 있다. 관리접근방법으로써 생태중심주의는 자연보호구역이 누군가를 위해 보호 및 보존되는 것이 아니라, 그 자체가 가진 가치 때문에 존재할 수 있음을 주장한다(예. Page and Dowling, 2002). 이러한 접근법은 비인간 세계는 오직 인간에게 가치 있는 정도에 따라 평가된다는 견해의 자원경제학자들의 지배적 세계관에 대한 도전이다.

어떤 경제학자는 7330억 달러 미국 경제의 한 부분으로 관광이 향후 수십년 동안 5배 성장할 것으로 예상하고 있다. 이를 위해 우리 관광시스템은 성장 원료인 자원을 목적으로 생태계를 침입하게 될 것이다. 이러한 성장을 이루고 정당화하기 위해 자연계는 경제적 시각보다는 생태학적 시각을 통해 바라보아야 한다. 그러나 자연계는 생태학적 가치보다는 그들의 자원 효용성으로 평가 받게 될 것이다.

논의를 통해 입증된 바와 같이, 수많은 철학과 정치 이념들이 현재 생태학적 사고 및 오늘날 생태관광으로 알려진 자연관광형성에 기여해 왔다. '자연관광', '저영향 관광', '지속가능한 관광'을 포함한 다양한 관광유형은 생태관광 현상을 둘러싼 정의(定義) 논쟁에 근간을 이루어 왔다. 생태관광에 관한 수많은 논의 내용 가운데 공통 주제들은 분명히 드러나고 있다. 이들은 활동으로서의 생태관광을 정의하는 데 도움이 될 수 있는 많은 철학적 접근법과 연계될 수 있다.

생태관광은 많은 부문에 영향을 미칠 수 있는 큰 잠재력을 가지고 있어 정부, 관광산업, 지역사회, 보존단체를 포함한 다양한 단체들의 개입은 광범위하다. 이 단체들은 관광객, 경제, 환경을 만족시킬 수 있는 수단으로 지속가능한 생태관광을 촉진하고 계획하고 실행하는데 중요한 역할을 담당하고 있다. 다음 장에서는 규제가 생태관광에 어떤 작용을 할 수 있을지 탐색하는 부문간 교환작용에 대해 고찰하고자 한다.

추천 문헌

Carson, R. (1962) 침묵의 봄. Penguin, London

카슨의 이 저서는 20세기 가장 영향력 있는 환경도서들 중 하나가 되었으며, 환경인식을 신장시키고 정부 정책의 변화를 이끌어 내었으며 생태학 운동 발생에 영감을 주었다.

Leopold, A. (1966) 모래군의 열 두 달. Ballantine, New York
Hardin, G. (1968) 공유지의 비극. Science. 162, 1243-8

카슨의 저서처럼 레오폴드와 하딘의 두 저서는 환경사상의 고전이 되었다.

Belshaw, C. (2001) 환경 철학. Acumen, Stocksfield, UK

벨쇼의 저서는 다양한 환경철학 부문에 대한 훌륭한 개론이다.

Chapter 3

관광개발:
정부, 산업, 정책, 기획

CONTENTS

많은 국가에서 생태관광은 개발전략의 중심이 되어 왔다. 특히 각국 정부입장에서 생태관광은 다른 경제개발유형의 대안으로서 잠재력을 지닌 매력적인 분야이다. 생태관광은 고용창출, 외화창출, 지속가능한 지역성장의 잠재력을 가진다(Weaver, 1998). Chok 등은 (2007) 빈곤이 만연한 개발도상국에서 빈곤경감의 수단으로서의 관광의 고성장전망은 관광에 대한 더 높은 관심을 이끌어 내었다고 주장하였다.

하지만 많은 경우 관광은 높은 기대에 부응하지 못했다. 비록 국내총생산(GDP, Gross Domestic Product) 형태로 상당 수준의 수익창출능력이 평가되고 있지만– 많은 경우 관광의 외화창출 능력은 전통상품의 수출능력을 능가하고 있다– 도로, 전기 등의 지역사회 기반시설 형태의 연동적 편익도 허용되어야 한다. 그러나 이러한 편익들은 종종 오염증가, 지역물가상승, 관광수익유출과 같은 지역사회에 미치는 상당한 영향들로 인해 제한된다. 물리적 영향을 고려하지 않더라도, 국가 또는 지역사회 수익의 외부유출은 외화 창출원로서의 관광위상을 상당히 위협하게 된다. 관광개발이 시행되고 있는 많은 지역사회와 지역경제는 관광사업체 설립에 필요한 기반시설과 기술력이 부족하다. 그러나 관광객이 원하는 광범위한 상품 및 서비스 제공의 중요한 요소인 자본의 지역외 유출은 일반적으로 매우 높은 수준이다. 유출은 특정 기술, 기반시설, 과학기술, 물자수입의 필요성으로 인해 국가나 특정 지역외부로 빠져나가는 자금의 흐름으로, 경영자들에 의해 지역외부로 반출된 수익의 흐름을 의미한다(e.g. Hjerpe and Kim, 2007; Lindberg, 2000; Mazibuko, 2007). 관광개발에 있어서 매우 중요한 사안인 자본의 지역외 유출은 관광산업에 필요한 기반시설이 외자기업, 특히 항공사, 호텔, 렌터카 회사, 패키지 투어에 의해 제공되는 경우가 많다.

많은 경우[1] 항공사, 호텔, 운송 회사 같은 12개의 필수 관광서비스 분야의 점유율이 높지 않은 개발도상국에서 자본의 지역외 유출은 80~90%에 달하는 것으로 추정되고 있다(Mathieson and Wall, 1982). 예를 들어, Zheng(2000)은 인도차이나 같은 개발도상국에서 경제성장을 위한 관광산업착수의 성공여부는 관광유출의 세가지 유형인 재정, 구조, 경영 부문의 유출을 최소화하는데 달려있다고 주장한다.

관광지출은 지역경제내의 모든 수준과 부문에 상당한 연동효과를 끼친다. 이는 승수효과로 관광객의 초기지출이 지역상품 및 서비스 지출을 유발하는 것으로 추정된다. 부가지출된 모든 달러는 경제 곳곳에서 더 많이 소비되는 승수효과에도 불구하고, 시간의 흐름과 함께 관광의 경제적·환경적·사회적 악영향이 나타나게 된다. 부정적인 영향은 일반적으로 직접 체감이 어렵고 초기의 긍정적 경제적 영향 이후 경험하게 된다. 이러한 문제들은 단기적 관광수익 실현이라는 정치적 필요에 의해 더욱 악화되며 관광계획 및 관리부문의 정부개입을 상쇄한다. 그 결과 즉각적인 경제적 이익은 높이 평가되고 국민계정으로 귀속되는 반면, 상당한 사회비용 및 환경비용을 부담하는 것은 지역사회이다.

또한 관광은 총체적 전략수립과, 입안 및 자연보호법률의 적절성 여부 결정 등 입법 프레임워크에 대한 충분한 고려와, 지역사회 협의 및 참여 그리고 효과

---

1) Lindberg (1991: 24)는 관광지출의 단 10%만 짐바브웨에 돌아간다고 평가한다. 마찬가지로 Church (1994)는 관광지출의 10~20%만이 자메이카로 돌아간다고 추측하고 있다.

적인 보호지역관리계획이 이루어지지 않은 체, 정부 또는 관련 산업부문에 의해 촉진된다. 이러한 경우 향후 정부정책의 상당한 문제를 유발하게 된다.

이에, 우리는 고용, 사회기반시설, 지역사회 프로젝트를 위한 수익증대를 통해 대안적 개발형태로서 지역사회에 상당한 편익을 창출할 수 있는 생태관광의 잠재력에 대해 논의해야 한다. 이러한 편익가능성이 실현되기 위해서 보존 또는 지속가능성 목표를 확고히 지키는 것이 중요하다. 생태관광은 보존 프로젝트들을 통해 직접적인 지역수익창출과 연관될 수 있는 중요한 대안적 개발전략이다.

1970년대와 1980년대 통합적 농촌개발사업은 개발도상국 농촌생활수준 향상에 목적을 두고, 관개사업, 도로건설, 사회복지사업에 주로 초점을 맞추었다. 그러나 세계은행(World Bank, 1992: 86)은 지나치게 성과에 치우친 평가, 대규모 종합개발사업 지향, 과도한 낙관적 결과예측 등으로 인한 낮은 성공률이라는 결과에 실망하게 되었다. 뉴 밀레니엄시대 관광체험을 위해 제공될 생태관광 및 기반시설개발 또한 동일한 운명의 고통을 겪게 될지도 모른다.(Harrison, 2001)

지속가능성기반을 벗어나지 않는 관광을 위해서는 사회기반시설 제공을 이끄는 메커니즘에 대한 이해와 생태관광계획 및 관리를 위한 정책 및 제도적 전제조건들은 기본적인 중요사항들이다. 지속가능개발원칙, 생태관광의 본질, 잠재적 환경영향의 고찰을 통해, 우리는 생태관광 활성화를 위한 정부 및 산업정책의 역할에 대해 논의하게 될 것이다. 자체규제의 상대적 강점 및 약점과 더불어 정부 및 산업주도 정책기획 프로젝트 등 광범위한 지속가능 접근법들에 대해 논의할 것이다. 연방정부, 주정부, 지방정부의 입법과 정책을 포괄하는 통합 프로그램을 통해 효율적인 통제 조치들을 지지하는 사람들이 있는 반면(e.g. McKercher, 1991a: 69), 다른 이들은 산업에 기반한 '모범경영' 사례를 제시하고 있다(예. Richardson, 1995). 중요한 것은 전략적 계획 및 통제 메커니즘 개발은 그것을 실행하려는 의지가 있을 때만 효과적이라는 사실이다.

에콰도르 갈라파고스 제도의 '환경수용력'

갈라파고스 제도는 남아메리카 해안에서 서쪽으로 1000km 떨어진 곳에 위치하며 지역 고유의 토착종에 기반한 생태관광 명소이다. 갈라파고스 자원유지를 주장하는 보존주의자는 관광산업 확장 규제를 위해 노력해 왔다. 1986년 갈라파고스에 두 번째 공항이 개항했고, 적정환경수용력 12,000명의 거의 9배에 달하는 108,436명이 2004년 섬을 방문했다. 이사벨라 섬에 위치한 세번째 공항은 매년 5만명의 관광객 증가를 가져왔다(Galapagos Conservation Trust, 2008).

갈라파고스 제도가 관광객 개인의 환경손상에 대해서는 훌륭한 통제를 실시하고 있음에도 불구하고, 전체 방문객수에 대한 규제는 거의 없다. 정부의 엄격한 규제정책으로는 제한지역설정, 관광객은 보트에서 숙박해야 한다는 규정, 자연가이드 등록, 육상 방문객의 엄격한 규제 등이 있다. 그러나 관광객 개개인에 의한 피해를 통제하는데 초점을 두고 있어, 대부분의 악영향이 방문한 관광객 총수에 의한 것이라는 사실은 간과되고 있다.

갈라파고스 섬의 꾸준한 인구유입증가는 관광산업 활성화에 따른 수익창출기회 때문이며, 육상 숙박시설 급증(개발규제위반)이라는 결과를 초래했다. 지역민의 반응은 수입원의 변화를 보여주며, 전통적인 어부들은 그들의 어선을 작은 여행선박으로 개조하고 있다.

그러나, 지역사회내로 유입되는 수익은 매우 적다. 주로 외국계 크루즈 선박들이 부유한 외국인 관광객들을 갈라파고스로 운송하고 있어 수익의 외부 유출이 매우 높다. 더욱 중요한 점은 엄격한 통제와 규제 유지에 반해 지역민들을 위한 인센티브는 존재하지 않으며, 주민들은 자신들의 숙박시설과 보트투어 업체 확장을 위해 경쟁해야 한다.

갈라파고스 생태계는 이러한 열악한 관리의 희생대상이다. 농업의 확대는 관광보다 더 큰 피해를 가져다 주고 있다. 관광수익을 얻지 못하는 지역주민들은 농업분야를 확대하지 않을 수 없다. 12개 식물종의 멸종은 이러한 농업확장의 직접적인 결과이다(그림 3.1 참조).

지역민들의 관광산업통제, 또는 관광객 방문으로 인한 재정적 수익의 일부를 지역업체에 되돌려 주는 것은 규제제도 안에서 직접적 인센티브를 제공함으로써 현재의 추세를 뒤바꿀 수 있을 것이다. 이것은 사회적/물리적 환경편익을 위해 단기적 사후대응에서 장기적 사전대응 계획수립으로의 변화를 가져올 수 있을 것이다(Steele, 1995).

지속가능한 관광개발

1장에서 살펴보았던 것처럼 생태관광은 대중관광의 대안으로, 소규모 기반시설과 그에 따른 환경영향의 최소화를 추구하는 것이다. 이는 생태관광이 지속가능한 수준에서 규제되고 관리될 수 있음을 의미한다. 지속가능관광은 경제적 이익을 창출하고, 환경의 질과 다양성 유지을 통해 '환경보전

| 그림 3.1 |
갈라파고스 제도
(갈라파고스 관리단 사진)

과 경제개발'을 결합하는 것이다.(Wild, 1994: 12)

지속가능성을 유지하는 가장 중요한 수단은 관광객 수를 제한하고 환경 악화 위험성을 낮추는 것이다(Inskeep, 1991). 이렇듯, 생태관광은 수요가 아니라 환경수용력(환경이 공급가능한 능력)에 따라 관광객수를 결정하는 공급주도 접근방식이다(8장 참조). 생태관광은 보존을 통해 생태학적 그리고 경제적 이점을 얻을 수 있도록 아직 손상되지 않은 지역 보호를 목적으로 한다.

그러나 이론적으로 좋아 보이는 것이 항상 실제로도 좋은 것은 아니다. '지난 4반세기 동안 생태관광의 수요와 공급은 상당히 증가하고 있으나'(Sharpley, 2006: 7), 이러한 성장의 대부분은 지속가능하지 못했다(Issacs, 2000; Kamauro, 1996; Steele, 1995). 생태관광의 지속가능한 개발은 이루어지기 어려운데, 생태관광의 무분별한 확장 및 자연지역 접근수요의 급증 때문이다. 여기서 문제는 만약 조절가능하다면, 어떻게 수요조절을 할 것인가 하는 것이다.

민감한 환경지역에서 적절치 못한 개발의 결과로 지속가능하지 않은 생태관광이 발생하게 된다. Buckley와 King(2003)은 생태관광을 포함해 다음과 같은 문제를 제기하였다. 관광증가는 되돌릴 수 없는 상태에 이르기까지 예측될 수도 간파될 수도 없는 방식으로 자연공원들을 파괴시킨다. 혼잡, 과잉개발, 규제되지 않은 재개발, 오염, 야생동물의 질서교란, 차량이용 등으로 야기되는 환경적 영향은 대중관광보다 생태관광에서 더욱 심각하다(McNeely. Hvenegaard내 인용, 1994)는 것이다. 손상되지 않은 자연환경에 의존하게 되는 생태관광은 생태학적으로 민감한 지역에 집중되어 있기 때문이다. 따라서, 적절한 규제가 없다면 생태관광의 과도 개발로 인해 생태계 악화는 더욱 심각해 질 수 있다(Issacs, 2000; Kamauro, 1996; Mieczkowski, 1995). 이는 사실상 지속가능성 원칙들이 진보적인 계획과 정책적 틀 없이는 대규모로 시행되기 어렵다는 것을 의미한다.

생태관광의 부정적인 결과는 대부분 효율적 관리와 계획수립이 이전에 관광객 방문이 선행되기 때문이다(e.g. Sofield, 2003). 따라서 지속가능 개발 원칙하에서 미래 생태관광이 확대되기 위해서는 적절한 계획전략이 공식화되고 실행될 필요가 있다. 생태관광의 철학 및 관련 필요조건들 그리고 결과를 이해하는 것은 생태관광의 책임이라 할 수 있다.

계획과 정책 프레임워크 – 누가 어떻게 관련되어 있는가?

효과적인 계획수립은 생태관광의 지속가능개발에 대한 신뢰성을 높여준다. 환경보존과 자원의 지속가능성에서 핵심목표는 환경의 질을 보호하고 유지하는 것이다(Fennell, 2002; Krüger, 2005). 이러한 주요 목표를 성취하기 위해서는, 관광잠재력 실현을 촉진하면서도 환경보호와 강화에 근거한 계획수립이 이루어져야 한다(Dowling, 1991: 128). 계획수립은 실제 개발과정에서 사회적/경제적/환경적 편익을 증진시키기 위해 적절한 개발을 장려

하는 변화를 예측하고 규제하는 것과 관련 있다. 보호지역내에서 생태관광
은 중요한 기능을 하기도 하지만, 자연경관가치를 떨어뜨리는 원인이 되기
도 한다. 따라서, 이용과 보존사이에서 적절한 균형을 이루기 위해 관광객
동향을 주의 깊게 계획 및 관리하는 것이 필요하다.(Żarska, 2006)

개발계획은 자원수용력뿐만 아니라 보존요건들과 계획의 목표 및 목적
의 조화를 포함한다. 따라서, 현재와 미래의 잠재적 이익을 관리하기 위해
개발수요와 환경공급간의 균형을 이루는 계획이 이루어진다면, 생태관광의
지속가능성은 실제로 가능한 일이다(Fennell and Dowling, 2003). 그러나 이
것이 누구의 책임인지는 아직 명확히 규정되지 않았다.

정부주도 계획과 정책발안

지속가능관광은 모개념인 지속가능개발과 더불어 본질적으로 정치와 관
련되어 있다(Bramwell, 2005). 관광의 촉진, 계획, 관리, 규제에 있어서 가
장 큰 잠재력을 가지고 있는 것으로 널리 알려져 있는 것이 바로 정부이다.
정부는 미래세대의 편익을 위해 자연보전지역의 입법 및 사법적 보호처럼,
장기적인 계획과 관리를 제공해 줄 수 있는 유일한 단체이다(예. Buckley,
2004). 게다가 소규모 지역의 독립된 규정은 환경지속가능성 보장에 충분하
지 않기 때문에, 정부의 정책 및 계획의 중요성 때문에 관광산업에 대해 전
반적인 조화, 일관성 그리고 시행가능한 기준을 제공할 수 있는 권한을 정부
에 부여하게 된다.(예. Mieczkowski, 1995: 467; Sofield, 2003; Tolhurst, 1994)

정부정책은 필요한 환경규제를 강화할 수 있는 능력으로 광범위한 산
업기준을 설정하고 부정적인 영향을 최소화함으로써, 지속가능한 생태
관광의 실행을 용이하게 하는데 중요한 역할을 하게 된다. 지속가능한
생태관광을 위한 정부정책과 계획안의 의의는, 발생가능한 결과를 고려
하여 적절한 지침과 일관된 기준을 효과적으로 관리하는 정부의 능력에
달려있다.

정부는 주요 수입원으로 생태관광의 가치를 인정하면서도, 모든면에서 생태관광과 더 많은 관련을 맺고 있어, 정부개입은 생태관광의 성공에 결정적인 역할을 한다는 것을 알 수 있다. 예를 들어, UNESCO-LNTA Nam Ha 생태관광 프로젝트는 남하국립보호구역 및 그 주변에서 국립라오스관광청 (LNTA)에 의해 시행된 지역공동체기반 생태관광 프로젝트이다. 유엔개발프로그램(UNDP)은 이 프로젝트를 빈곤경감과 자연유산보존을 보여준 '모범사례'로 인정하고 있다.(UNESCO, 2001)

정부개입은 특히 아태지역에서 많이 나타나는데, 라오스와 더불어 필리핀에서는 관광객의 유입으로 파괴되기 쉬운 생태계를 보호하기 위해서 생태관광법령(Ecotourism Act) 제정 과정중에 있고, 파퓨아뉴기니에서는 전국적인 생태관광전략수립을 진행하고 있다.(Gabor, 1997; Wearing and Chatterton, 2007)

CASE STUDY

라오스 생태관광 – 정부주도프로젝트

라오스는 낮은 인구밀도와 훼손되지 않은 다양한 민족 고유의 생활양식 및 전통 그리고 아마도 인도차이나 반도에서 가장 풍요롭고 광대한 생태계를 가지고 있다. 800여종 이상의 조류 및 100종 이상의 대형 포유류가 라오스안에서 확인되었으며 매년 새로운 종들이 발견되고 있다. 매력적인 종으로는 호랑이, 구름무늬 표범, 두크마른 원숭이, 이리와디 돌고래, 코뿔새, 공작, 따오기, 가물치, 백한 등이 있다. 이러한 자원들을 보호 및 보존하고 있는 20개의 국립보호구역은 하나의 네트워크이며, 종종 세계 최고의 보호구역체제로 언급되고 있다. 라오스는 광활한 보호산림과 수자원뿐만 아니라 유네스코(UNESCO)에서 지정한 두 개의 세계유산을 가지고 있다 – 고대도시인 루앙프라방과 앙고리안 시대 이전의 왓푸사원. 또한 건축학적, 역사적, 자연적으로 커다란 가치를 지녀 세계유산에 등재 예정인 불가사의한 항아리 평원(plain of jars)이 있다. 라오스의 20개 국립보호구역은 전 국토의 거의 14%를 차지하고 있다. 광활한 열대 몬순 삼림지대, 다양한 야생생물 개체군, 기괴한 카르스트 지형의 석회암층, 많은 소수민족 등과 함께 라오스의 보호구역은 풍부한 생태관광 명소를 보유하고 있다 (Burke and Vaisutis, 2007).

라오스가 최고의 생태관광지가 되길 간절히 바라는 라오스 관광청(Lao National Tourism Administration)과 관련 정부부처 그리고 민간부문은 국가의 국립생태관광 전략수립과 실천계획 안에서 야심적 비전을 실현하기 위해 열심히 노력하고 있으며, 메커니즘 체계와 파트너십을 통해 라오스 활성화를 꾀하고 있다 (Lao National Tourism Administration, 2008) (그림 3.2 참조).

생태관광의 잠재적 악영향에 대한 인식 제고는 중국 운남성 정부의 샹그
릴라(Shangri-La)현의 생태관광 시범사업(SLED) 후원을 유도하였으며, 이
사업은 생태관광에 관광수용지역사회를 개입시켜 지속가능한 개발을 촉진
하였다(Morais et al., 2006). 1997년 통가는 장기적으로 지속가능한 관광산
업개발계획 및 시행을 위해 지속가능관광전략을 개발했다(Calkin, 1997). 그
러나 정부가 단독적으로 계획을 실행하는 것이 가능하지 않아 관광전략 실
행을 위해 추가적인 국제자금과 자문을 계속적으로 받아왔다. 또한 지역주
민 참여문제도 고려되어야 한다. 예를 들어, 솔로몬 제도(Solomon Island)
정부는 1990년에 국가의 지속가능 관광정책(National Sustainable Tourism
Policy)을 제정했지만, 지역주민의 참여와 규제의 부족으로 지역수준에서
효과를 거의 거두지 못하였다.(Sofield, 2003: 191-224)

　　1990년대 전세계 많은 나라에서 생태적으로 지속가능한 개발(ESD,
Ecologically Sustainable Development)을 위해 다양한 국가전략들이 수립
되었다는 사실을 통해, 지속가능성을 고려한 정부계획이 얼마나 중요한지

| 그림 3.2 |
라오스의 수도 비엔티안에
위치한 생태관광 여행사
(Matthew McDonald 사진)

를 알 수 있다.[2] 이러한 전략들은 정부계획의 실행을 통해 관광산업이 자연 자원을 보존하고 부정적 환경영향을 최소화하는 방법으로 발전되고 관리될 수 있다는 점을 인식한 것임을 반영한다.(e.g. Evans-Smit, 1994)

관광관련 환경문제를 위한 정부정책의 주요 방안은 다음과 같다.

- 법률 제정
- 규제 – 수익 징수와 재분배를 포함
- 통제
- 정책과 프로그램의 조정
- 기반시설과 인센티브
- 국가 및 지역 수준에서 생태관광사업의 계획과 프로모션

CASE STUDY

부탄

히말라야 산맥속의 작은 왕국 부탄은 스위스보다 조금 더 큰 면적으로 티베트 그리고 인도 아삼주(州)와 시킴주(州) 사이에 위치하고 있다. 부탄의 관광산업은 지속가능성의 원칙하에 이루어졌다. 이는 관광이 환경과 생태에 친화적이며, 사회·문화적으로 수용가능해야 하고, 경제적 성장가능성이 있어야 함을 의미한다. 이런 이유들로 인해 관광은 주의 깊게 모니터링되고, 부탄을 방문하는 관광객 수는 환경적으로 수용가능한 수준인 매년 3000명 이내로 관리된다. 유입의 제한과 세입창출을 보장하는 한가지 방법으로 부탄을 입국하는 모든 관광객에게 1일 200달러의 관광세를 징수하고 있다. 부탄을 방문하는 관광객들은 대개 부탄의 환경적 중요성을 인지하고 있고 부탄에 정통한 사람들이다.

생태관광 관리계획은 티베트와의 국경을 따라 새로 설립된 지그메 도르지 국립공원(Jigme Dorji National Park)을 위해 개발되어 왔다. 지역주민의 대부분이 관광과 관광객에 대한 경험이 거의 없는 전통 목축민들이다. 그들이 인지하는 유일한 관광편익은 말(馬)을 계약하는 것이다. 예비관리계획하에서 지역사회주민들은 히말라야산맥 인접 관광지들을 둘러보는 견학여행에 참가했다. 견학대상지는 오지인 인도의 라다크주(州)와 시킴주(州) 그리고 네팔 지역으로, 관광과 서구식 '개발'에 대한 찬반양론을 검토하기 위해서 였다(McLaren, 2003).

---

2) 예. Sachs(1995: 16)

호주 정부정책

호주에서 정부정책의 중요한 부분인 관광산업규제범위는 주요 쟁점이 되어 왔다. 1980년대 후반부터 호주정부는 서비스조항 개선을 위한 노력의 일환으로 관광산업규제 철폐를 시도했음에도 불구하고, 보존이슈의 중요성과 함께 환경보호규제 및 법률제정 요구의 목소리가 더욱 커져갔다(Hall, 1991). 생태관광의 생존은 환경보호관련 규제에 달려있다고 말할 수 있다. 환경적 영향을 최소화하고 천연자원보존을 촉진하기 위한 규제확대가 필요하다. 관광산업의 미래는 일반적으로 규제완화로 특징화되는 반면, 생태관광의 미래는 생태관광의 환경의존도에 입각해 규제강화로 특징화될 수 있다.

호주정부는 1994년 자연지역의 지속가능한 관광을 이루기 위해 생태관광의 계획, 개발, 운영에 대한 전체적 정책 프레임워크 체계화를 목적으로 국가생태관광전략(National Ecotourism Strategy)을 확립했다(Evans-Smith, 1994: 4). 이 전략은 지속가능성 원칙하에 생태관광개발을 위한 가이드라인 설정에서 정부역할의 중요성을 강조한다. 지속가능한 생태관광을 촉진시키기 위한 광범위한 프레임워크를 수립함으로써, 연방정부는 관광유형의 미래방향성과 지속가능성 설정에 막대한 영향력을 행사했다. 하지만 1996년 선거로 호주 정권이 교체된 이후 새 정부는 국가생태관광전략(National Ecotourism Strategy)을 타당한 전략으로 인정하지 않았다. 그 후, 전략 이행에서 정부지원은 철회되었고, 추후 조치를 위한 동력은 산업체 및 주정부로 넘어갔다. 호주의 일부 주(州)에서는 주정부 차원에서 생태관광 및 자연기반관광 전략을 개발하고 있다.

영향의 최소화를 위한 주요방법은 관광객 수를 통제하는 것으로 많은 정책들이 이런 의도로 공식화된다. 이는 관광객 단체규모의 제한, 구역제(zoning) 설정과 같은 양적규제를 포함하는 한편, 지역관광업체에 부과되는 수수료와 세금과 같은 가격규제도 포함한다.

그러나 방문객 수의 제한은 너무나 근시안적이고 단순한 해결책이다. 지속가능성은 문제의 초기단계부터 이해관계자들의 참여를 유도하여 방문객을 관리하는 과정이다.[3]

정부의 관심사항과 우선순위의 변경은 일관성 없고 불완전한 정책으로 이어질 수 있다. 불안정한 정치체계를 가진 국가들은 대개 관광 및 생태관광의 정책과 계획에 장기적 비전과 지속성을 반영할 수 없다. 심지어 정치

---

3) 규제대안에 관한 다양한 국제사례연구는 Hall과 McArthur (1988) 참조.

및 민주화 과정이 안정적으로 잘 정립되어 있는 국가들조차 생태관광 프레임워크 및 우선순위는 빈번히 변화되기도 한다.

통합정책 및 계획

정부의 관광산업 중요성 인식정도는 대표적으로 관광전문장관의 유형을 통해 반영된다. 정부의 관광 우선 순위는 여러 부처들 내에서 관광부 장관의 위치 또는 관광전담 부처의 위치를 통해 알 수 있다.

일반적으로 생태관광계획은 전반적인 국가계획 및 관광계획개발의 범주에 속하게 되며, 관광계획은 거주자들의 관광명소 및 시설이용 뿐만 아니라 국내외 관광객 집단을 고려하여 국가의 자연 및 사회경제적 환경에 초점을 맞추어야 한다. 따라서, 다음과 같은 사항들이 필수적으로 고려되어야 한다.

- 관광명소 및 관광활동
- 숙박시설
- 교통수단 및 기타 관광시설/서비스
- 제도적 요소(Inskeep, 1991)

생태관광계획의 목적은 생태관광의 개발 및 경영에 영향을 끼치는 주요 이슈를 명확히 파악하는 것이고 실행가능하고 지속가능한 관광산업 육성에 도움이 되는 정책 및 프로그램을 개발하는 것이다. 생태관광계획의 실제 내용은 이러한 전략과 원칙이 우선시될 수 있는 비전 및 목적을 포함해야 한다. 또한, 생태관광 및 지속가능한 관광의 정의를 내리기 전에 먼저 전략을 확인하고 많은 이해 관계자 집단 및 관광부문 대표들의 자문을 구해야 한다. 환경, 경제, 사회, 문화적 차원의 생태관광 영향을 설명할 때는 목표 및 실천을 통해 다루어야 할 이슈-생태학적 지속가능성, 규제, 기반시설, 영향 모니터링, 산업표준 및 인가, 교육, 마케팅-들이 함께 제시되어야 한다. 생태관광계획에서 가장 중요한 것은 전략의 실행이기에 집단간 행동조정과 책임있는 이해관계자들의 통합과 그들의 요구로 받아들여질 필요가 있다. 자원계획이나 자금조달계획은 실행계획을 동반해야 한다.

생태관광계획은 원칙적으로 다음의 각 단계를 포함해야 한다.

- 연구 준비
- 목표 결정
- 조사
- 분석과 종합
- 정책 및 계획의 체계화
- 권장안
- 실행과 모니터링

지속가능개발의 전체론적인 큰 포부 및 관광의 다분야 속성은 정부와 공공기관만이 국가차원이나 지역차원에서 지속가능한 관광정책활동을 조정할 수 있다는 것을 의미한다(Bramwell, 2005). 전반적으로 지속가능개발에 기여한다는 관점에서 지속가능관광은 여러부문의 고려사항들을 극복하고 수용하기 위해 다양한 정책결정수준 및 기관들의 조정을 필요로 하며, 이것은 정책결정의 모든 단계에서 오로지 정부기관만이 제시할 수 있다(Hunter, 1995: 164; Mckercher, 1991b: 69). 지속가능관광상품의 효과적인 계획을 위해 명확하게 정의된 정부의 역할 및 정부정책들간 조정이 필요하다(Hall, 1991). 정부는 지역사회의 지원을 위한 일관되고 화합된 노력을 통해서만이, 지속가능성 원칙들을 통합하는 효과적인 규제를 확립할 수 있다. '규제의 성공적 이행은 통합된 정책, 계획수립, 사회적 학습과정이 요구된다. 규제의 정치적 타당성은 정부, 사회적 제도, 개인적 활동을 통해 규제로 인해 영향 받는 사람들의 전적인 지원에 달려 있다'(Gunn, 1994: 244). 예를 들어, 머레이달링분지와 케이프요크반도에서 지속가능한 생태관광이 시행되고

CASE STUDY

마사이 마라

마사이 마라는 560평방마일 면적의 케냐의 작은 보호지중의 하나이지만 매년 29만명의 관광객이 방문하고 있으며 25개의 별장 및 야영지가 있다. 성수기, 특히 6월과 8월사이 8천명이 넘는 사람들이 동시에 이곳 공원내에 머물기도 하며, 주요 관광지점에서는 70대가 넘는 사파리 차량들이 줄을 지어 지나간다. 케냐정부와 마라 관리단 같은 지역기관들은 과밀화 문제를 인정하고 있지만, 공원은 케냐 외화수익의 주요 원천이다. 케냐인이 아닌 성인의 입장료는 미화로 40불이다(어린이는 미화로 10불). 그러나, 정부 각 부서들은 행동을 취하기로 결정했다. 공원내 모든 새로운 개발은 보류되었고, 2008년 3월에 작성될 보고서에서는 수용가능한 관광객 수 그리고 이에 상응하는 관광객 지불비용에 대한 새로운 목표가 세워질 것으로 기대된다(Pflanz, 2007).

있음을 감안해 보면, 호주의 국가생태관광전략에 의한 통합적 지역계획은 이미 성공한 것으로 보여진다. 이곳은 정부의 정책개발에 지역공동체의 참여와 원조가 강한 밑거름이 된다는 것을 보여주고 있다(Evans-Smith, 1994). 나아가, 정부는 또한 국경을 초월한 지역계획수립을 검토해 볼 필요가 있다.

정부계획과 민간부문 및 비정부기구와의 조정통합은 지속가능한 실행을 용이하게 하기 위해 관광업체들과 지역공동체들간 연결고리를 만드는 것처럼 중요하다(Wild, 1994). 지속가능성 성취를 위해 관광객 그리고 지역 공동체뿐만 아니라 정부, 운영자, 개발자가 협력하는 모든 차원에서의 파트너십이 이루어져야 한다. 비록 정부가 정책을 통해 법규 제정 권한을 가지고 있어 따라서 지속가능한 생태관광 실행에 공헌한다 할지라도, 정부 지도하의 모든 관련주체들간의 협력적 접근방식만이 생태관광의 지속적인 성공을 강화시킬 수 있다.

이상적인 지속가능한 관광정책은 다양한 단계에서 규제, 공식성명, 연설의 형태로 협력을 이끌어 내고 인센티브를 부여하는 정부기관으로부터 비롯된 정책이다. 정책은 목적 및 목표의 체계화 그리고 다양한 형태(예를 들어, 대안, 성명서, 규제 등)로 표현된 우선순위의 설정과 그 배경을 설명하는 데 이용된다.(Farsari 등., 2007)

지속가능 관광계획 수립을 위한 정부의 역할

지속가능한 관광계획의 수립과 실행에 있어 정부 역할에 대한 유용한 가이드라인이 1990년 3월 밴쿠버에서 열린 'GLOBE 90' 회의에서 개발되었다.

- 관광관련 모든 정부부서는 지속가능개발개념을 확실히 인지한다. 각 부처 장관들은(예를 들어, 환경 및 천연자원) 지속가능 관광개발의 성취를 위해 협력한다.
- 국가 및 지역 관광개발 계약은 지속가능 관광개발 정책을 강조한다.
- 토지이용계획에 관광을 포함한다.
- 관광의 환경, 문화, 경제적 영향에 관한 지역과 특정 부문별 연구조사에 착수한다.
- 자연지역과 도시지역을 위한 적절한 관광수준과 관광유형 결정에 도움이 되는 관광경제 개발모델을 지지한다.
- 관광전략과 보존전략의 개발 및 통합시 정부산하 기관을 지원하고 원조한다.
- 환경적, 문화적 영향평가와 기존의 계획된 관광개발의 모니터링을 위한 기준과 규정을 개발한다.
- 관광목적지의 환경수용력은 지속가능한 개발수준을 반영해 적절히 감시하고 조정한다.
- 부문별 또는 지역별 환경회계시스템을 관광산업에 적용한다.
- 모든 이해관계자(대중, 원주민, 산업체, 비 정부기구(NGOs))를 포함하는 관광자문위원회를 설립하고, 관광관련 결정사항에 대한 모든 이해관계자의 참여를 이끌기 위해 대중협의회 방법 및 과정을 설계하고 실행한다.
- 관광이해관계자들은 환경과 경제에 영향을 미치는 주요 간부회의 기획모임에 참석한다.
- 대중들이 지속가능 관광개발이슈를 민감하게 인지할 수 있도록 교육 및 의식 프로그램을 설계하고 실행한다.
- 관광개발사업이 지역의 문화와 자연환경을 훼손하지 않도록 설계 및 건설기준을 개발한다.
- 비공식적 고고학 탐사조사 및 성지의 신성모독, 역사유적 및 유물의 불법거래에 관한 규제를 집행한다.
- 환경적, 문화적으로 민감한 지역에 대해 관광규제 및 통제를 실시한다(Ceballos-Lascurain, 1996).

산업주도 계획 및 정책

관광산업관련 계획 및 정책 프로젝트들은 종종 자율규제와 외부규제간의 균형유지를 위한 예방책 역할을 하게 된다. 관광과 환경의 관계속에서 발생하게 되는 환경문제에 대한 좋은 해결방법은, 입법규제에 의한 사후반응적 입장이 아닌 산업체 스스로의 사전적 대응이 매우 중요하다. 관광산업의 자율적 환경영향 규제가 광업과 농업 같은 다른 부문에서도 항상 성공적이었던 것은 아니다. 다양한 분야를 아우르는 복합기업이라는 관광산업의 특성으로 인해 이러한 다양성을 효과적으로 규제하기가 더욱 어려워지고 있으며, 자율규제가 관광산업부문에 효과적일지 여부는 아직 미제로 남아있다. 또한 국제금융기관의 영향과 관련된 문제들이 존재한다. Schilcher(2007)는 산업자율규제 혹은 정부의 장려정책처럼 신자유주의 이념 및 세계은행의 정통신념과 일치하는 전략들만이 대규모 기반에서 실행될 수 있는 많은 가능성을 가진다고 주장한다.

> 인증제도의 도입과 민간자율규제는 효율성의 한계에 도달하였으며, 공통적 의사소통규범, 이해관계자들간의 이해조정, 인증내용의 투명한 정의 같은 함축적 전제조건들이 점차 사라져 가고 있다(Wink, 2005: 2).

지속가능관광을 위한 산업계획 및 정책 프로젝트들은 전통적으로 전문성, 표준화, 훈련, 고객 서비스의 질적 개선에 초점을 맞추었고, 그외에도 사업 및 마케팅과 환경에 일부 초점을 두었다. Manidis Robert(1994)는 자율규제 지침으로서 '산업품질연속체(Industry Quality Continuum)'를 개발했다. 〈표 3-1〉은 산업표준향상을 위한 각 유형별 척도의 설명과 실례를 보여주고 있다. 실천요강이 환경표준 필요성에 대한 인식을 장려하는 데 있어 첫 단계라는 점을 가정하면, 이러한 연속체는 한 나라 혹은 한 지역내 관광산업의 성숙도를 보여준다(Manidis Roberts, 1994). 다음은 3가지 주요 척도들-실천요강, 준수, 인가-에 대한 설명이다.

실천요강(Codes of pratice)

관광객과 관광업체를 위한 실천요강의 개발은 전형적으로 지속가능한 개발로 가는 일차적 산업프로젝트의 하나이다. 실천요강과 지침은 생태관광

| 산업품질연속체 (Adapted from Manidis Roberts, 1994) | | | | 표 3.1 |

실천 요강	준수	인가	품질시스템	인증
설명				
● 산업계 일반행동 지침	● 비공식	● 공식	● 공식	● 공식
● 개인 및 단체의 참여요건 없음	● 규범 준수	● 자발적	● 자발적	● 의무적
● 강제성 없음	● 자발적 참여	● 산업체나 기타 단체에 의해 관리됨	● 외부 주도	● 외부 승인 기준
● 거의 촉진 안됨	● 협정체결 요구 가능	● 기술, 경험, 활동 기준필요	● 외부기준이나 모범 사례와 부합	● 규제 가능
	● 거의 강제성 없음	● 개인이나 단체 감사 포함	● 감사 및 벤치마킹 포함	● 감사 포함
			● 전체 조직 참여	● 위반 시 취소
				● 페널티 부과
예시				
● 호주생태관광협회	● PATA green leaf	● 사바나 안내서	● AS3902 (서비스 품질)	● 건축 면허
● 아·태 관광협회 (PATA)	● Green Globe	● 국가 생태관광인증 프로그램(NEAP)	● ISO 9000	● 천연자원관리 허가포함
● 뉴질랜드관광협회 (NZTIA)		● 바누아투 관광승인	● ISO 14000	
● 생태관광협회			● BS 7750	
● 호주관광위원회				

산업의 가장 대표적인 특징들 중 하나로 운영자들의 교육 및 활동에 대한 지침을 제공하는 것이다.(Duff, 1993:18)

　오늘날, 인증제도와 환경마크제도는 관광산업의 최대 관심사이다. 전 세계적으로 관광행동규범, 인증마크, 공로상, 벤치마킹, 모범사례 등을 포함해 260여개의 자발적 프로젝트들이 이루어지고 있다. 이 중 104개는 로고 및 승인을 제공하는 환경마크와 인증프로그램이며, 또한 사회적으로나 환경적으로 훌륭한 관광사례대상 시상들이 있다.(Honey, 2007)

호주 퀸즐랜드 주, 프레이저 섬, 킹 피셔 만 리조트 및 부락

프레이저 아일랜드의 관광개발자들을 위한 환경적 행동규범은 개발단계에서 환경보호가 간과되지 않도록 모든 계약서에 명시되어 있다(Hackett, 1992). 이 사례에서 주목해야 할 가장 중요한 점은 지침들이 법적 효력을 가진다는 것과 불이행에 따른 처벌이 있다는 점이다.

호주에서는 환경자원이 관광에 의존하고 있어 환경법이 관광개발을 규제하고 있지만 운영상의 효과는 거의 없는 것으로 평가된다. 관광을 위한 기능적 환경표준이 없다는 것은 가이드라인이 거의 존재하지 않는다는 것을 의미한다. 이러한 문제는 비전문적 대중들의 정보접근성, 업체유형 및 환경의 다양성에서 가변성이 복합된 것이다. 관련법 제정과 경제적 고려사항들은 환경관리방안 채택에 힘을 실어줄 수 있지만, 관광사업이 대안적 지속가능운영방안을 찾고 유지하기 위해서는 환경철학이 필요하다. 퀸즈랜드 리조트–킹 피셔 만 리조트 및 부락–의 환경감사과정은 환경성과의 지속적 개선을 위한 헌신이 개인 및 기업 윤리에서 비롯되었다는 것을 보여 준다. 이것이 생태관광운영의 하나의 사례일지라도, 많은 문헌에서 이러한 요인들이 관광과 관련이 있음을 보여 준다. 고객만족과 투자대상수익에 제약이 있을지라도 환경감사는 환경목표의 실천적 발현을 위한 자극을 제공해 줄 수 있다. 엄격한 제도의 기준에 따른 적용보다 윤리적 동기에 따른 자발적 행동의 증진은 관광의 환경목표달성에 더욱 효과적이다(Carter 등2004). (그림 3.3 참조)

이러한 실천요강과 지침들은 환경성과의 기준을 확립하고 관광의 환경영향 최소화를 추구한다. 생태관광업체, 관광객, 개발자들을 위한 많은 실천요강들이 1990년대초에 발생했다(예. Duff, 1993; Dowling, 1991). 그 예로 호주 생태관광협회의 생태관광경영자를 위한 실천요강(Duff, 1993), 뉴질랜드 관광산업연맹의 실천요강(NZTIF, 1991), 아시아·태평양 여행협회의 실천요강(PATA, 1992b), 태즈매니아 전문송어잡이 안내협회의 윤리규범(Department of Tourism, Sport and Recreation, 1994), 호주관광위원회의 지속가능실천요강(Tourism Council Australia, 1998)등이 있다.

위의 사례는 유감스럽게도 상대적으로 고립된 지역의 경우이다. 대부분의 가이드라인이나 실천요강은 정책실행력, 목표설정, 목표대상, 평가절차 등이 충분하지 않을 경우는 매우 비효율적이다(Blangy and Nielsen, 1993). 게다가 이러한 실천요강과 원칙들은 대개 좁은 범위 대상에 대한 체크리스

| 그림 3.3 |
킹 피셔 만 리조트
(킹 피셔 만 리조트 사진)

트로 적용되기 때문에 한정된 범위와 적용의 한계에 대한 비판을 받아 왔다. 따라서, 리스트상의 세부사항의 범주를 넘어서는 행동 또는 사고를 조장하지 않도록 엄격한 기준틀이 만들어져야 한다(Gertsakis, 1995). 실천요강 및 지침이 관광산업의 영향최소화를 위한 시도임에도 불구하고, 실행력의 부족은 효율성과 가치에서 한계를 갖게 한다.

많은 이들이 관광객을 위한 행동규범 개발을 지지하고 있는데(예, Weiler and Johnson, 1991: 125), 행동규범은 사회, 문화, 환경적으로 적절한 책임 있는 행동을 의미한다. 특히 방문객을 위해 개발된 행동규범의 예로는 히말라야 환경위원회의 행동규범(Himalayan Environmental Trust Code of Conduct) 및 책임관광의 최초 지지자들 중 하나인 미국여행업자협회(ASTA, American Society of Travel Agents)를 들 수 있다. 가장 엄격한 성격을 가지는 뉴질랜드 남극 연안섬의 방문 규제처럼, 많은 민감지역들이 방문객 및 업체 행동에 관한 규제안을 가지고 있으나 실천요강들 중 어떤 것도 관광산업체 및 개인에 대해 법적 구속력을 가지지 못한다. 권한분배 및 집행력은 행동규범의 유용성을 저해하는 주요 쟁점이다.(예, Hall et al., 1991)

그후, 운영자에게 실천요강을 표명하고 서명하도록 요구하는 확약선언프로그램 노력들이 이루어져 왔다. 그러나 이 프로그램들의 주된 역할은 관광

산업과 방문객들에게 책임감 있는 환경실천에 대한 인식을 심어 주는 것에 있다.(Manidis Roberts, 1994)

행동규범과 관련해 Manidis Roberts(1994)는 관심영역의 범위를 다음과 같이 제시하고 있다.

- 규범준수의 비율과 효율성에 대한 모니터링의 필요성
- 마케팅 수단으로서 규범의 활용
- 조정 필요성
- 자체규제 또는 외부규제 활용여부 조사

CASE STUDY

행동규범 – 북극

북극의 행동규범은 규범활용의 효과에 대한 논쟁을 야기해 왔다. 아래 제시된 북극규범초안은 이러한 규범효과에 대한 논쟁에 더욱 불을 붙였다.

자원보존[Conserve Resources]

- 야생생물 서식지를 내버려 둘 것: 불가능한 지역은 가능한 서식지 교란을 최소화한다.
- 식물, 동물, 그 외 어떤 자연표본도 외부로 가져가지 말 것 – 이들은 원래의 자리에 있어야만 함
- 스노우 스쿠터와 같은 운송수단에 의한 훼손을 제한시킬 것
- 수렵과 어획은 국가와 지방정부의 엄격한 통제하에 있어야 함
- 자연보호지역과 국립공원에 대한 접근은 허가제 시행으로 제한되어야 함

오염방지[Stop Pollution]

- 어떤 장비나 쓰레기도 남겨두지 말 것 – 천천히 부패해 야생생물에 해를 입힐 것이고, 벌금이 부과될 수 있음.
- 방문기간 중 소비하지 못한 모든 물건은 반드시 가지고 나가야 함

원주민 문화존중[Respect Indigenous Cultures]

- 북극의 거의 모든 원주민 문화는 자원의 과도한 개발이나 불필요한 낭비없이 자연과 조화롭게 발전해 왔음. 원주민 문화에 존경을 표할 것

손님 되기[Be a guest]

- 자연보호구역에 와서 집과 같은 안락함을 기대하지 말 것
- 진정한 손님되기 – 자연경관 및 지역주민들에게 환영 받는 손님이 될 것

스스로 즐기고 기억하기

찍은 사진 외에는 아무것도 가져가지 말 것
시간외에는 아무것도 죽이지 말 것
발자국 외에는 아무것도 남기지 말 것 (Mason, 1997)

행동규범에서 필수요소는 영향평가 및 결과기록을 통해 규범의 효율성을 평가하는 것으로 행동규범의 행위는 관광객의 해석 및 정직성에 의존한다. 행동규범의 타당성은 북극 사례를 통해 잘 설명될 수 있다.

준수(Compliance)

준수요강은 관광산업에 대한 환경제약을 개발하고 관광객 체험의 유형 및 특성을 향상시키기 위한 노력의 일환으로, 실천요강과 유사하다. 법적 구속력이 있는 협약이 개별업체들과 원칙을 집행할 산업체 사이에서 이루어지지 않는다면 이러한 계획의 엄격함과 유효성은 의문시될 수 있다. 준수요강은 일련의 원칙과 목적에 대해 서명이 요구된다는 점에서 실천요강과는 차별화된다.

녹색지구프로그램(Green Globe Programme; GGP)으로 1994년 세계여행관광위원회(World Travel and Tourism Council; WTTC)에서 관광산업 준수요강이 개발되었다. 위원회는 숙박, 음식 공급, 레크리에이션, 교통수단, 여행관련 서비스부문에서 70개 이상의 국가에서 가장 큰 여행사 및 관광회사의 최고경영자들로 구성되었다. 녹색지구프로그램(GGP)은 비즈니스 및 환경성과 모두를 향상시키기 위해 관광사업체들이 목표된 환경적 조치를 취하기 위해 설계되었다(Hawkins, 1995). 이는 여행 및 관광산업체를 위한 전세계적 환경관리 인식프로그램으로, 기업의 크기, 유형, 위치와 관계 없이 개방되어 있다(WTTC, 1994). 환경영향에 초점을 맞춘 연구들은 환경에 대한 부정적 영향을 최소화하거나 없애려는 운영상의 변화가 개별업체에 비용을 발생하게 한다는 결과를 내놓고 있어, 경영자들의 환경변화 관련 방안 도입을 유도하지 못하고 있다(Birtles and Sofield, 1996). 그러나 녹색지구프로그램(GGP)은 관광업체들에게 비용절감, 매출과 이익증가, 도덕적 압박 혹은 경쟁우위 등이 운영상의 변화를 도입할 동기를 부여할 것이라는 가정에 기초하고 있다.

프로그램회원들에 대한 약속된 서비스에는 긴급직통전화 정보서비스, 훈련, 교육, 정보안내, 세계적인 환경자문네트워크, 연례조사, 회원안내책자, 포괄적인 후원서비스 등이 있다. 프로그램 멤버가 되기 위해서는 환경적 실천향상을 위한 공식적 약속이행, Green Globe(녹색지구목표) 수용, 환경적 실천과 다음해 목표에 대한 연례조사실행 등이 요구된다.

관광산업의 녹색화에 있어 녹색지구프로그램(GGP)으로 얻게 되는 긍정적인 요소들이 많지만, 반면 의문점이 드는 측면도 몇 가지 있다. 세계여행관광위원회(WTTC)가 국제산업체, 정부, 정책입안자들 사이에서 갖는 높은 인지도로 인해 전세계적인 영향력을 갖추고는 있지만, 전세계 다양한 관광목적지 및 업체들을 위한 일률적 지침 및 훈련자료를 제공하는 것은 쉽지 않다.

환경보전프로그램은 프로그램이 전혀 없는 것 보다 존재하는 것이 낫지만, 기준충족을 보장할 수 있는 엄격한 통제력 부족으로 인해 프로그램의 목적은 제한적이다. 세계여행관광위원회(WTTC)는 관광산업이 지금 행동을 취한다면 자율규제를 통해 제한적 정부규제를 막을 수 있을 것이라는 희망에 근거해 관광산업의 자율적 접근방식을 지지하고 있다.(예. Birtles and Sofield, 1996)

1997년 Sirakaya와 Uysal은 미국, 캐나다, 에콰도르에서 127개 관광업체들의 생태관광지침 준수행동양식을 조사했다. 이 연구는 실천요강 및 준수규범 이행을 촉진하는 생태관광산업환경의 잠재적 준수예측변수에 대한 평가로, 평가 요인에는 보상, 제재, 강화, 정책 교육 및 커뮤니케이션 시스템 등이 있다. 연구결과 자발적인 준수체계, 제재, 억제조치는 관광업체들의 순응적 반응을 끌어내는데 중요한 역할을 하지 못한다는 것을 알게 되었다. 대신, 관광업체들에 대한 준수편익과 관련된 교육 같은 긍정적 강화책들이 지침 준수에 더욱 효과적임이 확인되었다. Scarpaci(2004) 등은 업체의 자발적 준수에 대한 조사에서, 많은 경우 지침 준수를 예측할 수 없으며 경영자들은 쉽게 수량화될 수 있는 조건들을 더욱 준수하는 성향이 있다는 결론을 내

렸다. 인증프로그램은 실천요강 또는 준수계획보다 더 많은 보상과 교육이 필요하며 지속가능관광경영에 더욱 효과적인 도구로서의 잠재력을 가지고 있다.

인증(Accreditation)

자연환경의 선택, 위험, 참여, 상호작용은 생태관광 체험에서 매우 중요한 부분이다. 생태관광운영자(제공자)는 생태관광객을 유치하기 위해 그들에게 신뢰를 줄 수 있어야 하는데 이는 전문성과 인증을 통해 성취할 수 있다(Font and Wood, 2007). 그러나 이들은 생태관광객에게 안전을 제공하는 반면, 그들이 방문한 자연환경에서 얻게 되는 흥분과 상호작용을 감소시킬 수 있다.

인증은 안전 및 양질의 체험 제공을 위한 하나의 해결책으로 제안되어 왔다. 인증은 산업기준을 향상시킬 수 있는 기회와 치열한 경쟁시장에서 품질보증을 제공할 수 있는 기회를 제공하고, 생태관광이 의존하고 있는 자연환경보호를 향상시킬 수 있고 생태관광객들의 적절한 활동 및 의사결정을 보장할 수 있다.

인증은 합의된 기준준수의 공식적 인정이다(Allcock 등, 1994). 인증을 통해 운영자와 관광객 모두를 위한 관광품질보장 및 시장에서 경쟁우위창출의 편익을 얻을 수 있다. 이는 생태관광산업내의 많은 모범적 환경 프로젝트에 대한 확인과 평가를 통해, 인증시스템에서 변화를 받아들이고 통합시킬 주된 책임은 관광운영자에게 있음을 알 수 있다. 그러나, 생태관광산업의 '모범적 환경프로젝트'의 효율성을 제한하고 있는 많은 이슈들이 존재하는데, 한 예로 관광산업이 자산의 주요 부분을 통제 또는 소유하지 못하는 PATA(1992a)를 들 수 있다. PATA는 '소유와 관리의 개념과는 다른 자원의 판매개념'으로 생태관광산업을 유도(PATA, 1992a: 9)하는데, 생태관광관련단체 뿐만 아니라 관광목적지의 다양성은 국가인증제도의 수립과 실행을 매우 어렵게 만들고 있음이 Allcock 등(1994)의 연구에서 나타나고 있다. 관광산업부문의 분열화 가속은 이러한 예견된 어려움을 더욱 가중시키는 것이다.(Forestry Tasmania, 1994; Gilbert, 1984)

그럼에도 불구하고 세계 최초의 국가생태관광인증(National Ecotourism Accreditation) 제도가 1996년 호주생태관광협의회(Ecotourism Association of Australia) 및 호주관광업체에 의해 개발 및 착수되었다. 생태학적으로 지속가능한 개발원칙에 기반하고 있으며 운영자들에게 그들의 운영을 혁신하고 지속적으로 개선할 수 있는 기회를 제공한다. 인증지원과정은 최소기준관련 자체평가의 완료, 광범위한 지원서류, 3명의 심사위원 추천과정으로 이루어진다. 적정자격을 갖춘 지정된 생태관광인증 평가자(Ecotourism Accreditation Assessor)는 자체평가를 평가한 후, 인증 혹은 거절을 위해 생태관광인증위원회(Ecotourism Accreditation Committee)에 지원서를 발송한다. 심사위원의 심사와는 별도로 지원서의 진실성을 확인하기 위한 기타 형태의 검증절차가 존재하며 고객 피드백 및 일정 비율의 인증운영자 대상의 무작위 감사 등을 실시한다. 인증사업체가 지정기준을 충족시키지 못한다는 점이 드러나면 그 사업체의 인증자격은 보류되거나 취소된다. 이 목적은 정기적으로 최소규정을 늘리고, 지속적 기반하에 최상의 운영이 이루어지도록 하기 위함이다(Ecotourism Association of Australia, 1996). 국가생태관광인증프로그램(National Ecotourism Accreditation Program) 같은 프로젝트들은 어떠한 실천요강 또는 준수규범보다 책임성 및 집행력이 크지만, 자체평가 구성요소의 신뢰성에 관한 우려는 여전하다. 그러나 '감시자'로 활동할 수 있는 능력을 갖춘 생태관광 운영자의 증가 및 지속적 검토, 최소기준 확대를 통해 이러한 우려는 점차 감소하게 될 것이다.

생태관광 정의에서 성과개선으로 강조점의 전환이 이루어졌다면, 단시간에 큰 발전을 이루었을 것이다. 지금의 도전문제는 진정한 생태관광 운영자에 대한 보상을 넘어서서 다른 운영자들이 그들의 실행을 변화시키고 스스로 진정한 운영자가 될 수 있도록 하는 조치를 확립

호주 퀸즐랜드 주, 그레이트 배리어 리프 해상 공원(Great Barrier Reef Marine Park)

면허 및 허가증의 발행은 특정지역의 이용자수와 유형 모두를 통제하기 위해 사용되는 방법이다. 상업적 관광업체에 운영허가증을 요구하는 그레이트 배리어 리프 해상공원이 하나의 사례이다. 해상공원내에서 활동을 하려면 활동허용여부, 그리고 해상공원의 허가증 필요여부를 Great Barrier Reef Marine Park Zoning Plan 2003을 통해 확인해야 한다. 모든 허가신청서는 잠재적 악영향을 감소시키거나 방지하기 위해 공원의 천연자원보존에 영향을 미칠 가능성에 대해 평가 받게 된다.

이러한 접근이용권한은 지역의 가치 및 이용욕구와 조화 가능하도록 특정 조건과 기준에 부합하는 엄선된 이들에게만 한정하여 부여된다. 면허와 허가제 시행의 최고 강점은 법적 집행력이다. 산업주도 모범경영과 관련된 문제점과 이슈는 면허 및 허가증 부여조건과 기준의 확립 및 실행이(생태관광업체 같은) 사용자가 아니라 자원매니저에 의해 좌우된다는 점이다. 따라서 모든 경영자들의 임무는 이용허가를 위해 필요조건을 충족시키는 것이다(Great Barrier Reef Marine Park, 2008a).

하는 것이다.(McArthur, 1997b: 25)

협조적 정부와 산업 프로젝트: 지역사회참여 및 협력적 접근방식

한 나라의 정치 및 경제 제도에 따라, '자율규제' 및 '규제'에 관한 논쟁에서 이상적인 해결책은 관광계획 및 정책의 협력적 접근방법을 추구하는 것이다. 자율규제의 성공요인은 지역사회참여이며 이는 지속가능관광 원칙관련 연구의 중요 이슈이다(Inskeep, 1991; Eber, 1992). 지속가능관광은 이해관계자 참여에 달려 있으며, 자연보호, 지역사회개발, 관광산업간 관계개선 노력이 필요하다.(Ceballos-Lascurain, 1996; Weaver, 2001)

이해관계자들의 참여는 두 가지 중요요소들을 고려해야 한다. (1) 관광계

획수립과 개발단계에서 누구를 이해관계자로 고려해야 하는가 (2) 계획입
안자 및 개발자들은 관광개발에 어떻게 이해관계자들을 참여시킬 것인가
(Byrd, 2007). 대부분의 보호구역 관리자들과 다른 주요이해관계자들은 보
호구역이 변화로 인해 발생하는 여러가지 도전문제에 더욱 효율적으로 대
응할 수 있도록 보장할 수 있는 충분한 지식, 기술, 역량, 수단을 갖추지 못
했다. 보호구역단체, 공원관리자, 인근 지역사회를 포함한 다양한 주체의
역량강화는 필수적이다. 기술과 역량은 과거보다 더욱 전문화되어야 하
며 보호구역관리를 위해 혁신적이고 적응적인 광범위한 접근법이 필요하
다.(Bushell and Eagles, 2003)

이해관계자들의 능력배양과 더불어 그들의 지지 및 지원과 함께 관광활
동 모니터링 및 관리모델개발이 이루어져야 한다(Prosser, 1986). 이 모형을
시행하기 위해 지역관광부문의 이해관계자와 지역사회의 역할은 매우 중요
하다. 이해관계자들은 바람직한 조건 및 허용기준에 귀중한 정보제공을 해
줄 수 있으며, 모니터링 프로그램의 유지 및 관리결정에 필요한 경제적, 정
치적 지원을 제공하는데 중요한 역할을 하게 된다.

그러나 다음장에서 논의될 관광객영향관리모델(Visitor Impact Management
Model: VIMM)과 허용변화한계(the Limits of Acceptable Change: LAC)와 같
은 지속가능관리모델은 과거 이해관계자들의 충분한 지지를 얻어내는데 실
패한 경험이 있는데, 이러한 모델을 책임지는 관리단체들이 폭넓은 이해관
계자들의 참여유도를 위한 조율에 성공하지 못했기 때문이었다. 성공적 결
과를 얻는데 있어 세 가지 주요 장애물이 존재한다.

- '영향'과 '제한'의 용어 사용의 착오. 관광산업은 '영향'과 '제한'이라는
  용어의 의미를 성장 및 사업을 방해하는 것으로 해석
- 물리적 환경조건 및 관광객 체험특성에 초점을 맞춘 기존의 제한적 시각
- 관광산업에서 수용가능한 지표와 기준선정에서 관광부문의 협력적 참
  여부족

모든 이해관계자들의 참여가 없다면 성과 모니터링은 대립적인 추측에 불과하게 된다.(McArthur 1997a)

모범경영을 위한 정책활용

관광은 '환경친화적' 산업이 될 수 있는 잠재력을 가지고 있다. 그럼에도 불구하고 대중관광시장에 의해 오염되고 훼손되고 혼잡해진 관광목적지 사례들이 있다(PATA, 1992a: 7). 더욱 악화되는 자연환경악화의 문제해결을 위한 한 가지 방법은 '모범적 환경경영'을 활용하는 것이다. 이 개념은 생태관광산업뿐만 아니라 '주류' 관광산업에도 활용할 수 있다. 이제 우리는 관광산업이 직면하고 있는 환경문제와 관련해 환경관리의 해결책을 제공해 줄 수 있는 실용적이고 효율적인 접근법으로서 그리고 기타 관광산업에 방향을 제시해 줄 수 있는 잠재력으로서 생태관광의 '모범적 환경경영'에 주목해야 한다. 이를 위해서는 다수의 특정지역들이 논의되어야 하는데, 이는 모범적 환경경영의 상대적 강점과 약점에 중점을 두고 다양한 모범경영 유형들을 확인할 수 있을 것이다.

모범경영은 탁월함 추구, 지속적인 혁신, 쓰레기 감소, 지역사회이익에 초점을 둔 성과를 수반하고(Edwards and Prineas, 1995), 모범경영은 고객서비스 향상, 생산성 증대, 인력관리 개선, 변화관리 및 지속적 향상에 목적을 두고 있다. 또한 모범경영은 조직이나 단체의 유형, 이러한 조직이나 단체내 특정 이슈에 제한 받지 않고, 모든 단계의 조직을 포함해 서로 다른 목적을 이루기 위해 서로 다른 상황에서 실행되는 다양한 경영방식이다. 그러나 모범경영의 핵심사항은 조직내 변화와 관계가 있다.

Bushell & Eagles(2003)는 모범경영 프로젝트에 대해 모든 관광이해관계자들과 함께 국내외 공동으로 역량개발활동을 장려하고 지원할 것을 제안하였다. Bushell & Eagles가 주장한 이러한 접근법은 모범경영이 널리 확산되도록 하는 방안이며, 변화에 적절한 대응책을 개발하도록 이해관계자에게 지원을 제공하고, 나아가 그들 스스로가 보호구역관리에서 완전한 역할을 수행하도록 권한을 부여하는 것이다. 특히 전세계적인 환경적 관심의 확산과 더불어, 모범경영이 관광 혹은 생태관광과 관련될 수 있음을 보여준다. 하나의 예로 세계보호구역모범경영위원회(World Commission on Protected Areas Best Practice), 보호지역지침(Protected Area Guidelines)이 있다.(WCPA, 2007)

모범경영 유형은 모범적 환경경영으로 불리기도 하는데, 생태학적 지속가능개발 운영위원회(Ecologically Sustainable Development Steering Committee: ESDSC, 1992) 정의에 의하면, 환경성과향상과 경영상의 경쟁력을 결합하는 사업체/산업체의 문화 및 관행으로 볼 수 있다. 모범적 환경경영은 환경관리와 운영관리를 긍정적 방식으로 연결하고 있어, 환경과 운영 두 가지 모두 조직의 일차적 책임이 된다. 접근허가 및 면허증 발급에서부터 관광객, 운영자, 개발자를 위한 실천요강개발 등 수많은 모범적 환경경영 유형들이 현재 생태관광 운영자에 의해 사용되고 있다. 다양한 유형의 상대적 강점과 약점에 대해서는 다음에서 논의될 것이다. 관광산업은 수익성 원칙에서 다른 산업과 다르지 않다. 수익성 원칙은 생태관광사업에서 다소 제한적이며, 성장 및 규모의 한계를 인식하고 조정해야 하기 때문이다(다음 장에서는 이런 목표를 이루기 위한 운영적 기술에 대해 논할 것이다). 지역 자연관광업체의 환경친화성과 경제적 강력함 사이에는 역관계가 존재한다(Cohen and Richardson 1995). 이런 점에서 생태관광의 모범적 환경경영 프로젝트는 수익성의 한계를 보여줄 수 있기 때문에 거대관광산업으로는 적합하지 않다. 일반관광산업은 양적증가의 증가와 연결되어 있는 성과척도만을 추구하기 때문에 한층 더 문제는 복잡해진다.(PATA, 1992b)

관광산업이 생태관광의 모범적 환경경영을 무시한다면 큰 실수일 것이다. 앞서 본 것처럼, 가장 효과적인 규제형태는 관광산업 스스로 규제를 실시하는 것이다. 생태관광은 실천요강, 지침, 인증제 등을 통해 환경 책임을

캐나다 관광산업

최근 몇 년간, 캐나다 관광산업은 '환경마크제도'에서 '벤치마킹(benchmarking)'으로 전환해 왔다. 따라서 캐나다 관광산업은 모범경영증진 및 확산을 위한 모험관광과 생태관광의 대표적인 모범사례가 되었다(Wight, 2001).

다루고 이를 인식하는 산업 리더이다.

이러한 프로젝트들은 위반에 따른 처벌이 따르지 않을지라도, 관광산업이 앞으로 환경적으로 건전한 관행을 더욱 활성화하고 발전시킬 수 있는 출발점과 발판을 제공하게 된다. 그러나 생태관광 주도의 모범적 환경경영의 문제점은 조직내에서 가치 있는 것으로 판단될 때만 시행된다는 점이다. 법적집행력을 갖추지 못한다면, 이들의 시행과 효과는 이미 환경철학을 지향하고 있는 조직 또는 이러한 가치를 통합하기를 열망하는 조직에 불과할 것이다. 정책 및 계획 메커니즘을 이해하기 위해서는 다음의 광범위한 접근법을 통해 생태관광 개발의 유연성을 획득할 수 있다.

- 저렴한 기반시설 비용산정
- 유입 관광객수 감소-자연지역 및 문화지역 보존
- 방문단체와 지역사회간의 상호작용을 이해를 통한 방문객 체험의 질 향상
- 지역사회를 위한 장기적 이익증대 방안

생태관광의 지속가능성 원칙고수는 정부 및 이해관계자의 계획 및 정책에서 협력적 접근법에 의해 촉진된다. 따라서 주로 입법 및 규제를 통해 발

생하는 이러한 계획 및 정책의 주요 역할은 생태관광의 환경에 대한 부정적 영향감소라기 보다는 환경, 경제, 사회 문화적 편익을 창출하는 것이다.

토지이용 구획화는 환경수용력 활용과 연관이 있다. 환경수용력은 환경악화없이 주어진 환경내에서 이용가능한 수준을 세우려는 노력이다. Hall(1994)은 환경수용력 이슈에서 한 걸음 더 나아가서, 위에서 언급한 환경이슈 뿐만 아니라 사회적, 문화적 측면을 포함시킬 것을 강조했다. 환경수용력의 효과적인 사례는 호주 빅토리아에 위치한 포인트 네피언 국립공원(Point Nepean National Park)을 들 수 있는데, 이 국립공원은 1일 수용가

CASE STUDY

르완다 – 생태관광상품 다양화

여러 개발도상국에서 전통적인 농업에서 생태관광으로의 수입원 변화를 관찰할 수 있다. 이러한 변화의 관리는 생태관광상품의 다양화로 인해 더욱 강화될 수 있다.

르완다 관련자료에 의하면 르완다 관광수입의 93%가 고릴라 관람에서 얻어지고 있다고 한다(Mazimhaka, 2007). 1989년에는 직접비용으로 백만달러 그리고 간접비용으로 9백만달러로 추정되는 관광수입이 외국인 방문객에 의해 창출되었는데 이는, 비싼 관광비용으로 인해 내국인 방문객들이 고릴라 관람을 단념했기 때문이었다(르완다의 관광 방문객 수와 수입은 1990–1994년에 일어난 전쟁과 집단학살로 인해 급감했다)(Mazimhaka, 2007).

르완다를 방문하는 대부분의 관광객들은 고릴라들이 살고 있는 볼칸즈 국립공원(Parc National des Volcans)을 방문하고 있지만, 르완다는 다른 보호구역들도 홍보하려고 노력 중이다. 아카게라 국립공원(Parc National d'Akagera)은 1954년에 개장, 2,500 평방마일의 면적으로 르완다 남쪽 늉웨산림보호지역(Nyungwe Forest Reserve)은 250여종의 새들이 살고 있는 가장 큰 오지 산림지역 중 하나이다. 최근 발발한 내전, 집단학살, 국민들의 집단이주 등으로 르완다의 현재 정세가 복잡한 관계로 새로운 생태관광지 홍보가 우선사항이 되지 못하고 있는 실정이다. 후진국의 경제적, 정치적 대격변은 외부요인이 정부의 관광지출을 제한하게 하고, 이러한 변동은 뛰어난 자연미를 지닌 지역의 성공적인 생태관광사업을 위협하게 된다는 것을 보여 준다. 정부가 지역/명소를 촉진할 수 없을 때 경영자들은 한정된 자원을 가지고 큰 간극을 연결하고 메우는 역할을 하게 된다(Shackley, 1995).

르완다의 관광산업은 토착동물을 가장 잘 보존하기 위해 생태관광 원칙들을 준수해야 한다. 토착동물 보존에 최선의 노력을 기울이지 않는다면, 영장류 관광산업의 지속가능한 미래는 이룰 수 없을 것이다. 보존전략으로서 관광이용은 지역사회의 요구를 고려해야 한다. 이는 자연의 혜택을 받은 사람들은 자연을 보호하려는 경향이 더 크기 때문이다.

그레이트 배리어 리프(Great Barrier Reef) 해양 공원 구역제 계획 2003

2004년 7월1일에 시행된 그레이트 배리어 해양공원 구역제 계획 2003(the Great Barrier Marine Park Zoning Plan 2003)은 이전의 모든 구역제 계획을 대체하였다. 새로운 구역제 계획은 해양공원 전체에 영향을 거치면서 해양생태계 보존을 위한 새로운 세계적 기준으로서 널리 호평 받아왔다. 그레이트 배리어 리프 해양공원은 호주정부가 어업과 모래채취와 같은 채취활동으로부터 보호받는 지역들을 4.6%에서 33.3%로 늘린 이후, 현재 세계에서 가장 큰 해양보호구역이다.

이러한 구역제 방법은 '대표지역프로그램(Representative Areas Programme)'이라 불리고 있으며, 그레이트 배리어 리프 해양공원에서 대표적 지역을 선정한 것이다. 이 지역은 현재 70개의 생태지역으로 나누어져 있으며, 이 중 30곳은 산호초 생태지역이고, 40곳은 비 산호초 생태지역으로, 각각 그들만의 법과 규정이 있다.

2006년 '1975 그래이트 배리어 리프 해양공원 법(the Great Barrier Reef Marine Park Act 1975)'의 검토가 착수되었다. 이 검토에 따른 몇가지 권고사항은 다음과 같다. 2013년까지 더 이상 구역제 계획에 변화는 없어야 하며, 그레이트 배리어 리프의 건강상태, 산호초 관리와 환경압박을 조사해 5년마다 검토 전망보고서를 작성해야 한다는 것이다(Great Barrier Reef Marine Park, 2008b).

능한 입장 방문객수에 도달하면 공원문을 닫는다(Wescott, 1993). 즉, 환경 수용력의 확인과 시행은 자원관리자의 의무이지 이용자의 의무가 아니다. 또한 환경적, 사회적, 문화적 영향의 수량화와 관련된 본질적 어려움들이 있다.

구역제(Zoning)

토지이용구역제는 토지구역을 보존가치와 민감도에 근거해 분할하는 것이다(Buckley and Pannell, 1990). 토지이용구역제는 체계적인 레크리에이션 이용관리 확립을 목표로 한다. 따라서, 지역은 가치있는 지역의 보호뿐만 아니라 이용면에서 균형을 위해 다양한 목적으로 지정된다. 토지이용구역제는 환경악화영향을 끼치지 않도록 관광시설의 개발규제 및 설계기준의 이행을 통해 지속가능한 관광을 활성화 시킬 수 있는 능력이 있다(McIntyre et al., 1993). 구역제의 주요 이점은 대립적 활동들을 분리할 수 있고, 특정 이용목적을 위해 특정 장소/지역의 적합성 여부를 확인할 수 있으며, 선택된 장소나 지역을 보호할 수 있다는 것이다.(Simmons and Harris, 1995: 14)

구역제는 지역의 지속가능 경계안에서 관광활동의 범위를 제한하는 효과적인 방법이다. 구역제가 효과적으로 운영되려면 각 구역의 레크리에이션 특성과 관리목표를 명확히 해야 하며, 레크리에이션 시설개발과 이러한 목표를 달성하기 위한 지역관리가 필수적이다.(Yamaki et al., 2003)

추천 문헌

Bramwell, B (2005) 지속 가능 관광을 위한 개입 및 정책 도구. 세계 관광, 3판,(W. F. Theobald, ed), Elsevier, New York, pp 406-25

Fennell, D. A. & Dowling, R.K (eds) (2003) 생태관광 정책 및 계획. CAB International. Oxford, UK

Bramwell 및 Fennell과 Dowling의 텍스트는 지속가능한 관광체험이 제공되는 동안 생태관광 관리자들이 직면하는 많은 도전문제들에 대해 탐색한다. 전 세계 다양한 사례 연구에 기초해서 정책 및 절차들에 대해 개관하며 이것이 생태관광 사업에 어떤 영향을 끼치는지 탐색한다.

Wight, P.A (2003) 관광 및 생태관광에서 지속가능개발 원칙 지원: 정부의 잠재역할. 세계생태관광정책 및 사례연구: 관점 및 제약(M. Luck & T. Kirstges, eds) Channel View Publications, Clevedon, UK, pp 50-72

사례연구로서 캐나다, 앨버타 주, 주정부를 대상으로 Wight는 1990년대 초에서 후반까지 생태관광과 주정부와의 관계를 추적하였다. 그녀는 초기 주정부의 '강력한 지속가능성' 방식과 후기 '허약한 지속가능성' 방식 및 지속가능개발원칙에 대한 지원 부족을 비교하였다.

Chapter 4

생태관광과 보호지역: 지속가능성을 위한 방문객 관리

CONTENTS

오늘날 보존관련 이슈는 대중의 인식 맨 앞자리에 위치하고 있다. 기후변화, 열대우림의 감소, 위기종의 멸종, 토지오염의 증가와 같은 이슈로 인해 보존에 대한 대중의 지지는 더욱 높아지고 있다. 생태관광과 자연지향관광에 대한 관심 및 성장이 이러한 세계적 관심사와 일치하는 것은 결코 우연이 아니다.(예 Wearing et al., 2002)

생태관광과 자연지향관광은 보호지역 및 오지, 특별히 아름다운 경관지역, 생태학적 관심과 문화적 중요성을 가지는 지역에서 주로 이루어진다. 오늘날 이런 지역들은 생물학적 다양성을 보존하고 대규모 자연생태계 손실을 멈추게 하고자 지역이 지정된다. 1962년에는 지표면의 3%에 해당하는 1000곳이 보호구역으로 지정되었으며, 오늘날은 지표면의 11.5%에 달하는 102,100곳이(1,880만㎢) 보호구역으로 지정되어 있다(Bushell & agles, 2003). 이는 영구히 보전되어야 할 자연지역을 보고자 원하는 대중적 열망과 정치적 의지 모두 경이적 성장을 이루었음을 의미한다.

전세계적으로 보호지역이 증가하였지만, 여전히 보호지역은 다음과 같은 전방위 압력을 받고 있다.

- 채취산업을 허용하는 '다목적' 공원에 대한 요구
- 레크리에이션 활동을 위한 로비단체의 요구-4륜 구동, 승마, 사냥, 낚시, 산악자전거, 트레킹, 스키
- 공원 소유권과 관리운영에 대한 원주민 집단의 갈망

이러한 요구들은 보호구역에 대해 분명한 도전적 문제를 제기하고 있다. 이러한 도전 앞에서 보호지역들은 과연 보호 받는 피난처로 남아 있을 수 있을까?

보호구역에 대한 전통적 개념은 2장에서 살펴보았듯이 사람이 살지 않고 최소한의 개입만 허용되는 공원으로 규정되는데, 이는 명백히 '보호주의자(preservationist)'의 입장을 취하고 있다. 그러나 세계인구 급증현상은 보호구역내에서의 인간 배제가 더 이상 실현불가능하다는 것을 말해 준다.

스펙트럼의 정반대에 존재하는 보호주의 견해는 자연의 주요가치와 기능이 인간의 사용여부에 있다고 믿는 이들로부터 공격을 받고 있다. '사용'지지자들은 임업, 목축업, 광업 같은 공원자원에 접근하고자 하는 산업체에서부터 사냥꾼이나 오프로드 주행 마니아처럼 자연중심경영에 반대하는 다양한 특정 이해집단에 이르기까지 매우 다양하다.

역사적으로 보호지역정책은 인간의 자원사용중심으로 수립되어 왔다. 1992년 베네수엘라에서 개최된 제4차 국립공원과 보호지역에 관한 세계회의(the Ⅳth World Congress on National Parks and Protected Areas)에서 결정된 주요전략문서인 카라카스 행동계획(the Caracas Action Plan)은, 명백한 보호주의자 입장에서 인간-욕구지향으로의 변화가 있음을 보여주고 있다. '보호지역은 관련 지역사회, 국가, 세계 공동체의 편익을 위해 관리되어야 한다'(IUCN, 1992: 14). 더반 행동계획(the Durban Action Plan)에는 보호

지역은 지역내 혹은 주변지역의 경제적 활동과 지역사회에 대한 고려 없이는 관리될 수 없다는 사실을 내포하고 있다.(IUCN, 2004)

우리는 사용과 보호주의 양쪽 입장 모두 인간중심주의가 중심 전제임을 알 수 있다. '미학', '체육', '신성', 또는 '실험적' 이용가능성 여부와 관계없이, 자연보존의 가장 수용가능한 일반적인 논거[1]는, 보호지역은 잠재적인 인간편익을 위해 보존/보호될 필요가 있다는 실용주의적 시각이다(2장 참조). 이처럼, 사용과 보존의 입장은 상반된 두 지향점을 추구하는데, 한쪽의 입장은 공원에서 충족되어야 할 인간욕구에 중점을 두는 반면, 다른 입장은 자연지역의 보존 및 보호를 가치없는 토지 '봉쇄'로 간주한다. 이러한 갈등은 기하급수적으로 증가하는 세계인구 및 이에 따른 자원소비문제와 더불어 더욱 고조되고 있다.

2장에서 살펴본 바와 같이, 생태중심철학은 인간욕구와 관련된 자연의 가치에 초점을 맞추는 인간중심철학에 중요한 문제들을 제기해 왔다. 그러나 극단적 생태중심주의 접근방식은 '노아의 방주'와 같은 해결책으로 보호지역의 근본원칙에 대해 이의를 제기하고 있는데, 그 이유는 보호지역이 실제 생물 다양성의 고립된 섬이기 때문이다. 생태중심적 관점은 우리가 자연과 착취적 관계를 가지지 않는다면 보호지역이 필요 없을 것이라고 주장하는데(2장 참조), 이는 특히 생태관광관련 보호지역 논쟁의 가장 핵심이 되는 부분이다.

관광과 보호지역

내재가치와 실용적 가치에 대한 상반된 견해로 보호구역의 기능과 목적에 대한 현재의 논쟁은 분명히 나타나고 있다. 이는 '보존 대 이용'에 대한 갈등으로, 보호지역관광은 이러한 딜레마를 가지고 있는 것이 사실이다. 그

---

1) 때로는 유일한 수용가능논거가 되기도 한다.

이유는 관광은 본질적으로 2장에서 논의된 바와 같이 자연의 가치가 '신성' 및 '체육관' 차원과 일치하는 유희적 활동이기 때문이다. 보호지역의 주요 기능은 자연생태계의 보존에 있기 때문에 보호지역은 유희적 활동들과 공존할 수 없다(Zarska, 2006). 이러한 대립은 관광과 보존 목표를 추구하는 독립기관의 제도적 장치를 통해 더욱 명백해지고 심화된다. 오늘날 관광관련 논쟁은 보호지역 및 이와 동등한 지정보호지역에 대한 개념이 발생한 이후 존재해 온 오랜 논쟁의 연장이다. 국립공원개념은 공원의 주요기능의 보존보다는 레크리에이션에 두고 있다. 예를 들어 미국의 옐로우스톤 국립공원은 본래 "사람들에게 편익과 즐거움을 제공하는 지역 …… 관광객과 즐거움을 추구하는 방문객으로부터 큰 수익을 창출"하며, "휴식과 레크리에이션을 위한 국가 소유지"로 개념화되었다(Strom, 1980:3). 이와 유사하게, 1879년 호주에 조성된 로열 국립공원도 원래 여가를 위한 지역으로 조성되었다. 역사적으로 공원들은 실용적 목적으로 설립되었지만, 공원의 초기개념정립 이후 레크리에이션/관광 중심에서 보존목표로의 중요한 방향 재전환이 있었다. 거리, 접근상의 어려움, 적은 방문객 수로 인해 레크리에이션과 관광은 공원에 대한 작은 위협에 지나지 않았으나, 이동수단, 여가 및 환경적 인식의 증가로 보호구역 지명도가 높아짐에 따라 지난 40년간 그 판도는 크게 달라졌다.(Sheppard, 1987; Eagles and McCool, 2004)

후원금에 따라 방문객 수요를 증가시키는 것은 조성된 공원의 자연적 특성을 크게 위태롭게 만든다. 우리는 특히 보호지역이나 지정보호지역에서 천연자원에 대한 압박 및 자원보호 확대 필요성을 매일같이 목격하게 된다. 여기에서 중요한 것은 지역의 미래를 보장하기 위해 어떤 방향의 어떤 조치를 취할 것인가를 결정하는 것이다.

보호지역이 전 세계적으로 동일하게 간주되는 것은 아니지만, 자연 및 자연자원보존국제연맹(International Union of the Conservation of Nature)은 일반적인 정의를 제시하고 있다.

특별히 생물학적 다양성과 자연 및 관련 문화자원의 유지와 보호를
목적으로, 법률 및 효율적인 수단으로 관리되는 토지 그리고/또는 바
다 지역

이러한 정의에 따른 보호지역은 세부적으로 여섯개의 범주로 나누어지
고 있으며(아래 참조), 각 유형에 따른 기본적인 관리 접근법을 제공하고 있
다.(표 4.1 참조)

이 정의는 자연보존가치를 주요 목적으로 이는 유전학적/생물학적 다양
성의 보호, 개발관련 영향비교를 위한 생물학적 상태의 기준 측정 환경을 제
공한다. 그러나 레크리에이션 목적과 같은 특별한 상황 하에서는 대중의 합
법적인 권리를 인정하고 있다.

		표 **4.1**
카테고리 1a	엄격한 자연보존지역	학술 목적으로 관리되는 보호지역
카테고리 1b	야생지역	야생보호를 위해 관리되는 보호지역
카테고리 2	국립공원	생태계 보호와 레크리에이션을 위해 관리되는 보호지역
카테고리 3	자연지역	특정 자연적 특성 보존을 위해 관리되는 보호지역
카테고리 4	서식지/종(種) 관리지역	보존을 목적으로 개입을 통해 관리되는 보호지역
카테고리 5	보호경관/바다경관	경관/바다경관 보존과 레크리에이션을 위해 관리되는 보호지역
카테고리 6	자연자원 보호지역	자연생태시스템의 지속가능이용을 위해 관리되는 보호지역

보호지역과 자본주의 리얼리즘

산업화된 서구사회의 많은 정부주도 분야들이-보험, 건강, 교육, 에너지,
물, 수송, 금융 - 공적 소유 및 통제에서 벗어나게 되면서 공익모형보다는

미국국립공원의 자금조달

예산목표의 충당 및 기업후원에 관한 계속되는 논쟁은, 국립공원공단 스스로가 관리자 역할을 유지하면서 대안적인 자금조달 방안을 강구하도록 유도하였다. 공원공단은 1997년 내무부의 예산제출에서 15억 달러를 요구하였으나, 의회에서는 14억 2천 달러를 배당하였다. 1998년 회계연도에서 공원공단은 에버그레이즈 국립공원의 야심찬 업그레이드를 위한 비용 1억 달러를 포함해 총 16억 달러를 요구하였다. 비록 자금이 1984년 9억 달러에서 1997년 14억 달러로 꾸준히 증가했지만, 1983년 기준의 달러가치로 환산하면 책정액은 14% 감소한 셈이다.

토지관리책임의 증가는 자원관리자들의 부담을 가중시켰다 – 실제 자금조달 감소와 함께 다음 사항을 고려해야 한다.

- 방문객은 1984년 2억1천명에서 2006년 2억7천2백만명 이상으로 꾸준히 증가하였다.
- 국립공원의 수는 1984년 335개에서 오늘날 391개로 증가하였다.
- 과거 10년 동안에 직원은 10% 감소하였다.

또한, 미루어진 보수와 개선작업을 위해 요구되는 비용이 70억~100억 달러로 추정된다. 책정액과 예산수립 그리고 우선순위에 대한 논의가 계속되고 있지만, 논쟁의 본질은 공원이 더 많은 자금을 필요로 한다는 것이다. 한 가지 중요한 것은 공원공단이 자금조달 위기에 직면해서도 관리자 역할을 주장하고 있다는 것이다. 의회는 100개의 공원에서 입장료를 도입하는 3년간의 모델프로그램을 승인했다. 모금된 대부분의 돈은 공원으로 돌아가며, 보수 및 유지를 위해 1998년 4천8백만 달러 추정자금이 공원에 제공되었다. 의회는 그외에도 다음 사항들을 고려 중에 있다.

- 영업권 개혁 법안. 공원내 운영되는 민간사업체들로부터 연간 5천만 달러 수익발생
- 채권 발행을 통해 민간, 비영리 단체의 공원주요사업 자금조달을 허용하는 수익채권 프로그램
- 납세자 수입의 일부를 공제하여 공원에 자금을 조달하도록 하는 법안

그러나, 공원공단의 주요 고민은 이러한 차감계산으로 인한 책정액의 감소가 결과적으로 자금모금 목적에 위배될 것이라는 점이다(Mitman Clarke, 1997)(그림 4.1 참조).

기업이익모형으로 변화하면서 정부의 역할이 축소되고 있다. 이러한 변화의 결과는 정부의 활동영역이 시장중심원칙을 배제하고서는 이루어질 수 없다는 것을 보여주고 있다. 이러한 이유로 보호지역기관들은 더욱 '상업성', '고객기반', 공원에서 제공되는 서비스를 통한 더 많은 수익창출에 대한 극심한 압박을 받고 있다.

이용할 것인가 혹은 보존할 것인가에 대한 오늘날의 질문은, 사실 누가 천연자원을 통제할 것인가에 대한 문제이다(Stretton, 1976; Worboys 등, 2005).

| 그림 4.1 |
캘리포니아, 요세미티
국립공원 내 하프돔
(미국 국립공원 관리청 사진)

이것은 분배정의의 문제이며, 본질적으로 정치적 문제이다. 현재 우리의 합리적인 경제적 세계관에서 보호지역은 대립적인 토지사용권에 대한 경쟁과 다를바 없다.

보존지지자들이 반드시 해야 할 일은 보존여부가 아닌 어떻게 보존할 것인가 하는 것이다. 대중에게 물리적/생태학적 변화를 인지시키는 것이 긴급하다 할지라도 환경개혁자는 정치철학과(Stretton, 1976), 실용적 목적(Weaver, 2001)을 필요로 한다. 지속가능한 개발전략으로서 생태관광은 보호지역 관리자와 보존관련단체들에게 지역의 지속적 보호를 위한 기반을 제공하고자 하는 노력과 함께 실제적 결과를 위한 수단으로서 점차 정치철학의 한 부분이 되어가고 있다. 그 결과는 다음과 같다.

● 공원 및 보전을 위한 재정공급원으로서 공원보호를 위한 (경제적) 당위

성 부여
- ● 경제개발의 대안형태
- ● 일반대중에 대한 보존 이슈에 대한 관심 확산
- ● 개인보존윤리의 촉진

희소자원의 할당결정과 환경보존을 목표로 운영한다는 것은 보호구역에 대한 논쟁이 거의 경제합리주의와 실용성을 전제로 이루어진다는 것을 의미한다. 현실적으로(일부 사람들은 비관주의로 말하지만) 미래 세대를 위한 보호지역의 가치는 현 세대가 그들을 위해 희소자원을 남기도록 할만큼 강력한 논쟁대상이 되어 보이지는 않는다. 그러나 보호구역이 레크리에이션과 관광활동을 위해 향유될 수 있는 자원이라고 주장하는 것은 실용적 목적에 근거한 현재의 보호 그리고 내재적 가치에 근거한 미래의 보존이라는 심각한 딜레마에 빠질 수 있다. 과연 접근법은 양립 가능한 것일까?, 각각 보존에 기여할 수 있을 것인가?

자연자원에 대한 여러 압력과 함께, 보호지역 및 이와 상응하는 지정 보호지역에서 발견되는 자원의 보호강화 필요성은 너무나 분명하다. 현재 지구육지표면의 2%를 차지하는 보호지역을 보호하는데 필요한 인력과 재정자원은 충분하지 않다. 보호지역 또는 그에 상응하는 지정보존지역으로 UN목록에 포함되지 않은 지구의 나머지 98%가 적절히 관리되고 있다고 확신할 수 있을까? 보호지역은 보존목표를 달성하기 위한 하나의 메커니즘이다. 보호지역은 중요한 메커니즘이지만 그 자체로는 충분하지 않다(Eidsvik, 1980: 187).

많은 학자들은(예, Nash, 1989; Runte, 1997) 이용 대 보존의 문제를 '적정 사용'의 딜레마라고 주장한다. '적정 사용'의 딜레마는 가치의 대립이다. 이러한 대립은 보존과 생태계 관리에 관한 인간중심주의 접근법에서 항상 발생하는 가치 갈등이다.

자연보호지역은 어떻게 정의되든 간에 그것을 즐기는 것은 그것을 파괴하는 것이다– 특히 즐긴다는 것을 대중의 레크리에이션으로 간주된다면 더욱 그러하다(Coppock and Rogers, 1975: 510).

보호지역이 주로 보존기반으로 간주될지라도(예 Bruggemann, 1997; Runte 1997; Strom, 1980), 항상 사용과 보존은 충돌하게 된다.

보호지역은 공원관리기관들의 주장과 운영방침에 관계없이 방문객에 의해 이용되어 왔고 이용되고 있으며 계속해서 이용될 것이다(Sheppard, 1987: 23).

호주 뉴사우스웨일즈 국립공원 및 야생생물 법령(1974) 섹션 72(4)(e)에서는 다음과 같은 사항을 보호구역에 요구하고 있다.

대중이 국립공원, 역사적 장소, 주(州) 레크리에이션 지역을 적정 사용하고, 이해하며, 즐기도록 장려하고 규제할 것

핵심요소로서의 관광

오늘날 사회는 최적의 천연자원이용을 지속적인 경제개발과정에 없어서는 안 될 부분으로 간주한다. 이런 상황에서 보호지역내 생태관광의 경제적 정당성은 보호구역의 편익을 입증할 수 있는 성과제공의 수단을 제공한다. 점차 관광은 자연지역을 개발하기 보다는 자연지역을 보존해야 하는 경제적 근거를 제공하기 위해 사용된다. 관광은 자연지역이나 보호구역에 관한 최근 연구 흐름의 중심 주제로, 자연지역이나 보호구역내 자원을 개발하기 보다 자연상태 그대로 유지하는 방향으로 논의를 이끌고 있다.

이러한 경제적 평가는 야생생물과 생태계의 '가치'를 입증함으로써 보호

암보셀리 국립공원

킬리만자로 산은 5개의 서로 다른 야생생물의 서식 환경이 특징인 암보셀리 국립공원의 웅장한 배경이 되고 있다. 계절에 따라 다양한 암보셀리 호수의 바닥, 늪과 습지로 둘러싸인 유황온천, 광활한 평원, 삼림지대와 화산암 가시나무 덤불 지역을 보여주고 있다. 이 서식지들은 마사이 기린, 아프리카 영양(Coke's hartebeest), 남아프리카 대형 영양, 가젤 뿐만 아니라 코끼리 떼, 검정 코뿔소, 사자, 치타가 살 수 있는 환경을 제공한다.

암보셀리 국립공원은 동일면적지역의 상업적 쇠고기 산업에 비해 연간소득의 18배에 달하는 가치를 가지고 있는 것으로 평가되고 있다. 평가에 의하면 암보셀리 국립공원은 공원 입장료와 관광객 활동으로 연간 330만 달러를 벌어 들였다. 관광객을 유인하는 사자 한 마리의 가치는 연간 2만7천 달러로 추정되며, 코끼리 떼는 연간 61만 달러의 가치를 지니는 것으로 평가된다 – 따라서 이들은 죽은 것보다 살아 있는 것이 더 '가치'가 있다(Mackinnon 등, 1986). 관광을 활용하는 암보셀리와 같은 공원의 총 순수익은 연간 1ha 당 최적 농업수익의 50배 이상인 것으로 추정된다.[2]

사실상 공원과 관련해 많은 잠재적 경제편익들이 있다. 예를 들어, Okello(2005)는 암보셀리 공원의 경계를 넘어 인접 지역사회의 보존지역[conservation area]까지 야생생물관광과 보존을 확대한다면 주변 마을들은 매년 147,867달러의 잠재수익을 얻을 수 있을 것으로 추정된다.

구역의 필요성을 정당화하는데 이용되고 있다. 관광객은 자연지역을 경험하기 위해서 기꺼이 비용을 지불한다는 가정 하에 관광은 더욱 이러한 경제적 전략의 중심이 되고 있다.

현재 많은 연구에서, 보호지역이 중요한 경제적 공헌을 한다는 점을 보여주고 있다(예. Bushell, 2003; Butler et al., 1994; Buultjens and Luckie, 2004; Herath and Kennedy, 2004; Pearce, 2006; Prideaux and Falco-Mammone, 2007). 이 연구들은 천연자원기반 레크리에이션과 관광이 지역과 지역경제에 미치는 영향을 평가하기 위해 경제모형화, 투입산출분석, 승수분석 등을

---

2) 이와 유사한 연구들이 많이 있다. 코스타리카에 관한 한 연구에 의하면 자연상태의 열대우림보호지역의 가치는 적어도 그 땅 자체의 경제적 '가격'과 동일하거나 2배가 높다고 한다. 페루의 마코앵무새 한 마리는 매년 750~4700달러의 관광수입을 창출하는 것으로 추정된다(Munn, 1991: 471).

다양하게 이용하고 있다.

보호지역관광은 관광객의 직접지출과 관광이 창출하는 고용기회를 통해서 공원과 인접지역의 경제적 이익증대를 가져올 수 있으며 이를 촉진전략으로 활용할 수 있다. - 탄자니아의 한 포스터에는 다음과 같이 쓰여 있다. '우리의 보호지역은 탄자니아에 많은 돈을 가져다 준다 - 보호지역을 보호하라'(Nash, 1989: 344). 네팔의 유네스코 세계문화유산 보호지역인 테라이 평원의 부채꼴경관은 동일한 정서공유를 위해 다음과 같은 슬로건을 내세웠다. '자연자원을 위한 인간, 인간을 위한 자연자원'(Gajurel, 2004). 자연공원지지에서 이러한 경제적 원칙(예. Machlis and Tichnell, 1985; MacKinnon 등, 1986)은 농업이나 임업과 같은 경쟁적 자원이용과 관련된 지역에서 특히 중요하다.

관광의 경제적 편익은 공원보호 및 공원의 농촌개발 지원역할을 위한 부가적 지원을 제공할 수 있는 잠재력을 가진다. 그러나, 관광의 경제적 편익 분배는 문제의 여지가 있다. 수백만 달러짜리 대규모 개발은 지방이나 지역경제에 도움을 줄 수 있으나, 사실상 편익은 단지 환상에 지나지 않을수도 있다. 관광객 지출의 지역외 유출비율은 매우 높을 수 있으며, 일반적으로 1단계 유출에서 30~45% 정도 수준이므로 지역사회에는 제한적 수익을 남기게 된다.(예. Lea, 1988, 1993; Mowforth & Munt, 2008)

누가 이익을 얻고 누가 비용을 부담하는지에 관한 문제는 복잡하다. 방문객들은 다소의 관광비용이 주변 지역주민에게 직접적인 이득이 되길 기대하지만, 일부 사례에서 보면 실제 지역사회에 분배되는 돈은 거의 없다. 게다가, 많은 경제적 영향에 관한 문헌들이 단지 편익에만 초점을 맞추고 있다. 지금까지 관광을 유치, 수용, 용이하게 하기 위한 기반시설구축에 따른 경제적 비용, 혹은 관광객에 의해 피해를 입은 공원자원을 유지, 복원하기 위한 비용에 대한 관심은 매우 제한적이었다.

이는 보호지역내 관광수익이든 보호지역관련 수익이든간에, 공원설립기반인 보존목표를 위협하는 부적절한 개발이나 이용수준을 초래하게 될 것이라는 우려를 불러 일으킨다.

관광의 고용창출 능력에 대한 주장 또한 문제의 여지가 있는데, 일반적으로 취업기회는 지역외부에 거주하는 사람에게 주어지기 때문이다. 많은 지역에서 관광은 저임금이며 계절성이 높은 산업이다. 경제적 편익 또한 지역의 매력을 순식간에 바꿀 수 있는 환율변화와 같은 외부변화에 민감하며, 휴가비용은 원하는 목적지 선정에 가장 중요한 요소들 중 하나이다.

이는 보호구역의 경제적 정당성의 중요한 몇 가지 한계를 보여준다. 최근의 경제분석은 오직 지불용의(willingness to pay), 여행경비, 지출비율 같은 좀 더 가시적인 유형의 경제척도들로 확대되고 있다. 이러한 방법들은 국립공원 및 보호지역과 관련된 일부 인간행동의 평가에는 효과적이었지만, 국립공원과 보호지역가치의 정확한 평가에 적합한 방법으로서 채택되어 오지는 못했다.

정의에 따르면 경제학은 제로섬 방정식이며, 경제방정식이 완전히 균형을 이루려면 특정 프로젝트와 관련된 모든 비용을 고려해야만 한다. 자연지역에서 지역활용 변경비용의 상당부분은 사회적 비용인데 이는 여러 사례에서 보았듯이 측정은 무형적 이기에 측정이 결코 쉽지 않은 것이다.

경제개념은 보호지역의 무형적 가치측정에 곧바로 적용될 수는 없다. 자연지역의 가치평가는 '최고 최적의 이용(Highest and best use)'에 초점화된 선진국의 토지이용계획 기본프레임워크에 기반을 두고 있다. 경제비용 측면에서 최고 최적의 토지이용은 경제적으로 가장 실행가능한 목표를 의미한다. 이러한 평가는 일관된 정확도로 모든 관련요인을 평가하는 경제지표의 한계점을 내포하고 있는데, 자원이용에 따른 무형의 사회적 영향을 밝히는 것보다, 원료, 토지(예를 들어, 개인부동산), 정확한 재무조건에 따른 개발가치를 수량화하는 것이 더 쉽기 때문이다.

자연지역의 경제적 가치평가는 대개 자원의 대안적 이용을 비교하기 위해 이루어 진다. 이러한 비교는 거의 대부분 의사결정을 위한 것으로, 본질적으로 의사결정과정은 정치적이다. 경제적 비용개념은 정치적 논쟁의 기반을 제공하는 수치를 제공하고자 하는 반면, 대부분 이러한 논쟁은 비경제적 사안, '사회적 비용' 개념, 또는 외부 효과에 대한 분석이다.

기초경제용어로 양질의 환경은 '훌륭한' 생산과 '만족'등 생성하고 다양한 방식으로 설명되어야 한다. 환경영향평가는 비교적 덜 유형적인 가치를 설명하기 위한 메커니즘으로 개발되어 왔다. 하지만 사회적 비용에 대한 고찰은 경제분석에서 심각한 문제점을 제시한다. 지난 10년간 경제분석은 비재정적 편익을 포함하기 위한 이론적 매개변수를 고민하고 대상을 확대해 왔다. 그러나 측정가능한 경제적 수익에 대한 본질적 편견은 여전히 존재한다.

생물의 다양성과 생태관광에 대한 소유권 인정은 생물의 다양성 보존을 위해 다소 긍정적 도움을 줄 수는 있지만, 생물 다양성을 보존해 줄 수 있다고 확신할 수는 없다. 왜냐하면 소유권이란 경제적 사용가치의 책정을 가능하게 할 뿐이며 책정은 부분적으로 이루어지기 때문이다(Tisdell, 2004: 269). 따라서 소유권 인정을 통한 문제해결은 더 나은 경제적 · 사회적 지표 개발에 기반이 될 수 없다.

한 사람이 상품으로 보는 것을 다른 사람은 비용이나 낭비로 볼 수 있다는 사실을 지표는 변화시킬 수 없다. 한 사람이 소비하고 싶은 것을 다른 사람은 땅에 그대로 두고 싶어할 수 있다. 순(net) 복지지표는 논쟁의 여지가 있는 선악의 판단에 의해 이루어져야 한다. 훌륭한 회계는 모든 선의의 목적에 도움이 될 수 있고 잘못된 의견 대립을 융화시킬 수 있지만, 회계 외부의 진정한 이해관계충돌을 융화시킬 수는 없다(Stretton, 1976: 314). 생태중심경영관리는 만약 현재의 경제성장과 자원이용추세가 지속된다면 현대 과학과 기술은 환경파괴를 막을 수 없으며, 환경과의 조화속에서 지속가능한 인간집단의 존재를 위해 철학, 정치, 경제적 변화가 필요하다고 주장하고 있다. 이는 정부규제와 같은 사전의 거시환경적 제약의 필요성을 재강조하는 보전주의적 입장으로 포괄적인 자원고갈과 환경훼손을 고려하고 있으며, 자연적 부채문제를 다루는 '생태경제학'(즉 풀 코스트(full-cost) 회계원리) 사상을 기반으로 하고 있다.(ShuYang et al., 2004)

보존이란 현 세대와 미래 세대를 위한 바람직한 종(種) 조합의 질과 양, 생태계 환경조건 및 과정 등을 복원, 강화, 보호, 유지하기 위해 인간의 자원 사용과 활동에 대한 관리 및 통제를 포함하는 것이다.(Dunster and Dunster, 1996: 69)

따라서 자원보존은 '제한된 개발'의 형태로, 최소한 개발은 대기, 물, 토양 그리고 지구상의 생명체를 지탱하는 자연시스템을 위태롭게 하지 않는 지속가능한 형태여야 한다.

보호지역관리를 위한 생태중심체계 접근법은 보호지역의 가치를 실용적/수단적 명분에서 보호지역의 내재적 가치로의 변화를 이끌어 내었다. 이러한 가치변화가 없다면 보호지역의 장기적 미래는 위험에 처할 수 있다.

지속가능 관리기법

전통적 관광행태는 관광객의 특정요구에 부합하기 위해 주변환경을 변형시켜 왔지만, 생태관광객은 자연환경의 실질적 변형을 바라거나 기대하지 않는다. 생태관광의 성공은 경험의 예측성 및 획일성 같은 전통적 기준으로 관광의 질을 평가하는 것이 아닌 비예측성에 기반을 둔다(Williams, 1990: 84). 생태관광은 관광객 자신들이 관광체험에서 주도적인 역할을 할 수 있도록 장려하며 관광객들이 직접 발견하고 활동적으로 참여하며 주변환경과 상호작용 할 수 있는 기회를 제공한다.

대규모 관광업체들의 관심이 증가함에도 불구하고, 생태관광은 주로 소규모 경영자 중심으로 이루어지고 있다(O'Neill, 1991). 소규모 경영자들이 한번에 처리할 수 있는 관광객의 수가 제한되어 있기 때문에, 생태관광은 전통적인 대중관광과는 다른 규모로 이루어진다(예. Choegyal, 1991: 94; Williams, 1990: 85). 소규모 경영으로 인해 정치적인 후원, 시장의 안정성, 운영 비용, 고용은 전통적 관광시장만큼 신뢰할 수준은 아니지만(예.

Orams, 2003), 관광객의 한정된 수적 규모는 오히려 더욱 수준 높은 경험을 제공해 줄 수 있다. 그러나 생태관광 또한 비교적 느린 속도이지만 대중관광과 같은 방식으로 자원을 파괴 하게 된다는 우려의 목소리도 있다(Bauer, 2001; Butler, 1992). 단기적 생태관광은 대중관광과 비교해 목적지 변화유발도가 낮은 것으로 간주되는데, 이는 생태관광이 대량관광과 비교해 소규모로 운영되며, 적은 소규모 시설만으로도 운영이 가능하기 때문이다(Butler, 1990). 그러나, 시간이 흐르면서 관광활동으로 인해 축적된 영향들은 자연환경과 주변 지역사회에 더욱 심각한 큰 영향을 미치게 되면서, 대중관광개발을 유도하게 된다(Duffy, 2002). 예를 들어, 생태관광 같은 많은 대안관광들은 주로 민감하고 취약한 자연환경 지역에서 이루어지고, 그 중 일부 지역들은 개발을 위한 기반시설이 거의 또는 전혀 없는 실정이기에 낮은 수준의 이용조차 견뎌낼 수 없기 때문이다.(Butler, 1999)

이것은 생태관광과 보호지역의 가장 본질적인 문제이다. 생태관광객들은 훼손되지 않은 상태의 자연지역체험을 선호하며 공통적으로 보존목표에 대한 관심이 높다.

자연지역 생태관광이 긍정적인 결과를 가져올 수 있지만, 경영진의 세심한 계획과 효과적인 관리전략을 통해 가능한 역효과(부정적 효과)를 인식하는 것이 중요하다(Buckley, 2003; McNeely & Thorsell, 1989). 이용과 보존간의 균형을 위해 경영자들은 관광객의 움직임 파악을 위한 세심한 계획수립을 최우선적 목표로 해야 한다(Zarska, 2006). 그러나, 보호지역 관리청은 보존목표에 상당한 위협이 될 수 있는 관광의 경제적 편익에 더 높은 관심을 가질 수 있다. 따라서, 관리자는 관광유형과 관광영향의 중요한 차이점들과 더불어 공원운영의 목적을 명확히 해야 한다. 관리자가 고려할 필요가 있는 자연지역내 관광과 관련된 이슈에는 관광객 혼잡, 다른 유형의 이용자간의 갈등, 쓰레기 투기, 이용요금, 정보전달 등이 있다.(Eagles and McCool, 2004; Lucas, 1984)

자연지역내 생태관광활동과 관련된 주요 고려사항은 미래 훼손의 원인이 될 수 있는 과도한 사용을 방지할 수 있는 생태학적 계획수립이다(Cengiz, 2007). 보호지역의 경제적 이익을 위해 생태관광을 효율적으로 이용하더라도, 관광객에 의한 지역훼손을 방지하기 위해서는 보호조치를 통해 엄격하게 관리, 감시, 통제되어야 한다는 점에 주목해야 한다. 가장 다양한 생물군을 가진 대부분의 보호지역은 훼손되기 쉬우며, 아주 작은 인간의 영향조차도 환경에 중대한 영향을 미치게 되기 때문이다. 다양한 생물군, 원거리성, 원시 생태계를 보호하기 위해 지정되었다는 이유로 인해 보호지역은 자연중심관광 수요가 많은 지역이다. 그러나, 이들 대부분의 지역은 기반시설이 부족하며, 공원관리자들은 증가하는 관광객규모에 대처할 수단이 거의 없는 실정이다.

보호지역의 내재적 가치만을 수호하기 위해 보호지역의 방어력을 유지하는 것은 쉽지 않다. 자본주의 자유시장사회에서는 부족한 토지자원에 대한 유지비용과 광범위한 권리요구를 위한 폭넓고 다양한 근거 제공 등이 강력한 관리체계 안에서 통합적으로 이루어져야 한다.

앞장에서 살펴본 바와 같이 생태관광의 핵심요소는 지속가능성으로, 생태관광의 목표는 미래를 위한 자원기반을 제공하고, 자원기반의 생산성을 추구하고 생물다양성을 유지하며 세대내 혹은 세대간 형평성을 위해 돌이킬 수 없는 환경적 변화를 피하고자 노력하는 것이다.

생태관광은 뛰어난 아름다움과 특별한 생태학적 가치로 유명한 보호지역의 관광증가를 자본화하고 편익을 관광수용 지역사회에 되돌리고자 노력해야 한다. 생태관광은 오직 자연적, 문화적 자산이 생존하고 번영될 때만 생태관광이 지속가능할 수 있다는 개념을 전제로 하고 있다.

이는 방문객에 의해 발생된 사회적/생물학적 영향의 감소, 개발도상국에서 잠재적 수입유출의 감소, 관광객의 환경적 인식과 행동 고양, 지역자원에 의존하는 지역주민들의 기회증가 등을 의미한다.

흔히 자연지향적 관광객들은 자연명소 관리지침을 준수할 것이라 기대하고 있다. 관리통제는 지역의 보호 및 보존에 도움이 되며 관광객들의 기대를 충족시키는 것에 있으므로 천연자원보호가 지속적으로 이루어질 수 있도록 해야 한다. 관광객의 기대 및 자연명소에 영향을 미칠 수 있는 관리통제요소에는 관광객 하부구조 및 개발, 방문객 수준, 가이드, 파괴행위, 기념품 수집, 지역 접근성, 야간 비포장 도로운전, 동물 먹이주기 등이 포함되어 있다.

생태관광집단은 이상적으로 환경 스트레스 및 영향수준 최소화에 도움이 될 수 있도록 소규모가 되어야 한다. 이것은 관광객들에게 고품질 체험을 제공하고 그들의 본질적 참여목표 실현에 도움이 된다. 생태관광은 관광객이 자연지역을 직접 체험함으로써 자연지역 및 전통문화의 진가를 감상하는데 도움을 준다. 진정한 생태관광체험은 자연환경을 직접 체험하는 것이며 체험을 통한 교육 및 본질적 즐거움을 탐구하는 것이다.(Butler, 1992)

환경수용력, 레크리에이션기회스펙트럼(ROS), 허용변화한계(LAC), 방문객영향관리(VIM), 방문객활동관리과정(VAMP)은 보호지역 관리에서 활용되고 있는 지속가능한 의사결정의 프레임워크이다. 이러한 프레임워크들이 이행된다면, 국가의 자연 및 문화유산보호, 자원에 대한 대중적 인식고취, 자원과 이용자간 갈등관리에 도움이 될 것이다(Grahan 등, 1987: 292; Jenkins & Pigram, 2006; Pigram & Jenkins, 2005). 이러한 전략에 대한 이해와 생태관광경영과의 관계이해를 위해, 자연지역의 지속가능성 관련 특정 이슈와 환경인식증가 및 광범위한 사회요인들을 고려한 환경내의 자연지역의 역사적 전개과정에 대해 고찰하게 될 것이다.

보호지역의 역사와 지속가능관리전략

18세기 후반부터 1960년대 후반에 이르는 동안 자원과 사용자들간 긴장의 균형은, 공원내 하부구조 및 시설 결정에서 자원에 관한 많은 연구와 계획수립 및 경영적 노력을 통해 이루어져 왔다. 공원계획과 공원관리에 있어서 사회적/경제적 요인들은 필수요인으로 인지되지 않아 이용자의 사용상 특성과 이용규모 등에 대해서는 거의 알려진 것이 없었다. 이에 공원관리는 사회적·생물 물리학적 시스템간의 상호의존적 관계에 대한 이해 없이 이루어져 왔다. 즉, 방문객 기회의 관리 및 선택에 대한 총체적인 접근이 이루어지지 않아 공원서비스의 효과는 측정될 수 없었다. 공원개발계획에서 지역주민의 참여가 거의 이루어지지 않아 시설의 규모 및 위치와 관련해 부적절한 결정이 이루어지고 방문객에게 혼란스러운 정보가 제공되기도 하였다.(Graham, 1990:276)

지금까지 살펴본 바와 같이, 보호지역내의 레크리에이션 및 관광활동의 이용증가는 일반적으로 부정적인 환경적/사회적 영향을 동반하기 때문에 생태학적 가치와 레크리에이션 가치를 유지하기 위해서는 부정적인 환경적/사회적 영향 관리가 이루어져야 한다. 레크리에이션 이용이 미치는 영향을 예방, 대처, 최소화하기 위해, 수 많은 계획 및 관리 프레임워크들이 개발되어 왔다.

환경수용력, 레크레이션 기회스펙트럼, 허용변화단계, 방문객영향관리, 방문객활동관리과정, 관광최적화 관리모델 개념들은 방문객 계획 및 관리 프레임워크들의 사례들로, 각 개념들은 기존의 관리 및 의사결정 과정을 보완하기 위한 것이다.(Pigram & Jenkins, 2005)

환경수용력은 환경보호 및 지속가능개발의 가장 기본개념이다. 수용력은 자원에 대한 부정적인 영향, 방문객의 만족도 감소, 해당지역사회에 대한 부정적인 사회적/경제적/문화적 영향 등을 배제하면서, 해당지역을 최대한 활용하는 것을 의미한다. 환경수용력의 한계는 때때로 수량화가 어렵지만 관광과 레크리에이션을 위한 환경계획수립에는 필수적이다.

수용력(Carrying Capacity)

환경수용력 개념은 1970년대 나타났다. 중심개념은 '환경요인들이 지역이 유지될 수 있는 인구의 제한을 설정한다는 것으로, 이러한 한계를 넘게 된다면 환경의 질은 더욱 악화되며 궁극적으로 인구를 지탱할 수 있는 능력은 악화된다'(Stankey, 1991:12)는 것이다. 객관적인 생물학적 연구를 통해 해당지역내 천연자원의 수용력 결정이 가능하며, 환경이 수용할 수 있는 이용정도를 명확히 하고, 자원접근을 규제할 수 있다는 것이다. Stankey(1991:11)는 상기의 특성이 과학적 근거에 기초한 수용력 개념을 레크리에이션과 관광경영 개념으로 더욱 폭넓게 적용될 수 있는 이유라고 설명하고 있다.

관광환경수용력의 세 가지 주요 구성요소를 살펴보면 다음과 같다.

● **생물/물리학(생태학적)**   자연환경과 관련됨
● **사회/문화적**   주로 관광수용인구 및 지역문화에 대한 영향과 관련됨
● **시설**   방문객 체험과 관련됨

환경수용력은 계절에 따라, 시간의 흐름에 따라, 관광객 행동 패턴, 시설 설계 및 관리, 환경의 역동적 특성, 관광수용 지역사회의 태도변화 모두 다양한 방식으로 상이하게 나타나 수용력 결정에 영향을 미치게 된다.

반면, 환경수용력은 기대만큼 매우 유용하지는 않다. '얼마나 많은 것이 얼마나 너무 많은 것인지'를 정확히 나타낼 수 있을 것이라는 기대가 존재하였으나 가치에 대한 시각적 차이에 따라, 다양한 이용유형과 이론수준에 따른 '매우 다양한 수용력 측정치'들이 나타나게 된다(Stankey, 1991:12). 또한 '수용불가' 영향에 대해서도 광범위한 다양한 시각이 존재하는데, '과밀' 또는 '자원 손상'으로 정의될 수 있는 자원 상태에 대한 절대적 척도는 없다.(Stankey, 1991:13)

천연자원 뿐만 아니라 관리운영 등의 사회적 이슈들이 환경수용력 산정에 영향을 미치기 때문에, 산출된 하나의 수치로 수용불가를 판정한다는 것은 불가능하다. "부정적인 영향을 방지하기 위해 사용제한을 낮은 수준으로 변경할 필요가 있다"(Stankey, 1991:13). 심지어 사람들은 자원에 대한

부정적 영향이 발생함을 인지하고 있음에도 불구하고 레크리에이션 활동을 위해 해당 지역을 지속적으로 이용하게 되는데, 이는 방문객 기대, 이용 및 영향, 관리결정간의 관계를 이어주는 적절한 프레임워크가 없기 때문이다.(Stankey and McCool, 1985)

환경수용력 분석은 영향요인의 광범위함과 복잡성을 이유로 무시되어 왔다. 많은 관광객의 방문은 환경파괴와 고객경험의 질적 하락을 유발한다는 점을 관광업체들이 인식하고 있음에도 불구하고 이를 위해 관광을 제한하는 업체들은 극히 드물다.(McCool and Lime, 2001)

과다이용 및 과밀화 문제의 해결책은 보호지역 관리업체의 정책에 따라 다르게 나타난다(Watson, 1989:394). 예를 들어, 보호지역 관리자 38명 중 대부분이 공원의 과다이용을 걱정하고 있었음에도 불구하고 단지 6명만이 레크리에이션 환경수용력 평가를 실시하였다(Watson, 1989). McCool과 Lime(2001)은 환경수용력 확립의 필요조건들이 실 세계에서는 거의 이루어질 수 없으며, 주차장처럼 수적 수용력에 적합한 제한된 상황에서만 적용될 수 있다고 주장하였다. 또한, 그들은 방문객 체험, 자원보호, 허용변화한계와 같은 계획 프레임워크들이 방문객 영향관련 이슈에 더욱 유용하게 적용될 수 있음을 주장하였다.

캐나다는 사회적 측면을 무시하는 듯한 이 개념의 결함을 인식하고 좀 더 광범위한 개념을 개발하였다. 레크리에이션 기회스펙트럼은 선행 연구의 가정과 원칙에 근거하고 있음(Driver 등 1987:210)에도 불구하고, Vinals 등은(2003)은 실증적 접근법에서 시간적, 순차적 접근법을 활용한 혁신적 접근법을 제시하고 있다. 이러한 접근법은 일반적인 공식과는 반대되는 특별한 연구방법론을 제공하는데, 습지의 레크리에이션 수용력 분석을 위해 물리적 환경수용력, 실제 환경수용력, 허용가능 환경수용력과 같은 순차적 단계를 포함하는 것이다. 또한 분석에 필요한 습지환경, 사용자의 프로파일, 관련 자원, 레크리에이션 활동유형 등의 모든 구성요소와 요인 등의 고려와 지표설정체계와 즉각적인 평가도 실시하게 된다.

레크리에이션 기회스펙트럼(The Recreation Opportunify Spectrum: ROS)

ROS는 환경수용력 규정 및 레크리에이션 영향관리를 위한 프레임워크로, 각 기회 계층의 적정상태에 관한 명시적 기준을 확립하는 것이다. 레크리에이션 지역을 위한 수용력 결정은 각 기회유형에 가장 적정한 것으로 판단되는 사용환경을 조성하는 것이며, 기회유형이 변화할 때마다 상대적인 방문객수를 평가할 수 있는 수단을 제공하게 된다.(예: Stankey, 1991)

ROS 접근법은 지역의 이용유형 및 이용정도에서 공원환경의 생물/물리학적, 사회적, 관리 속성으로 관심의 전환을 가져왔다(Prosser, 1986:7). ROS는 자연지역의 계획을 위한 상호연계된 논리적 단계들을 제공하게 되는데 이 새로운 프레임워크는 LAC시스템으로도 알려져 있다.(Prosser, 1986:6)

ROS는 레크리에이션 발생지역에 초점을 두고 있다. 레크리에이션 기회의 환경은 물리적, 생물학적, 사회적, 경영적 조건의 혼합물로, 해당지역에 가치를 부여하는 것이다(Clark and Stankey, 1979). ROS는 환경수용력을 제시하고 레크리에이션 영향을 관리하기 위해 기회의 실제분배와 관리행동 평가절차를 위한 체계적인 프레임워크를 제공한다.[3]

Clark과 Stankey(1979)는 처음으로 ROS 시스템내의 관리유형 4단계를 제시하였다.

- 준 현대적
- 현대적
- 준 원시적
- 원시적

관리유형을 설명하기 위해 사용된 요인들은,

---

3) ROS의 적용 사례는 호주 아보카 해변, McDonald & Wearing 사례 연구 참조.

- 접근성
- 기타 비(非) 레크리에이션 자원사용
- 현장 관리
- 사회적 상호작용
- 방문객 영향 수용가능성
- 수용가능한 조직화 수준

최근 ROS는 타이완의 지역생태관광사업을 위한 분류기준 및 프레임워크 확립을 위해 사용되었는데 기회유형으로 '전문적 또는 중간단계모험', '전문화된', '중간 그리고 대중적 생태관광경험', '문화스캐닝' 등으로 분류되었다.(Huang & Lo, 2005)

ROS의 한계는 기술적 평가의 산물로 간주되는 레크리에이션 수용력에 기반을 두고 있다는 것이며, 인간의 욕구 및 가치와 마찬가지로 자원과 사회적 영향을 중시하는 가치판단과는 대립적인 개념이다.(McCool, 1990)

허용변화한계(Limits of acceptable change : LAC)

LAC 방법론은 ROS의 확장개념으로 레크리에이션 영향의 사회적/환경적 관점 모두를 고려하고, 대상으로는 자원 관리자 및 이해관계자 모두를 포함한다.

- 허용가능하며 성취가능한 사회적 기준과 자원의 기준을 명시
- 바람직한 환경과 기존 환경간 격차를 명시
- 이러한 격차를 줄이기 위한 관리행동의 확인
- 경영효율성 평가와 모니터링 (Payne and Graham, 1993)

LAC 계획 시스템은 9개 단계로 구성되어 있다.

- 관심사 및 이슈 확인

- 기회계층의 정의와 설명
- 자원 및 사회적 환경지표선택
- 자원 및 사회적 환경목록작성
- 자원 및 사회적 지표를 위한 기준명시
- 대안적 기회계층할당
- 각 대안에 대한 관리행동확인
- 대안선택 및 평가
- 행동실행 및 상황 모니터링(Stankey 등, 1985)

ROS처럼 LAC는 자연지역관리 접근법 계획에서 도출된 합의된 결과로, 대중의 참여기회를 더 많이 제공한다(예, Ahn et al, 2002). 그러나, 예를 들어 LAC 시스템이 호주에서 실행되어 성공한 경우는 거의 없었는데, 이는 이해관계자들로부터의 정치적/경제적 지원이 부족했기 때문인 것으로 판단된다(McArthur, 1997c; Lindberg 등, 1998). 또한 LAC 시스템은 자원 및 사회적 환경의 목록확립을 위해 상당한 자원들을 필요로 하고 있어 특히 개발도상국에서 실행이 어렵다.(Rouphael & Hanafy, 2007)

LAC 시스템은 기술적 계획시스템으로, '어떤 자원과 사회적 환경이 수용가능한지에 관한 결정 및 적절한 관리행동규정에 도움이 되는 체계적인 의사결정프레임워크를 제공한다(Stankey, 1991:14).' LAC 프레임워크는 레크리에이션, 관광, 보전간의 갈등을 완화시키며 다양한 수준의 환경 보호와 관련된 영향을 규정한다. 또한, 다양한 레크리에이션 기회유형에 일치하고, 적정하면서도 수용가능한 환경적 변화의 허용치 설정에 도움이 된다(Stankey, 1991:13). 모니터링과 더불어 보존가치와 관련된 특정지표와 표준을 확립함으로써, 관리개입이 필요해지기 전에 허용가능한 영향정도를 규정하는 것이 가능하다.(Stankey, 1991:12)

중요한 것은 LAC 시스템은 ROS 프레임워크의 개발 및 확대 그 이상의 것이라는 것이다. LAC는 환경수용력 개념의 핵심요소 재정립을 상징한다

(Prosser, 1986:8). '얼마나 많은 레크리에이션 이용이 과잉이용이란 말인가"라는 질문에서 관심을 돌림으로써 LAC 접근법은 사용자와 사용영향의 난문제를 회피하고 있다. 지역의 자원과 사회적 상황이 가장 중요한 것이기 때문에 LAC는 사용영향관리에 중점을 두고 있다.(Lucas & Stankey, 1988)

방문객영향관리(Visitor impact management: VIM)

VIM 과정은 법률/정책적 검토, 과학적인 문제점 확인(사회적, 자연적 두 가지 측면) 및 분석, 전문적 판단 등의 결합이다(Payne and Graham, 1993). VIM의 기본원리는 다음과 같다.

- 방문자 사용결과로 발생하는 수용불가능한 변화확인과 허용가능한 수준 내에서 방문객 영향을 유지하기 위한 관리전략개발
- VIM과 기관의 기존계획, 설계, 관리과정의 통합
- 최고의 과학적 이해 및 이용가능한 상황정보에 기반한 VIM
- 제공될 레크리에이션 경험유형 및 목표로 하는 자원환경확인을 통한 관리목표결정
- 지정된 때와 장소의 중요영향지표와 허용가능한 환경조건의 기준 비교를 통한 방문객 영향 확인
- 허용가능한 환경유지 혹은 영향감소를 위해 수용불가 영향들간의 상호관계 및 수용가능한 이유에 기초한 관리 결정
- 폭넓은 대안적 관리기법을 이용한 방문객 영향 대처
- 환경다양성을 수용하고 자연환경내 기회체험을 위해 광범위한 수용가능영향 수준을 통합하는 방문객 관리목표 설정

LAC와 VIM 프레임워크는 수용가능하지 않은 영향들을 규정하기 위한 수단으로서 지표 및 기준에 의존하고 있으며 환경수용력을 광범위한 관리환경 안에서 설정한다. 그러나, VIM은 계획과 정책을 기초로 발생하는 영향의

개연성 있는 원인을 명확히 하는 반면, LAC는 기회계층 정의에 더욱 초점을 두고 있다.(Payne & Graham, 1993; Graefe 등 1990)

방문객활동관리과정(Visitor activity management process: VAMP)

ROS와 LAC는 자원관리에 초점을 두는 반면 VAMP는 자원이용자를 강조한다. VAMP는 VIM에 기반해 수립되었는데, VIM은 레크리에이션관리 저널에서 상대적으로 관심을 받지 못한 반면, VAMP는 이론이 처음 개발된 미국과 캐나다에서 매우 광범위하게 연구 및 적용되었다.(Graham 등 1988)

자원해설 및 방문객 서비스와 관련있는 VAMP 프레임워크는 다음과 같은 사항들과 활동을 연결하는 활동 프로파일의 개발을 포함하고 있다.

- 참가자들의 사회적/인구통계학적 특성
- 활동환경요건
- 활동에 영향을 미치는 동향

VAMP 프레임워크는 자연자원 관리과정과 병행해 운영하기 위해 고안되었으며, 보호지역관리를 위한 통합적 접근법에 도움이 되는 사전예방적인 유연성을 가진 프레임워크이다. VAMP는 관례적인 사용자, 이해관계자, 방문객, 비방문객에 대해 더 나은 정보개발이 가능하다는 큰 잠재력을 가지고 있다(Graham, 1990:28). 자연과학과 사회과학관련 정보는 보호지역 접근 및 사용에 관한 결정을 '수립'하기 위해 이용되며, 또한 대중의 요구에 부합하는 효율적인 평가체계를 구체화한다.(Graham, 1990:281)

VAMP는 방문객 행동의 이해와 필요시 행동 변화에 도움이 되기 위한 것으로, 한 지역의 무작위 개발을 위한 과정이 아니다. VAMP가 고려해야 하는 중요 요인은, 요구 및 기대, 현지에서 제공되어야 할 해설서비스 및 교육적 기회

유형, 현재 서비스 수준 및 예상 수요, 방문객 만족도 수준 등이다.(Graham, 1990:283)

VAMP는 방문객의 자원에 대한 이해, 감상 및 향유가 천연자원 보호만큼 세심하고 체계적으로 고려될 수 있는 프레임워크를 제공한다. VAMP의 '강점은 바로 자연지역관리의 수요 및 공급 측면에 대한 인식'이다'(Newsome 등, 2002: 176). VAMP는 강력한 계획 및 관리환경안에서 운영되며, 사회과학 데이터가 공원관리계획 과정안에서 어떻게 통합될 수 있는지를 보여 준다.

VAMP 기초 개념을 방문객 관리프로그램에 적용할 경우 대부분의 자원관리기관들이 사용해 왔던 기존의 전통적 계획접근법이 된다. 그러나, 각 단계에서 차별화되는 중요점은 공원방문객을 이해하는데 있다는 것이다(Taylor, 1990). 주 내용은 공원의 방문객 기대치와 비교해 현 상황을 결정하고, 이후 서비스, 이용, 방문객 만족 면에서 제공되는 실제활동을 평가하는 것이다(Taylor, 1990). 타깃 메시지, 해설 프로그램의 개발전 평가, 방문객 활동집단 프로파일링 등 VAMP의 사전 예방적 접근법은 좀 더 효과적인 해설 및 환경교육 프로그램을 만들어 낼 수 있다.(Graham, 1990:291)

관광최적화관리모텔(Tourism optimization Management model: TOMM)

Manidis Roberts Consultants(1997)가 개발한 TOMM은 강력한 정치적 차원을 통합하기 위해 LAC 시스템상에서 개발되었으며, 최대허용수준 혹은 환경수용력이 아닌 최적의 지속가능성과를 추구하는 방식으로 관광 모니터링 및 관리를 시도한다. TOMM은 다음과 같은 특성을 가지고 있다.

- (정책 및 최근 이슈 등의) 전략적 긴요사항 확인
- 지역사회의 가치, 상품의 특성, 성장패턴, 시장동향과 기회, 포지셔닝과 브랜딩, 지역관광을 위한 대안 시나리오 확인

TOMM, 사우스 오스트레일리아, 캥거루 섬

호주 남부에 위치하고 있는 캥거루 섬에 적용된 관광계획 및 모니터링 모델은 세계적인 관심을 끌었다. 이는 지방정부, 주정부에서 관광업체, 섬 지역사회, 자연지역 관리자들에 이르기까지 다양한 모든 이해관계자들의 참여에 가장 큰 초점을 맞추었기 때문이며(Manidis Roberts, 1997), Stankey와 McCool(1985)에 의해 개발된 LAC시스템기반 관광최적화관리모델(TOMM)의 적용으로 성공을 거두게 되었다(LAC 시스템 및 기타 지속가능관리모델은 4장 참조). TOMM은 다양한 이해 관계를 가진 수많은 이해관계자들을 위해 설계되었으며, 공공 및 민간 토지 소유권과 관련해 지역차원에서 운영가능하다. 특히, TOMM은 주로 경제, 마케팅, 환경적/사회문화적/경험적 편익 및 관광활동 영향을 모니터링하고 수량화하며, 최신 이슈의 평가, 지속가능한 관광활동개발 및 관리를 위한 미래 대안적 관리옵션평가에 도움을 주기 위해 설계되었다(Manidis Roberts, 1997).

TOMM은 관광산업의 생존이 방문객 체험의 질, 자연, 문화 및 사회자원의 상태에 의존한다는 확실한 증거를 통해, 관광산업과 이해관계자들의 문화를 변화시키는데 많은 도움이 되어 왔다. 2007년에 실시된 조사에 의하면 방문객들은 95%의 만족도를 나타내고 있으며, 추가부담금을 통해 환경적 프로그램에 기여할 의지가 있는 것으로 나타났다(Tourism Optimization Management Model, 2008). (그림 4.2 참조)

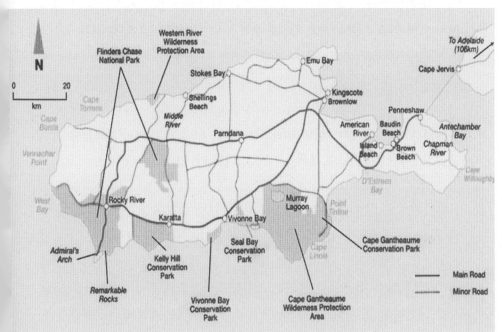

| 그림 4.2 |
캥거루 섬
(사우스 오스트레일리아,
관광 센터 사진)

- 최적 조건, 지표, 수용가능범위, 모니터링 기법, 벤치마킹, 연간 성과 및 예측성과 확인
- 좋지 못한 성과의 확인, 원인/결과 관계분석, 관광 또는 타 부문 대응을 요하는 결과 확인, 부족한 성과를 다루기 위한 관리옵션개발

호주 캥거루섬의 지역사회, 경제, 환경에 대한 관광영향을 평가하기 위해 TOMM모델이 적용되었다. 캥거루 섬은 인기있는 관광목적지로 호주의 남부 해안에서 조금 떨어진 곳에 위치해 있다.(Miller & Twining-Ward, 2005)

방문객 이용관리(Managing visitor use)

위에서 논의된 프레임워크는 자연생태계에 미치는 지속가능하고 바람직한 인간영향의 한계를 평가하고 계획하기 위한 효과적 수단이다. 이러한 한계가 명확히 확인되면, 지속가능한 한계기준이 유지될 수 있도록 모니터링해야 하며, 보호지역 당국은 한계유지를 위한 전략을 실행해야 한다.

사용제한(Using limitation)

많은 개발 지지자들이 아무리 여러가지 사실을 무시한다 하더라도, 지속가능개발개념의 내포된 의미는 '제한'이다.(Butler, 1999:7)

방문객 관리의 가장 일반적이며 직접적인 규제방식은 '사용 제한'이다. 예를 들어, 그랜드캐년 국립공원의 민간/상업적 래프팅 참가자는 연간 약 2000명으로 제한되어 왔다(Todd, 1989). 또한 웨일즈의 Skomer섬은 1일 페리 이용에 따라 접근이 통제되는 조류보호지역으로 하루 100명으로 방문자를 제한하고 있다(Valentine, 1991). 소규모 생태관광업체들이 관광객 수

제한에 기여하고 있는 것처럼, 관리자들 또한 자연지역내 관광업체의 수와 규모를 통제하기 위해 제한조치를 실행할 필요가 있다(Bunting, 1991). Westwood와 Boyd(2005)는 높은 보존가치를 지닌 지역내의 부정적 영향을 제한할 수 있는 한가지 방법은 항공관광임을 주장하였으며, 이는 실제 뉴질랜드 남섬에서 적용되고 있다. 민간 업체들 또한 과잉영향, 파괴적인 영향에 대한 우려로 운영허가권 및 기타 규제를 통해 제한 받을 수 있으나 (Ceballos-Lascurain, 1990), 자연환경에 대한 부정적인 영향을 통제하는 것과 더불어 대부분의 생태관광객들이 인지하고 있는 혼잡문제와 관련해 방문객 경험의 질을 높여 주는 효과가 있다. 비록 이러한 편익을 누릴 수 있는 사람들이 적을지라도, 캠핑장 혼잡을 감소시킴으로써(예 Cole, 2001; Farrell and Marison, 2001) 방문객 체험의 질을 높일 수 있음을 많은 연구자들이 강조하고 있다.

그러므로 이용강도(얼마나 많은 사람들이 특정 활동에 참여하고 있는가)는 자연지역 관리자들이 고려해야 하는 매우 중요한 사항이다. 규제는 일정 시간에 특정 장소에 입장하는 방문객의 수, 그들의 접근지역 및 활동유형을 통제하기 위해 사용될 수 있다. 통제를 실행하는 것과 더불어 관리자들은 규제가 지켜지지 않을 경우의 제재조치들도 강구해야 한다. 이러한 제재장치로는 벌금부과 및 기타 형벌 등이 있으나 감시의 한계로 인해 시행이 어려울 수도 있다.

지역 방문객수를 제한하기 위해 경영진은 먼저 방문객의 환경수용력을 설정해야 한다. 방문객을 흡수할 수 있는 지역의 수용력 평가는 지속가능한 사용을 위해서는 반드시 필요하다(McNeely and Thorsell, 1989; Saveriades, 2000). 환경적·사회적·관리 자원과 같은 요인들은 지역의 환경수용력 제한과 관련되어 있기 때문에 반드시 평가되어야 한다. 수용력 확립과 관련된 한가지 문제점은 다양한 환경악화수준을 용인할 수 있는 각 요인간의 이해관계가 주관적인 문제라는 것이다.

따라서, 관리는 '방문객의 높은 만족수준을 유지하고, 자연환경의 부정적 영향 제거'를 지속하면서 지역이 수용할 수 있는 방문객의 이용수준을 결정 해야 한다는 것이다(Meneely and Thorsell, 1989:33). Butler는 다음과 같이 언급하였다.

> 환경수용력 개념은 연구자들이 특정지역이 수용할 수 있는 방문객 의 '마법의 수'를 추구했던 1960년대 이후 많은 변화를 겪어왔지만 양 (방문객의 수)의 문제는 여전히 남아 있다. 숫자만으로는 만족스러운 관광영향척도가 될 수 없을지라도, 성공적으로 수용될 수 있는 최대 관광객 수가 존재한다는 것은 의심할 여지가 없다. 일단 적정 수를 초 과하게 되면 부정적인 영향발생으로 돌이킬 수 없는 상황이 발생한 다. 특정지역내에서 이러한 영향들이 모습을 드러내는데는 어느 정도 의 시간이 걸릴 수 있는 반면, 다른 지역에서는 즉각적인 영향으로 나 타날 수도 있다(예, 지역주민태도)(1997:7).

또한 지속가능한 사용수준을 얻기 위해 사용된 방법 중 하나는 '재분배' 이다. 이러한 기법들은 일반적으로 사용의 집중을 감소시키기 위해 관리 자들이 가장 많이 사용하는 기법으로(Lucas, 1984), 일부 방문객들이 집중 지역에서 여유지역으로, 또는 성수기에서 비수기로 이동하도록 유도한다 (Manning and Powers, 1984). 때로 관광객들은 접근성과 명소 관람이 용이 하다는 이유로 보호지역의 특정 작은 한 부분내에서 활동이 한정되는 경향 도 있다(Todd, 1989). 비록 생태관광객들이 원하지 않더라도 고객들에게 최 고의 지정보호지역 경험을 제공하고자 노력하는 동시에 매우 상업적인 활 동을 중심으로 하는 관광가이드와 운영자들에 의해 관광객의 경험은 종종 제한되기도 한다. 예를들어, 탄자니아의 세렝게티 국립공원에서는 투어버 스 운전자가 주로 "빅5" -사자, 표범, 코끼리, 버팔로, 코뿔소-가 출몰하는 지역으로만 이동하게 된다(Todd, 1989:78). 이용 재분배는 1970년대 아프리 카 동부의 암보셀리 동물보호구역에서 실시되었는데, 방문객의 80%가 공원 전체 지역의 단지 10%를 이용한 것으로 평가되었다. 이 기법은 공원전체로 방문객 이동을 분산시키기 위해 사용되었으며 연간 방문객 수용력이 8만 명에서 25만 명까지 증가했지만(Todd, 1989:78), 동일한 수준의 영향을 발생시키는 것으로 나타났다(Todd, 1989:78). 영향수준의 확산으로 오염되지 않은 보호지역을 체험하는 것이 더욱 어려워져 생태관광체험에는 도움이 되지 않을 수 있다.

관리자는 특별히 훼손되기 쉽고 과잉이용된 지역의 사용을 감소시키기 위해 특정 장소-특정 방식 안에서 지속가능이용이 가능한 장소로의 관광객의 이동을 유도할 수 있다.

이는 보호지역내 생태관광객 및 다른 일반관광객 움직임을 통제하기 위한 접근지역의 규제와 구획화를 통해 이루어질 수 있다.

구획화

구획화는 다양한 지역에서 다양한 용도를 통제하기 위해 사용된다. 구획화는 다차원적 기법으로 공원내 특정지역의 가장 적당한 사용수준을 결정하는데 있어서, 보호와 사용간 수요균형을 맞추기 위해 생태학적 데이터를 사용하는 기법이다. 구획화는 종종 ROS와 같은 광범위한 관리 프레임워크를 지원하기 위해 적용되기도 한다(예, Ruschano & Yaotanee, 2007). 가장 중요한 것은 '한 구획내 활동이 다른 구획의 계획된 기능에 영향을 미치지 않도록 하는 것'이다(Buckley and Pannell, 1990:29). 관광과 관련해 구획화는 야생 생물에 미치는 하부구조의 영향을 최소화하기 위해 방문이 허용되지 않는 미개방 지역을 포함해야 한다. 예를 들면,

> 저수지 상류지역에서의 관광과 레크리에이션은 하류지역의 수질에 부정적 영향을 줄 수 있다. 이후에 하류지역이 보존지역으로 구획화 되었을 경우, 보존지역에서 레크리에이션 활동이 전혀 이루어지지 않는다 하더라도 수질악화에 따른 문제를 안게 된다(Buckley & Pannell, 1990:29).

생태관광은 자연환경과 다른 지정보호지역 이용객들에 대한 방해를 최소화하고 최소한의 관광시설로 그 영향을 최소화하는 것이다. 많은 상업적 활동들과 달리 생태관광활동을 다른 이용자들로부터 구획화하는 것은 일반적이지 않다. 예를 들어, 타 방문객 경험을 보호할 뿐만 아니라, 보호지역의 부정적 영향을 최소화하기 위해 정해진 레크리에이션, 승마 및 유사활동이 허가될 수 없는 지역들을 제한하고 금지할 수 있는 관리자가 반드시 필요하며, 방문객 시설은 강력한 관리수단의 역할을 할 수 있다. 이러한 시설을 활용해 관리자들은 중요한/흥미 있는 지역으로 관광객을 유인하고, 지역내의 활동을 통제하며 매우 민감한 환경지역에서 방문객을 우회(방출)시킬 수 있도록 한다. 생태관광에 중요한 장소내에서 전통적인 관광형태는 욕구를 적절히 만족시킬 수 있는 시설이 부족하다는 단순한 이유로 더욱 활동에 제한을 받을 수 있다. 자연지역내 시설제공을 통한 간접적인 제한관리기법은 보호지역의 방문객 선호도와 일치하는 것처럼 보이지만, 실제 야생지역 방문객들은 자연적이며 야생적이고 잘 알려지지 않은 자유로운 경관을 원하고 있다(Cole, 2000). 관리적 관점에서 구획화는 시설의 부재, 과밀 문제 지역, 제한 시스템을 의미한다.(Hendee and Dawson, 2002)

트레일 시스템의 설계

트레일 시스템의 설계는 간접관리행동으로 사용재분배에 효과적일 뿐만 아니라, 수준 설정에 있어서 관광객 체험, 경관의 질, 자연공동체 및 과정을 관찰하고 학습할 수 있는 기회향상에 효과적이다(Lucas, 1984). 보호지역내에서 트레일은(관광루트, 오솔길) 방문객과 자연생태계간 연결고리이며 방문객이 야기하는 대부분의 부정적 영향들은 트레일로 집중된다(WenJun 등 2005).

트레일 시스템의 설계는 생태관광객 경험의 질을 높이는데 중요한 요인이 될 수 있다. 관광객들은 경험 제공측면에서 그들 스스로 트레일에 의존하고 있기 때문에 트레일은 단순한 명소 진입루트는 아닌 것이다. 예를 들어, 목재 트레일, 판석 트레일, 다리 같은 인공적 트레일 시설들은 신호 시스템 및 건축학적인 문화적 미학을 반영한다면 더욱 흥미로운 장소가 될 수 있을 것이다(WenJun 등, 2005). 자연지역내에서 발생하는 많은 부정적 영향들은 단순히 이용객 수가 아니라, 방문객 행동 및 활동과 관련되어 있다. 대부분의 부정적 손상을 일으키는 이들은 '많은 전형적 관광객 집단들이 아니라, 기술이 부족하고 정보가 없으며 부주의한 소수 집단"이다(Lucas, 1984:133). 자연지역에 대한 인식은 방문객에게 제공되는 다양한 정보수단에 따라 달라질 수 있다. 간접적 관리기법은 지역에 대한 방문객의 즐거움을 증가시킬 수 있으며, 또한 '해당지역의 환경적 질을 더욱 강화할 수 있는 행동양식'을 자극할 수 있다(McNeely & Thorsell, 1989:37). Buckley와 Pannell(1990)은 관리방안의 하나로, 특별히 다른 선택이 없는 자연지역의 관리기법 중 가장 효과적인 방안은 교육이라는 사실을 주장하였다. Lucas(1984:133)는 보호지역 방문객들이 '높은 교육수준을 보유하고 있으며 대부분 대졸이며 종종 석사 이상의 학력소지자들로 보호지역에 대한 강한 책임감을 가지고 있다'고 주장하였다. 생태관광객들은 이와 동일한 특성을 가지고 있기 때문에 주위 환경에 미치는 방문의 부정적 영향 최소화를 위한 방법들을 알려주는 교육 프로그램들이 성공을 거둘 수 있을 것으로 판단된다. 그러나 중요한 것은 방문객에게 제공되는 정보는 자연에 대한 설명과, 방문객과 환경간 상호작용으로 인해 발생할 수 있는 영향을 최소화할 수 있는 방법에 대해 설명하고, 가능하다면 이러한 메시지가 훈련된 생태관광 가이드에 의해 전달되도록 해야 한다(Buckley & Littlefair, 2007; Weiler and Ham, 2001). 이러한 정보는 소책자, 지도, 팜플렛과 같은 형태로 제공될 수 있는데, 방문객들은 입장전 배포를 선호하고 있다. 방문객 행동변화를 목적으로하는 정보는 캠핑 및 하이킹 정보와 함께 부정적 환경영향의 감소 등을 다루게 되는데, 이러한 교육프로그램은 공통적으로 캠프파이어 사용, 식생영향, 쓰레기 투기와 같은 이슈들을 다루고 있다.(Lucal, 1984; Marion & Reid, 2007)

교육(Education)

어떠한 자연자원도 사용자들의 후원과 지지 없이는 효율적으로 관리될 수 없다. 어떠한 자연지역 보존시스템도 적절한 관리목표의 가이드라인이 없다면 그 역할을 충분히 해낼 수는 없다. 또한, 이러한 역할을 수행하고 적절한 정보를 제공하지 못한다면 레크리에이션 이용자는 감소할 수 있으며, 보호지역 시스템을 위한 대중의 지지는 감소할 수 있다. 대중의 지지 없이는 다양하고 광범위한 보호환경을 가질 수 없기 때문에 보호지역은 매우 어려운 상황에 직면할 수도 있다. 보호지역 시스템의 운명은 대부분 사회적 정치적 압력에 의해 결정된다(Hall & McArthur, 1996). Buckley에 의하면,

> 보존 이해관계자들은 보존을 위한 하나의 수단으로 관광을 이용하길 원하는 반면, 관광 이해관계자들은 보존을 관광개발의 수단으로 이용하길 원한다. 이에 양측은 서로의 파트너십을 촉진시키지만 정치적 목적은 서로 다르다(2004:75).

가장 잘 계획된 관리과정이라 할 지라도 대중의 지지 없이는 실패하게 된다. 보호지역의 목표와 목적에 대한 대중의 강력한 지지기반은 관리를 위한 첫 번째 전제조건의 하나로, 관리의 목적 및 목표 달성을 위해 필요한 정치적 의지, 재정적 지원, 인사관리가 여기에서 발생하게 된다. 이에 자연지역관리는 단순히 인지 수준에 그치는 것이 아니라 행동 변화를 추구하는 정보 제공이 필수적이다(Forestell, 1990). 해설과 교육은 성공적 공원관리의 필수요소 중 하나인 생태관광 및 보호지역의 핵심구성요소이다. 해설은 자연과정의 관찰, 자연생태계 상호관계의 이해, 인류변화와 궁극적 폐해의 결과를 이해할 수 있는 기회를 제공한다(Kenchington, 1990). 보존이 공원 및 보호지역에서 즉각적이고 매우 중요한 역할을 함에도 불구하고, 야외 레크리에이션의 기능은 보호지역의 주요기능으로 자리매김 해왔다(Cameron-Smith, 1977). 비록 이러한 정의 자체가 논쟁의 여지가 있다 하더라도, 자연환경내의 레크

리에이션 활동은 일반적으로 자연지역보존과 일관되는 활동내용으로 제한되어왔다. 예를 들어, 숲속 걷기, 피크닉, 캠핑, 자연사진촬영 활동들은 국립공원과 보존지역내에서 수용가능한 활동으로 간주되었다.

그러나, 제한적 레크리에이션도 생태계와 문화자원에 대한 물리적 침해를 포함하는 다양한 문제의 원인이 될 수 있다. 주어진 자연환경내에서 수용가능한 레크리에이션 행동이 무엇인가에 대한 사용자/사용자, 사용자/관리자간의 인식의 갈등은 여전히 발생의 여지가 남아있다.(예, .Beckmann, 1991; Dear and Myers, 2005)

야외 레크리에이션 관리의 우선순위는 수요와 공급, 자원 타당성과 인간의 레크리에이션 욕구 및 욕망간의 균형을 포함해야 한다(Kenchington, 1990). 방문객의 수요가 증가할수록 레크리에이션 기능과 보존 같은 서로 다른 우선순위들을 조화시킬 수 있는 관리전략은 필수적인 사항이 되었다. 오늘날은, 레크리에이션 관리에 있어서 자원관리보다 방문객이 가장 중요한 구성요소로 간주되고 있다.(Wearing & Gardiner, 1994)

야생지역과 보호지역의 생태관광 운영자들은 목적지내에서 그들의 운영에 따른 영향을 최소화해야 할 책임이 있다. 관광업체들은 '외딴 자연지역의 야생생물/역사/문화 등에 대한 방문객들의 친밀감을 높이기 위한 슬라이드 쇼, 강의/토론' 등의 교육적 기법들을 활용할 수 있다(Choegyal, 1991:95). 방문객 경험증진과 적절한 환경적 행동을 위한 성공적인 관리를 위한 중요한 요소는 여행 가이드 대상의 훈련이라는 것이 밝혀졌다(Littlefair, 2007; McGrath, 2007). 개발도상국에서 이러한 교육은 광범위한 수용력 수립 프로그램의 한 구성요소이며, 이해관계자들의 참여는 지역사회를 위한 긍정적 결과를 보장하는데 중요한 역할을 담당하게 된다.(McGrath, 2007; Strasdas 등 2007)

교육 및 해설의 직접적 효과는 방문객 관리와 방문객 영향을 감소시키기 위한 방문객 관리수단으로서 활용가능하다는 것이다. 생태관광에 대한 주요 비판중의 하나는 생태관광이 보호해야 할 자연환경을 오히려 위협하고 있다는 것이다. 해설은 경영진이 적절한 행동을 권장할 수 있고 생태관광객들의 잠재적인 손상을 감소시킬 수 있는 효과적인 방식이다. 예를 들어, 아고산대(亞高山帶) 자연환경을 이해하고자 네팔의 히말라야를 트레킹 하는 생태관광객들이 버리게 되는 빈 병, 빈 캔, 화장지 등은 침식의 원인이 되고 요리를 위해 사용한 불은 재를 남기게 된다. 그러나, 설명에 의한 교육을 통해 생태관광객들은 현장의 문제를 인식할 수 있고 부정적 영향의 최소화를 위한 기술을 배울 수 있다.

방문객의 환경적 영향을 감소시킬 수 있는 기타 전략들이 보호지역과 국립공원 등에서 개발 및 적용되어 왔으나, 해설은 장기적 효과를 발생시킬 수 있는 핵심 접근법이다.(Buckley & Littlefair, 2007; Cameron-Smith, 1977)

해설은 방문객들이 국립공원/주립공원/보호구역/개인소유 숲 등에서 허용되는 활동, 관리관행 및 보존가치가 서로 다른 점들을 이해하는데 도움을 준다. 이처럼, 해설은 전략적 관리계획의 중요한 요소이다. 그러나 많은 이들이 해설을 방문객 관리의 가장 강력한 수단으로 믿고 있음에도 불구하고, 주요 계획 메커니즘안에 완벽히 통합된 것은 아니다(Roggenbuck, 1987). 해설과 관리의 관계는 관리 정책에서 직접적으로 다루어야 하는 가장 기본적인 사항으로 인식되고 있다(Newsome 등, 2002). 예를 들어, 해설은 레크리에이션 환경내에서 원치 않는 접촉과 경험의 횟수를 제한하고, 적절하지 않은 행동을 규제하며, 방문객들간의 갈등을 감소시킴으로써 해당지역의 환경수용력에 중요한 영향을 끼치게 되어 수용가능한 환경적 수용력을 늘릴 수 있는 역할을 하게 되는 것이다.

사용료 및 요금(User fees and charges)

자연지역이 점차 사람들에게 레크리에이션 사용목적으로 인기가 높아짐에 따라 사용료 및 요금은 중요 고려 대상이 되었다. 사용료 및 요금은 방문을 통한 수익창출방법으로 보존목표를 위해 환원하기 위한 필수적 비용이다.

- **사용료** 공원 입장료, 트레킹 요금처럼 지역 또는 시설을 대상으로 '사용자'에게 부과되는 요금
- **사용권** 일정지역내에서 음식, 숙박, 소매점과 같이 방문객에게 특정 서비스를 제공하는 개인과 단체에게 운영허가를 부여하는 것에 대한 수수료
- **판매 및 로열티** 사진과 엽서처럼 지역내 활동 및 상품 등에서 발생한 소득부분에 부과되는 수수료
- **세금** 공항세와 같이 생태관광객들이 사용하는 상품과 서비스에 부과되는 추가적 비용
- **기부금** 관광객들이 종종 시설유지 등에 기여를 위해 자발적으로 부담하는 부분(예. Hedsrom, 1992; Marriott, 1993).

사용료는 관리자 수익의 주요 원천으로, 특히 보호지역에 대한 자금제공이 되지 않는 개발도상국의 경우 더욱 그렇다(Swanson, 1992). 대부분의 외국인 방문객들은 전혀 사람의 손길이 닿지 않은 자연환경을 경험하거나 매우 고립된 외딴 지역을 방문하기를 원한다는 것이 사용료 부과를 뒷받침할 수 있는 논리적 근거가 된다. 야생생물관찰이 여행의 한 부분이라면 생태관광객들은 야생생물보존을 위해 기꺼이 비용을 지불할 의향이 있다는 것이 많은 연구들에서 나타나고 있다.(Tisdell and Wilson, 2005)

> 생태관광 운영자와 생태관광객에게 부과되는 사용료는 관리비용으로 사용된다. 운영자와 관광객들에게 있어 사용료의 가시성은 관리비용의 사용 및 필요성 사이에 중요한 연결고리를 만들어 준다.(Jenkins and Wearing, 2003: 215)

4장은 생태관광 및 보호지역관리와 관련된 이슈를 다루고, 천연자원 관리에 대한 현재의 여러 입장들간의 절충안을 살펴보았다. 이는 촉매제로 생태관광을 활용해 생태중심 관리기반의 미래 관리로의 진화를 위한 것이다. 경제적 합리주의와 자원부족에 따른 경쟁심화가 지배적인 환경하에, 보호지

역은 더욱 사용에 대한 압박을 받고 있다. 공원보조의 지지자들은 정치적 논의 참여를 통해 보호지역의 단기생존을 보장해 줄 수 있는 경제적 타당성 수단으로서 생태관광을 바라보는 동시에 장기적 관점을 가능하게 하는 정치적 기반을 개발할 필요가 있다. 자연자원과 문화적 유산의 보존과 보호는 지역뿐만 아니라 세계적인 관심사이다. 지속가능한 관광을 위해, 관광활동의 유형과 범위는 자연 및 인공자원의 환경수용력간 균형하에서 이루어져야 한다.

추천 문헌

Worboys, G., Lockwood, M, & De Lacy, T (2005) 보호지역관리: 원칙과 실제, 2판, Oxford University Press, UK

Newsome, D., Moore, S, A, & Dowling R. K (2002) 자연지역관광: 생태학, 영향 및 관리. Channel View Publications, Clevedon, UK

상기 두 텍스트들은 자연 및 보호지역의 관광 및 레크리에이션 관리에 대한 개론을 제공한다. 환경영향, 자연보존을 위해 관리자들이 적절한 해결책을 계획, 개발, 제공할 수 있는 전략들을 설명하고 있다.

McDonald, M. & Wearing, S (2003) 지역사회의 생태관광 기대 조정: 아보카 비치 록 플랫폼을 위한 계획 및 교육 전략. 해양관광: 이슈 및 경험(B. Garrod, & J. C. Wilson, eds) Channel View Publications, Clevedon, UK pp. 155-70

McDonald와 Wearing의 텍스트는 ROS 시스템의 실행방식, 환경 및 사회적 영향을 겪고 있는 인기 관광지역의 부담에서 벗어날 수 있는 방법 등에 관한 호주의 사례 연구이다.

Chapter 5

지속가능한 미래성취를 위한 해설의 역할

CONTENTS

환경해설은 자연과학 또는 관련 분야의 기술적 언어를 일반인들이 이해하기 쉬운 용어와 아이디어로 바꾸는 것이다. 해설은 또한 이러한 사람들에게 즐겁고 흥미로운 방식으로 이루어져야 한다(Ham, 1992: 3).

보존의 기초가 되는 데이터 제공의 역할을 하는 과학과 도구를 제공하는 역할을 하는 관리는, 서로간의 통찰력 및 방향성을 공유하는 의사소통이 없다면 서로의 가치는 제한적일 수 밖에 없다(McCurdy, 1985). 오늘날 환경 문제에 대한 많은 해답들은, 증거가 축적되고 이미 상당한 영향이 이미 발생한 이후의 과학적 예측에만 기초하고 있기 때문에 결코 명확한 해답이 아닐수도 있다. 이는 과학자들이 비전문가들도 쉽게 이해할 수 있도록 정보전달을 잘 하지 못하고 종종 지역사회에 메시지가 전달되지 않고 있어 더욱 문제가 복잡해지는 것이다. 또한 메시지는 생태학적 정보제공시 사실과 현재 이론의 전달뿐만 아니라, 역동적 과정으로의 지속적인 감시/평가/연구의 필요성을 설득하는 것이 매우 중요하다.

1장에서 살펴보았듯이, 생태관광과 기타 자연기반관광의 차별화에 도움을 주는 것은 해설 및 교육이 생태관광에서 가지는 중요성을 인식하는 것에서 시작된다. 방문객 경험차원에 초점을 맞추는 경우, 방문객은 단순히 환경이나 사물을 보는 것에 관심을 가질 뿐만 아니라 그 가치를 깨닫고 느끼는 것에 관심이 있음을 알 수 있다. 해설은 의식고취, 이해증진, 참가자의 관점 및 태도의 명확화 및 확장을 위해 방문객의 인지 및 정서적 상태를 지향하기 때문에, 해설은 보존적 목표달성을 위해서는 필수적이다.

규제와 제한이 반드시 환경에 대한 사람들의 행동이나 태도를 변화시키는 것은 아니다(Cameron-Smith, 1977). 자연보호지역에 접근할 수 없음에도 불구하고 단지 그 지역이 존재한다는 사실을 아는 것만으로 만족할 사람은 없다. 앞서 살펴본 것처럼 규제에 개의치 않는 방문객들로부터 공원을 보호하기 위해서는 공원관리원, 소화기, 순찰차량 같은 보호장치로는 충분하지 않다(McCurdy, 1985; Cameron-Smith, 1977). 장소가치에 대한 인식이 부족한 상태에서 민감한 보호구역을 방문한 방문객들은 지루할 수 있다. 방문객의 관심에 맞춘 더 풍부한 경험이 제공된다면 직간접적 영향이 발생할 수 있다. 예를 들어, 서호주 닝갈루(Ningaloo) 해양공원의 바다거북 산란관찰과 관련해 관광객의 자발적 행동규범 불이행에 대한 조사연구에 의하면, 관광객의 77%가 행동규범을 위반했으며, 이중 51%가 산란하는 바다거북에 폐해를 끼쳤다(Waayers 등, 2006). 해설은 행동과 실천을 규제하고 강제하지 않으며 방문객과 반목하기 보다는 조화를 이루게 하는 것이 더욱 효과적이다.

해설의 정의(Defining interpretation)

생태관광에 이용되는 일부 해설기법을 살펴보기 전에 해설이 무엇인지 명확히 정의하고, 해설에 의해 어떠한 태도 및 행동 결과가 발생하는지를 분명히 이해할 필요가 있다. 해설에 대한 대다수의 정의는 자연과학과 관련된 전문용어를 사람들이 쉽게 이해하고 공유할 수 있는 용어와 개념으로 변환하여 사실과 수치를 '보기 좋게 꾸미는 것"으로 규정하고 있다(Ham, 1992). 이는 해설의 한 부분일수 있지만 이러한 정의로 제한될 필요는 없다. Freeman Tilden(1997)에 의하면 해설은 "단순히 사실적 정보를 전달하는 것이 아닌 직접경험과 설명매체에 의해, 그리고 본 목적에 부합하는 활용을 통해 의미와 관계를 드러내는 교육적 활동"이다.(Tilden, 1977: 8)

Tilden은 해설이 단순히 '다채로운 정보'가 아닌, 숨겨진 것들을 드러내는 더 큰 목적을 가지고 있음을 강조했다. 비록 환경해설가가 핵심설명과 분명한 의미전달을 위해 사실적 정보를 이용하더라도, 그들이 일차적으로 전달하고자 하는 것은 단순한 사실이 아니라 개념과 이상이다. 이것이 바로 전통적인 교육/지도와 해설의 차이점이며, 효율적인 해설은 지역사회의 보존윤리개발을 위한 기초로 사용될 수 있다.

퀸즐랜드 국립공원 및 야생생물관리국(Carter, 1984)은 해설을 '자연보존의 이상과 실천을 이루기 위한 수단인 동시에 지역의 자연적·문화적 유산에 대한 올바른 이해를 활성화시키고 자극시키는 특별한 과정'으로 정의하였다. 이러한 정의는 관리국이 그들이 관리책임을 지고 있는 자원에 대한 관광객 감상을 위해 해설을 활용하고 있음을 반영한다. 이러한 단일관점 또는 단일가치기반을 '단일중심적' 접근법이라 한다(Machlis & Field, 1992). 즉, 방문객의 단일관점에서 해설은, 명소에 대해 좀 더 알게 된다면 명소는 더욱 흥미로운 곳이 되기 때문에, 관광객의 경험에 가치를 더해주는 수단이 된다는 것이다. 생태관광운영자들은 이러한 부가가치를 인식하고 해설을 상품에 통합시켜 왔다. 운영자에게 해설과 교육은 매우 중요한데, 부가적 상품과 서비스 제공의 기회를 얻게 되며 경쟁력을 시장우위로 끌어올릴 수 있기 때문이다.

그러나 해설과 교육이 반드시 자연유산 및 문화유산 그리고 올바른 감상 증진에만 초점을 맞출 필요는 없다. 사실 생태관광객들은 휴가로 방문했기 때문에, '너무 과다한 정보'의 제공 특히 '강요된' 정보에 거부감을 가질 수 있다. 즉, 관광객은 하나의 관점과 입장의 지속적인 정보제시에 민감하다는 것이다. 따라서, 해설자와 교육자들은 축적된 경험을 토대로 다양한 가치, 관점, 입장을 제시하기 위해 해설에 대한 정의와 활용을 확대하는 '다중심적' 접근방식으로 관광객에게 해설을 제공해야 하고, 이해와 공감대 형성에 도달할 책임을 지는 것은 방문객 자신들이다.

호주해설협회(Interpretation Australia Association)의 해설정의를 주목할 필요가 있는데, 이는 해설과 관련해 다양한 직종에 종사하는 400명의 종사자들과 다각적 협의를 통해 내린 결론이기 때문이다. 해설은 '사람들이 자신들과 환경에 대해 더 잘 이해하도록 도울수 있는 사고 및 감정을 전달하는 수단이다'(Interpretation Australia Association, 2008). 이 정의는 다중심적 관점과 Tilden이 강조한 숨겨진 사실을 드러내는 목적을 기초로 권리부여의 개념을 더하였으며, 최종 편익은 해설의 청중인 방문객이나 생태관광객에 달려 있음을 제시하고 있다.

특히 생태관광분야에서 해설과 교육이 자주 혼용되어 사용되고 있다. 교육과 해설을 구별할 필요가 있는데 교육은 해설이 좀 더 형식화된 형태이다. 해설은 방문객의 관심을 끌려고 노력하는 반면, 교육은 전형적으로 '싫지만 듣지 않을 수 없는 청중'을 대상으로 특별히 교육을 위한 시설 및 프로그램을 개발할 수 있다. 환경교육은 자연환경내에서 이루어지며, 주제는 환경관련문제로 해설의 기초철학 및 특성 등을 다루게 된다.

CASE STUDY

뉴질랜드

뉴질랜드에서는 관광객의 체험증대를 위해 관광운영자와 고객을 위한 맞춤 교육자원으로서 테마를 가진 유산탐방로를 설계해 왔다. 해설자료의 제공과 탐방로 참가인증서 발행을 통해 가시적 혹은 물리적인 결과들이 뉴질랜드 생태관광 산업의 자연적 경쟁우위 구축과 부가적 가치발생을 이끌었다는 것이 입증되었다(Hall 등 1991).

이해, 태도, 행동의 변화

해설이 환경인식에 대한 어떻게 기여하는지 이해하기 위해서는 해설과 태도 및 행동변화의 연관성을 이해하는 것이 중요하다. 결국 태도란 무엇이며, 변화에 어떠한 인지과정이 관련되어 있는지에 대한 이해가 요구된다. 환경보존에 도움을 줄 수 있는 태도 및 행동선택의 수단으로써 해설을 더 많이 사용해야 한다면, 환경인식 획득과정이 어떻게 일어나는지를 먼저 이해해야 한다.

자연지역에 대한 환경의식고취를 위해서는, 보존에 대해 비(非)지지자들의 국립공원과 보호지역 방문이 장려되어야 한다. 태도변화를 얻기 위해서는 방문시 비지지자들의 단순한 정보와 선전이상의 것이 제공되어야 한다 (예 Mayes 등, 2004; Tubb, 2003). Beaumont(1997)의 연구는 이미 몇 가지 형태의 보존윤리를 가지고 있는 개인에게 해설이 이해의 변화와 긍정적 태도변화를 가져올 수 있다는 것을 보여주었다. 그러나, 현장에서의 해설이 지속가능관광에 대한 방문객 태도를 변화시켰다는 것을 지지할 만한 증거는 거의 없다(Hill 등 2007; Hughes & Saunders, 2005). Munro(2008) 등의 연구에서는 해설평가문헌들이 행동변화측정까지 포함하고 있지 않았다는 사실을 주장하였다. 지속가능한 방문객 행동의 증진측면에서 발생가능한 많은 변수들과 사례연구의 부족으로 인해 해설의 역할에 대해 어떠한 실질적 결론을 내리는 것은 쉽지 않다. 즉, 해설은 반드시 보존윤리와 연동적 행동 (flow-on behavior)을 유도하는 것은 아니며, 긍정적인 환경적 태도를 유지하지 못하게 할 수도 있다.

이는 방문객 입장변화를 유도할 정도의 수준에 도달하지 못한 해설기준 때문일 수 있다. 근본적으로 방문객들은 환경과 보존에 대한 자신들의 기본적 생각을 변화시킬 수 있는 경험을 필요로 하고 있다.(Forestell, 1990)

태도변화를 유발하는 해설의 능력은 일반 대중이 이해가능하고 체험 이후에도 관심을 유지할 수 있도록 하는 해설의 유용성 및 효율성에 달려 있다. 해설가의 해설결과에 관한 연구가 상대적으로 부족하다는 것을 가정하면, 해설을 통한 태도변화에 관한 연구는 중·단기 기간 동안 다루기는 어려울 것으로 보인다. 지금까지 해설에 관한 연구가 부족하고 해설관련계획이 긍정적인 평가를 받지 못한 배경에는, 확고한 원칙을 버리고 기법전달에만 초점을 맞추어 온 해설가들의 문화에 원인이 있다(Mc Arthur, 1996). 다음은 일반적으로 많이 사용되는 해설기법들을 간단히 살펴보고자 한다.

해설기법(Interpretation techniques)

해설기법은 해설가의 창조성으로 빚어진 예술품의 한 조각과 같기 때문에 한 가지 이상의 다양한 해설기법들이 존재하고 있어, 이런 의미에서 가장 창조적인 해설 조차 그에 마땅한 인정을 받지 못할 수 있다.

예를 들면, 친환경 숙박시설이나 박물관의 로비에 있는 건축자재, 바닥재의 유형, 배경음악의 선택, 이 모든 것들은 방문객이 의식하거나 의식하지 못하는 어떤 생각이나 느낌들을 제공한다. 또 다른 예로는, 방문지내 스텝의 존재와 그들이 방문객에게 자신을 드러내는 방식이 있다(WTO, 1990; McIntyre 등 1993). 스텝의 일상적 직무의 움직임을 통해 그들은 방문객들을 대화에 참여시키며 상당한 정보를 제공하고 피드백을 얻는다. 그러나 좀더 효과적인 접촉을 위해 스텝은 방문객과의 커뮤니케이션 및 환대교육을 위해 풍부한 지식을 보유하고 있어야 한다.

가장 폭넓게 사용되는 해설기법은 방문객센터, 출판물, 교육활동, 전시, 표식, 가이드투어 같은 유형의 것들을 이용하는 것이다. 가이드투어는 특히 방문객들에게 인기가 있으며 방문객의 경험을 풍부하게 한다(Periera, 2005).

방문객 센터(Visitor centres)

방문객 센터는 비교적 편안하고 통제된 환경에서 진열과 전시가 가능한 특별한 건물 혹은 공간을 의미한다. 전시는 벽 혹은 판넬에 사진 전시, 지도 모형, 고정된 표본과 도표 등을 포함한다.

　방문객 센터는 방문지에서 쉽게 묘사될 수 없는 과정, 역사, 특성과 같은 '큰 그림'을 보여주는데 매우 유용하며, 보통 옥내공간에 영속적이고 지속 적인 시청각 자료를 소장하고 있다. 방문객 센터내에서 방문객 경험은 일반 적으로 가이드북과 지도 같은 기념품 가게의 확장상품판매와 함께 끝이나 게 된다. 필요에 따라 방문객 센터는 확장되거나 교육센터와 결합도 가능한 데, 가장 효율적인 방문객 센터는 해설주제 및 목적에 맞게 건물의 설계 및 건축을 유도하는 것이다.

교육센터(Education centres)

　교육센터는 방문객 센터내 지정된 건물 또는 별도 공간으로 교육활동, 내 부시설, 지원자료의 제공을 위해 설계된다. 환경센터 외부의 주위환경도 많 은 활동을 전개하는데 매우 중요하지만, 교육센터는 일반적으로 활동과 토 론의 장을 열기 위해 절제된 분위기의 교실이 특징이다. 가장 효율적인 교 육센터에는 학교커리큘럼과 일치하는 교육 프로그램 개발을 담당하는 정규 교육담당자가 한 명 혹은 그 이상 배속되어 있다.

디스플레이와 전시(Displays and exhibits)

　디스플레이와 전시는 전형적으로 박물관 또는 방문객/교육 센터내 상설 시설, 또는 이동식 '미니센터' 혹은 이동식 디스플레이(mobile display)로 개 발된다. 물품 및 견본, 디오라마(박물관의 입체모형), 축소모형, 생물전시, 설명판, 도표, 사진이 포함되는데, 디스플레이와 전시는 상대적인 비용효율 성 때문에 유용하며 실내외로 이동이 용이하다. 가장 효과적인 전시는 특정 관객을 대상으로 구상되는 경우이다. 가장 효과적인 이동식 디스플레이는

생태계 보존을 위한 케이프 오트웨이 센터

생태계 보존을 위한 케이프 오트웨이 센터는 국제적으로 매우 훌륭한 생태관광사례로 평가받고 있다. 호주의 빅토리아주에 위치하고 있는 센터는 체험학습에 기초한 수많은 환경교육프로그램을 운영하고 있다. 센터의 자원봉사자들은 진행중인 많은 프로젝트에 참여할 수 있는 기회가 주어진다. 이 프로젝트에는 지속가능한 생명전략의 계획과 개발, 주변지역의 보존, 산불재해/도로교통사고/질병 피해를 입은 야생동물의 재활 등이 포함된다. 방문객들은 지역 동·식물군 해설에 초점을 맞춘 주변지역 가이드 투어를 포함해 수많은 '생태학적 경험'의 기회를 갖게 된다.

해설에 개인적 색채를 더하기 위해 직원이 배치되기도 한다.

출판물, 웹사이트, DVD

출판물, 웹사이트, DVD는 많은 사람들에게 배부하기 위한 비용적으로 효율적인 방법이다. 출판물에는 소책자, 전단, 자료표, 지도, 책, 엽서, 포스터, 달력, 스티커 등이 있다. 출판물은 해설보다 주변정보 위주로 구성되는 경향이 있는데, 예를 들어 지역 또는 현지 판촉을 위한 표준 소책자의 경우 정보지향적이지만, 기본 컨셉트 중심의 이미지와 아이디어 표현을 통한 다양한 해석적 포스터들도 존재한다. 반면 웹사이트와 DVD는 움직이는 이미지와 텍스트의 상호활동을 통해 정보와 해설을 결합시키는 장점이 있다. 출판물, 웹사이트, DVD의 단점은 다양한 방문객 욕구를 충족시킬 수 있는 수용력에 한계가 있으며, 배부와 관리가 어려울 수 있고 정기적인 업데이트와 업그레이드가 이루어지지 않으면 시대에 뒤쳐질 수도 있다.

셀프가이드 탐방로(Self-guided trails)

셀프가이드 탐방로는 방문객이 여행하는 루트에 따라 미리 정해진 일련

호주 빅토리아 알프스의 숨겨진 역사를 드러내다, Dancing and The Fire Devil

Dancing and The Fire Devil은 호주 빅토리아주 보호지역 관리책임을 가진 주정부기관, 빅토리아 공원이 개발한 해설 DVD 수상작의 제목이다. 이 DVD는 호주 원주민의 이 지역에 대한 애착을 설명하는 효과적이고 감동적인 시각자료로 만들어졌다. 2003년 Alpine화재에 관한 고고학 연구프로그램을 통해 알프스 산맥에 원주민들이 거주한다는 것이 밝혀졌으며 DVD는 드러난 새로운 사실에 대한 정신적 영향을 보여준다. 또한, 연구를 통해 발견된 새로운 사실들이 원주민들과 지역의 문화적 가치연결에 도움을 주었다는 것을 보여 준다. 이 프로젝트는 어떻게 새로운 기술적 매체들이 공원방문객, 정부, 운영자, 학생들, 토착지역사회에게 상호적이고 유익하고 즐거운 해설 경험을 제공해줄 수 있는지를 분명히 보여준다(빅토리아 공원, 2008).

의 경유지점들로, 여행루트는 도로, 도보를 위한 트랙, 강, 철로 등이 될 수도 있다. 각 경유지점에서 소책자, 표식, 라디오, 카세트와 같은 시청각 시설물을 이용해 해설자료를 제공한다. 각 경유지점은 주로 숫자가 새겨진 기둥, 표식, 표지판으로 표시된다. 셀프가이드 탐방로는 방문객에게 자신들이 원하는 만큼 머무를 수 있도록 그들만의 속도로 움직일 자유를 부여한다. 셀프가이드 여행은 출판물과 유사한 문제를 가지고 있지만 방문객 1인당 접촉대비 비용효과는 비슷하다. 야영객를 위한 스웨덴의 셀프가이드 여행 연구에 따르면, 바로 이러한 이유로 개별 여행자들을 셀프가이드여행에 끌어들이는 것이 훨씬 더 쉽다는 것이 밝혀졌다.(Hultman, 1992)

가이드 여행(Guided tours)

대면(face-to-face) 해설은 방문객 참여유형에 따라 조정가능하기 때문에 가장 효과적이고 강력한 해설기법 중 하나로 간주된다. 상업적으로 운영되는 생태관광측면에서 가이드 여행은 아마도 가장 널리 이용되는 기법일 것이다. 이 방법은 학교 학생들 및 전형적인 여행집단 또는 방문객의 이동 장소 및 행동을 통제하기 위한 수단으로서 특히 유용한데, 단체와 동반하는 훈련된 가이드는 단체의 관심과 반응에 따라 추가적인 세부사항이나 의견을 첨가하고, 미리 결정된 루트에 따라 여러 지역 특색에 대해 토의를 유도하기도 한다(Noam, 1999). 가이드 여행의 강점 중 하나는 가이드가 각 단체의 특정 관심사에 맞게 해설에 변화를 줄 수 있다는 점이다. 생태관광업체의 가이드는 관광명소의 다양한 면모에 대한 충분한 지식이 있어야 하며, 방문객의 주요 언어에 유창해야 한다. 가이드 여행의 한계점 중 하나는 방문객 1인당 비용이 높으며, 양질의 체험제공에서 가이드의 인격 및 책임의존도가 지속적이라는 것이다. 게다가 많은 방문객들이 가이드 자체를 자신들이 원하는 자유를 침해하는 방해물로 인식할 수도 있다.

CASE STUDY

내셔널 지오그래픽 트래블러(The National Geographic Traveller)

내셔널 지오그래픽 트래블러(The National Geographic Traveller)는 미국에 본사를 둔 잡지로서, 지리학적 지식을 '증진시키고 유포하는' 임무를 띤다. 편집장 Richard Busch는 모험여행 및 생태관광에 관한 1994년 세계회의 연설에서, 내셔널 지오그래픽 트래블러(The National Geographic Traveller)와 같은 출판물은 독자와 환경이라는 두 대상에 책임을 가지고 있어야 함을 강조했다. 독자들은 가치있는 방문장소에 관한 정보를 제공 받아야 하며 동시에 환경보호의 중요성에 대해 알아야 할 필요가 있다는 것이다.

이 출판물은 다음의 몇 가지 중요단계에 의해 '양심과 교감'하게 된다. 첫째, 편집장은 저자들이 관련 생태학적 이슈들을 기사로 논의해야 한다고 주장하였다. 보통 주제와 관련된 부수기사 및 관련기사로 보완되기도 한다. 둘째, 여행계획란의 'Econotes'에는 친환경적 행동수칙으로서 할것과 하지 말것을 상세히 열거해야 한다. 때로는 주제영역과 관련된 정책이 다루어지기도 한다. 셋째, 편집후기에는 종종 기사와 관련된 특정 생태관광관련 이슈들을 다루게 된다.

Busch는 보도되는 기사유형을 설명하기 위해 아마존 관련 기사를 예로 들었다. 이 기사에서 사진기자는 강 입구 근처 베렘에서 서쪽으로 2300마일 떨어진 강 상류에 위치한 페루 이키토스까지 아마존 생태관광을 소개하였다. 이 기사는 우기의 산림홍수가 일어날 때 나무 사이로 물고기들이 헤엄치면서 씨 종자를 퍼뜨리는 이야기와, 'The Explornapo' 야영장에 있는 나무 위 오두막집, 이키토스 근처 저영향 친환경 숙박시설, 열대우림 현지원주민 해설가이드 등을 다루어, 환경적/문화적 내용에 균형을 갖추고 있다.

Busch는 환경적 요구와 독자의 요구는 상호배타적이지 않으며, 다른 출판물들이 생태계의 취약성과 영향최소화 방법에 대해 독자들에게 알리게 된다면, 환경과 소비자 모두에게 득이 된다는 점을 다시 한번 언급하면서 끝을 맺었다(Busch, 1994).

성공적 해설을 위한 원칙들

성공적인 해설은 일반적으로 다음과 같은 중요 원칙들을 지켜야 한다.

- 사람들이 학습과정에 적극적으로 참여하게 될 때 더욱 잘 배운다.
- 사람들은 적절히 많은 감각을 이용하게 될 때 더욱 잘 배운다.
- 일반적으로 사람들은 자신들이 들은 것의 약 10%, 읽은 내용의 약 30%, 본 것의 약 50%, 직접 행한 것의 약 90%를 기억하는 것으로 알려져 있다.
- 사람들의 흥분과 성장감각을 자극할 때, 그들이 획득한 통찰력을 가장 잘 기억한다.
- 학습은 학습자의 활동을 필요로 한다.
- 지식의 유용성에 대해 인지하게 되면, 학습과정은 더욱 효율적이다.
- 사람들은 직접경험을 통해 가장 잘 배운다.(Lewis, 1980)

상기의 원칙들을 기억한다면, 생태관광 및 보존윤리증진을 위한 효과적인 커뮤니케이션 네트워크개발이 가능할 것이다. 해설은 생태관광객들에게 즐거움과 만족감을 제공하고, 환경보전 및 지속가능성 원칙이 가치 있는 것이며 보존목표를 충족시킨다는 인식을 제공해야 한다.(Forestell, 1990)

보호지역은 성공적인 해설을 위한 가장 중요한 필수 재료 중 하나를 제공한다. 보호지역은 자연과정관찰, 자연생태계 시스템의 상호의존관계인식, 인간변화 및 환경악화의 결과현상을 이해할 수 있는 기회를 제공한다(Kenchington, 1990). 이러한 기회들이 실현된다면, 사람들은 더욱 정보화된 사회와 환경에 영향을 미칠 수 있는 지역/국가/국제적 의사결정 영향을 평가할 수 있으며, 의사결정과정에 적극 참여하고자 하는 의지가 조성될 수 있을 것이다.(Ham, 1992)

해설의 편익(The benefits of interpretation)

해설은 여행환경을 개선하고 편리하게 함으로써 방문객 경험에 가치를 더하는 역할과 더불어, 다음의 5가지 주요 잠재 편익을 가진다.

- 홍보 편익
- 레크리에이션 편익
- 교육적 편익
- 관리/보존 편익
- 경제적 편익(Beckmann, 1991)

실질적으로 이런 편익들은 상당히 중복될 수 있지만, 명확성을 위해 각각 개별적으로 살펴보고자 한다.(예. Almond, 1994)

홍보 편익(promotional benefits)

일반적으로 해설은 대중과 관리기관간 접촉을 필요로 하기 때문에, 효율적인 관리를 위한 홍보기능을 겸하게 된다. 예를 들어, 캐나다 국립공원의 해설서비스는 천연자원관리의 필요성 뿐만 아니라 관리기관 그 자체에 대한 이해도 홍보하기 때문에 '선전 서비스'로 묘사되어 왔다.(Sharpe, 1982)

〈표 5.1〉은 해설의 잠재적 홍보 편익을 요약해 보여주고 있다.

효과적인 해설서비스는 기관의 '이미지'나 '시각적 정체성'을 홍보하는 데 유용할 수 있다. 호의적 이미지와 탁월한 시각적 정체성은 조직의 목표 전달에 매우 중요하기 때문에, 보호지역 및 보존담당기관에 특히 유용하다. 많은 사람들은 제시된 '이미지'에 기초해 조직을 빠르게 판단하기 때문에, 대부분의 보존기관들이 영상매체를 이용해 자신들의 메시지와 의도를 전달하고 있다. 이를 위해 흥미있고 쉽게 각인되는 디자인이나 로고는 매우 중요한 핵심적 사안이다.

쉽게 각인될 수 있는 그래픽 디자인은 대중이 보존관리기관과 보존활동에 대해 알게 함으로써 보존메시지의 전달을 더욱 용이하게 할 것이다. 이는 또한 조직의 긍정적 기업이미지를 제고시키고, 지역사회의 지지를 촉진할 것이다. 탁월한 시각적 정체성이 보존기관의 주된 목적이 아닐지라도, 독자적이고 유능하며 강력한 경쟁력 효과 창출에 중심적 역할을 담당한다.

해설에 의해 발휘될 수 있는 정치적 영향력 또한 확인되고 활용되어야 할 홍보편익이다. 해설은 종종 정치적 목적을 달성하고 지지단체간의 우발적 충돌을 방지하는데 이용된다. 예를 들어, 미국 국립공원 관리청은 자연사에 대한 해설세미나 개최와 관리청의 삼림관리원 이미지를 활용한 제복차림의 공인해설가를 배치함으로써, 그들의 관리정책에 대한 지역사회의 귀중한 지원을 끌어낼 수 있었다.(Beckmann, 1991)

	해설의 홍보 편익　　표 5.1
홍보 편익	편익 설명
홍보 가능한 주제의 다양성	해설은 가치, 장소, 토지 소유권, 관리목표 및 실천, 관리청의 미션 등을 홍보할 수 있다.
절묘하고 세련된 홍보 형태	해설은 지나치거나 자기중심적 홍보를 피하면서 홍보를 하나의 이야기로 구성할 수 있다.
후속 홍보를 위한 부가적 차원	해설은 초기 아이디어를 보강/확장하기 위해 지속적인 자문서비스를 제공할 수 있다.

레크리에이션 편익(Recreational benefits)

야외 여가활동환경에 대해 사람들이 공통적으로 기대하는 것 중 하나는 휴식의 느낌을 더 많이 가질 수 있는 편안한 분위기 및 활동이다(Wearing and Gardiner, 1994). 많은 공원방문객들은 레크리에이션 지역내 다른 방문 그룹과의 사회적 상호작용이 활발히 이루어질 수 있는지 여부에 상관없이, 경관, 동물군, 식물군, 문화적 장소에서 일정 수준의 레크리에이션 참여를 추구한다. 이러한 환경에서 제공되는 모든 교육적 활동들은 비형식적이고 편안한 분위기를 유지해야 하며(Ham, 1992), 방문객들이 원하는 매우 우호적인 상호작용이 이루어지게 되면 더욱 효과적이다. 강제적 활동은 거부되는 반면, 관광객의 다양성은 다양한 교육체험을 통해 충족될 수 있다(Sharpe, 1982). 주위 환경과 관계를 맺기 원하는 관광객에 초점을 맞춘 해설은 교육적 기회뿐만 아니라 동시에 레크리에이션 경험을 제공한다(Lewis, 1980). 유용한 자원을 활용해 관광객의 레크리에이션 요구와 기대에 부합하고 방문객 행위에 영향을 끼침으로써, 해설은 레크리에이션 관리에 직접적인 도움을 줄 수 있다. 만족한 방문객들은 재방문을 고려하게 되며, 지역에서 취해야 할 가장 적절한 행동에 대해 좀 더 현실적인 사고를 할 수 있다. 이는 관광객의 바람직하지 않은 행동감소 및 보호지역에 대한 지역사회 지지증대를 통해 관리자들에게 편익을 제공하게 된다. 방문전 해설은 현장해설만큼 중요한데, 방문객의 만족도를 최대화하고 지역방문 이전에 방문객 기대를 높일 수 있기 때문이다.(Sharpe, 1992)

비록 보전이 지역에서 중요하고 긴급한 사안이라 할지라도, 야외 레크리에이션 활동은 모든 공원과 보호지역의 주요 기능이다(Cameron-Smith, 1977). 정의상의 문제가 있을지라도, 레크리에이션은 '지역의 자연상태보존과 일관되는' 활동으로 규정되어 왔다. 예를 들어, 트레킹, 소풍, 캠핑, 자연사진촬영 같은 활동들은 일반적으로 국립공원과 보호지역에서 허용되어 왔다. 그러나, 이처럼 제한적인 레크리에이션 활동조차 생태계와 문화적 자원의 물리적 피해를 포함한 문제발생의 원인이 되기도 한다. 해당지역에서 어떠한 레크리에이션 행위가 허용가능한가에 대한 사용자/사용자 혹은 사용자/관리자간의 의견충돌은 여전히 발생할 수 있으며 실제로 발생하고 있다.(Beckmann, 1991)

야외 레크리에이션 운영의 우선 순위는 수요와 공급의 균형, 인간의 레크리에이션 요구 및 욕구와 자원타당성의 균형을 포함해야 한다 (Kenchington, 1990). 레크리에이션 활동과 자연보존 같은 기타 우선사항들과의 조정을 담당하는 관리전략은 방문객 수요 증가에 가장 중요하고 기본적인 사항이다.

　방문객이 자원관리보다 레크리에이션 관리운영에 가장 중요한 구성요소가 된 것이다(Wearing & Gardiner, 1994). 표 5.2는 해설이 창출하는 레크리에이션 편익을 설명하고 있다.

해설의 레크리에이션 편익	표 5.2

레크리에이션 편익	편익 설명
방문객 경험의 부가가치	해설은 일반적으로 기대되는 것 이외의 부가적 활동이다. 예를 들어, 마치 주요 명소들이 시야에 펼쳐질 때 그것들을 가리키는 것보다 해설 가이드가 선호되는 것처럼, 해설 표지판은 탐방로를 더욱 매력적으로 만들 수 있다.
즐거운 경험 창출	감정을 자극하고 정서와 연관된 해설은 더욱 즐거운 경험을 창출한다.
레크리에이션 활동에 대한 의미부여	해설은 관광 등의 활동에 더 큰 의미를 부여한다.

교육적 편익(Educational benefits)

　Tilden(1957)는 해설의 정의를 교육 활동으로 언급하고 있다. 레크리에이션 경험 만족도 향상을 위한 교육은 보호지역 혹은 지정보존지역에서 지배적인 역할을 담당하지 못하고 있다. 비록 이 지역들이 환경변화측면에서 중요한 자원으로 인식된다 할지라도, 오늘날 관리당국은 해당지역 자체를 설명하는 것으로는 충분하지 않다는 것을 인식하고 있다(Cameron-Smith,

1977). 해설은 교육적 목적으로도 사용되어야 한다. 방문객 경험중심의 경영은 좀 더 전체적인 관점에서 이루어져야 하며 '방문객은 목적지 지역사회와 방문지역환경을 어우르는 환경안으로 들어가야 한다'. 이러한 접근법은 풍부한 정보를 보유하고 있고 올바른 행동을 하는 방문객을 유도하게 될 뿐만 아니라, 방문객의 부정적 영향을 감소시킬 수 있다고 주장되어 왔다(Mason, 2005:181). 모든 해설프로그램에 대해 US국립공원관리국이 강조했던 것처럼, 해설은 공원내 그리고 공원을 넘어서서 환경의식을 전달해야 한다(McCurdy, 1985). 그 결과, 환경해설은 매우 급속하게 형식적 환경교육프로그램의 부속물이 되고 있다. 〈표 5.3〉은 해설의 교육적 편익 일부를 보여주고 있다.

많은 환경 교육자들과 해설가들은 개인의 지식기반이 태도의 핵심이며, 태도변화가 근본적인 행동변화를 가져온다는 것을 인식하고 있다(Lewis, 1980). 그러나, 지식만으로는 태도변화에 충분하지 않다는 것을 알아야 한다.

지식은 반드시 이해를 동반해야 한다(Cockrell 등, 1984). 특정 종의 조류에게 식물이 주식량원이라는 것을 아는것 만으로는 충분하지 않다. 반드시 교육되어야 하는 내용은, 해당 식물이 없다면 지역내 조류의 삶이 변화될 것이라는 것이다. 이는 개인에게 지역내에서 발견되는 조류 및 식물의 잠재적 생존에 그들의 활동이 악영향을 미치지 않도록 해야 할 명확한 이유를 제공해야 한다. 이러한 태도변화는 해설계획자의 평가과정에서 매우 큰 가치를 가진다. 태도변화가 분명하다면, 해설 프로그램은 그에 맞춰 평가될 수 있다. 인기 많은 야외 레크리에이션 지역들은 분명히 많은 방문객들을 유인하며, 현장 해설은 지역의 자연환경 및 경관에 대한 잠재적 관심을 보존이라는 적극적 관심으로 확대시킬 수 있다.(Carter, 1979)

해설과 환경교육간의 근본적인 차이점은 기본철학에 있는 것이 아니라, 메시지 전달의 절차 및 방법론에 있다.

해설의 교육적 편익	표 5.3
교육적 편익	편익 설명
학습의 기회	해설은 환경에 대한 지식과 이해를 증진시키려는 방문객에게 학습경험을 제공한다.
자아발견의 기회	해설은 환경내 자신의 역할을 더욱 분명히 이해하려는 방문객에게 경험을 제공하고, 자아발견과 자아실현에 도움을 준다.

보존관리수단으로서의 해설

직접적인 해설의 효과는 방문객을 관리하고 방문객 영향을 감소시키는 등의 방문객 관리수단이라는 점에 있다. 생태관광에 대한 주요 비판 중 하나는 생태관광이 오히려 보호해야 할 자연환경을 파괴하는 위협이 된다는 것이다. 해설은 적절한 행동을 유도할 수 있는 효과적인 관리방안중의 하나이기에, 생태관광객의 어떠한 잠재적인 환경파괴행위도 완화시킬 수 있다는 것이다. 예를 들어, 야생동물에게 먹이를 주고 함께 수영하며 접촉하는 것은 예측할 수 없는 많은 영향을 끼칠 수 있다. 그러나 상호작용의 적절한 관리는 야생생물과 서식지 보호관련 이슈를 강조하는데 훌륭한 수단을 제공할 수 있다.(Rodger et al, 2007)

자연지역 관리당국은 부분적으로 보존주제에 기반한 메시지 전달을 위해 현장해설을 활용하게 되는데, 이는 취약하고 매우 독특한 생태계 보호라는 강조점에 기반한 관리환경을 제공하게 된다.(Hughes & Saunders, 2005)

〈표 5.4〉는 보존 및 보호지역에 대한 해설의 관리 편익을 보여 주고 있다.

방문객의 환경영향감소를 위한 기타 여러전략들이 보호지역 및 국립공원 내에서 개발되고 실행되어 왔지만, 해설은 장기적 효과로 인해 핵심적 접근법이 될 수 있다(Cameron-Smith, 1977). 예를 들어, 해설은 방문객들이 국립공원, 국유림, 지정보호지역, 사유산림지역에서 허용되는 활동, 관리관행 및 보존가치의 차이점을 이해하고 인식하는데 도움을 줄 수 있다. 이처럼 해설은 모든 전략적 관리계획의 중요 부분이다.

비록 해설이 방문객 관리를 위한 가장 강력한 수단으로 알려져 있다 하더라도, 주요 계획 메커니즘과는 완전한 통합을 이루지 못했다(Roggenbuck, 1987). 그럼에도 불구하고, 오늘날 해설과 관리의 관계는 기본적으로 관리 정책과 직접적으로 연결되어 있다.(Wearing & Gardiner, 1994)

표 5.4	해설의 보존 및 보호지역관리 편익
보존 편익	편익 설명
환경의식과 광범위한 보존윤리 고취	해설은 자원사용에 대한 개인적 책임의식을 고취시키고, 삶의 질 향상에 공헌한다.
영향 최소화를 위한 규제와 행동규범에 대한 인식고취	영향 최소화 캠페인 같은 해설프로그램은 비(非)대립적(비적대적) 해설방식으로 방문객 행동변화 요건들을 치밀하게 제시할 수 있다.
개인의 환경영향 최소화를 위한 행동변화자극	해설은 사람들의 변화되어야 할 사고(견해) 제시한다.
보호지역지원	해설은 다양한 시각에서 보호지역 가치를 제시한다.
보호지역 관리조직지원	해설은 보호지역 관리기관이 직면하고 있는 제약들을 솔직히 드러내는 방식으로 관리상의 다양한 도전문제들을 제시한다.

경제적 편익(Economic benefits)

관광은 경제적 편익을 창출하는 상품의 핵심부분으로 해설을 활용하게 된다. 생태관광, 문화관광 혹은 다른 유형의 관광부문에서도 해설의 제공은 더 높은 수익시장을 이끌어 낼 수 있는 부가가치상품을 만들어 낼 수 있다.(Garrod & Wilson, 2003:257)

효과적인 해설프로그램은 자연자원손상에 영향을 미치는 관광객 행동을 수정하고 보존을 장려함으로써, 레크리에이션 자원의 관리비용을 감소시킬 수 있다.(Sharpe, 1982)

〈표 5.5〉는 효과적인 해설이 중요한 경제적 편익을 창출하고, 관리기관이 경제적 편익을 입증하는 것이 항상 가능한 것은 아니라는 것을 보여 준다 (Hill, 1993). 최근 경제학자들은 자연자원에 달러가치를 부여하기 위해 많은 노력을 하고 있다. 레크리에이션 경험획득을 위해 실제 발생되는 비용의 측정기법으로 해설경험을 위해 기꺼이 비용 지불을 하려는 사람들의 의지를 확인하기 위한 기법들은 모두 시도되어 왔으나, 자연자원의 가치는 평가절하되고 있는 것으로 보인다. 그러나, 제한적인 예산범위내에서 해설의 지속적 사용을 위해 경영진이 다양한 해설기법의 비용 효율성에 관심을 가지게 될 때 재정적 의미에서의 편익측정은 특별한 중요성을 가진다.

해설의 경제적 편익	표 5.5
경제적 편익	**편익 설명**
비즈니스 활동	해설을 활용하는 관광업체는 부의 창출에 크게 기여한다. 예를 들어, 1995년 호주의 생태관광산업 매출액은 2억 5천만 달러로 추산되었다(Econsult, 1995).
직접 고용	많은 이들이 해설가로 고용되고 있다. 예를 들어, 호주해설협회는 450명의 회원을 보유하고 있으며, 그들 대부분은 유산관리를 위한 해설가들이다(Interpretation Australia Association, 2008). 1995년 약 4,500-6,500명의 정규직 직원들이 호주생태관광업계에 고용되었으며, 1995년 생태관광업계 고용에 따른 급여 지불 총액은 1억 1,500만 달러로 추산된다(Econsult, 1995).
간접 고용	해설가 고용조직에 의한 사업 활동은 추가적인 간접고용과 경제적 부를 창출한다. 예를 들어, 해설자들은 훈련제공기관, 그래픽 전문가, 표지판과 전시물 제작자, 방문객 센터 건설자들이 필요하다.
투자	시설(방문객 센터, 표지판, 전시관 등)과 서비스(가이드, 카운터 스텝 등)를 통해 해설을 전달하는 관광사업에 투자할 수 있다. 북부 퀸즈랜드의 열대습윤세계유산지역(WHA)을 방문한 방문객의 총지출은 2007년 4억 2,500만 달러이었으며, 이 중 상당부분은 해설상품과 서비스부문이다(Prideaux and Falco-Mammone, 2007).

해설을 제한하는 문제점

해설은 생태관광상품에서 필수불가결한 부분이지만, '금상첨화'라는 부가적인 기능이라는 인식 때문에 고민을 거듭해 왔다. 실제 호주 국립생태관광인증프로그램은 운영 첫해에 해설의 질과 책임감이 인증을 원하는 운영자들의 취약점 중 하나라는 사실을 발견했다.(McArthur, 1997a)

어떤 천연자원도 사용자의 지원과 지지없이는 효과적으로 관리될 수 없다. 또한, 자연지역보호시스템은 적절한 관리목표에 대한 가이드라인이 없다면 그 역할을 충실히 해 낼 수 없다. 충실한 역할수행과 적절한 정보제공의 실패는 레크리에이션 이용객들을 멀어지게 만들며, 보호지역 시스템 전체에 대한 대중의 지지를 감소시킬 수 있다. 대중의 지지없이는 다양하고 광범위한 보호환경을 가질 수 없기에 이는 매우 심각한 상황이 될 수 있다. 보호지역 시스템의 운명은 사회적/정치적 압력에 의해 결정된다(Hall & McArthur, 1996). 대중의 지지없이는 가장 잘 계획된 관리절차조차 실패하게 될 것이다. 보호지역의 목표와 목적에 대한 대중들의 강력한 지지기반은 관리의 주요 전제조건들 중 하나이다. 관리목적 및 목표성취에 필요한 정치적 의지, 재정적 지지, 인사관리가 요구되는데, 자연지역관리는 그저 의식의 고취를 위한 것이 아닌 행동변화를 추구하는 정보제공이 매우 중요하다.(Forestell, 1990)

해설 및 해설 서비스의 근본적인 전제는 가치 있고 귀중한 것이지만, 그것을 결점이 없는 부문으로 간주하는 것은 순진한 생각이다. 효과적인 해설의 시행조차 결점을 가질 수 있기 때문에, 해설은 모니터링 및 주기적 평가를 포함해야 한다.(Munro 등, 2008)

해설서비스는 지역의 레크리에이션 경험에 대한 방문객의 기대를 촉진하는 역할을 하기 때문에, 부적절한 해설은 경험한 것에 대한 실망을 유발할 수 있다. 심지어 홍보 포스터를 위해 하나의 사진을 선택하는 단순한 일에서도 방문객에게 잘못된 메시지를 전할 수 있다. 부정확한 홍보는 방문객의

호주 사바나 가이드, 차별화된 해설

카펀테리아 만에 있는 호주 북부의 걸프사바나(Gulf Savannah)는 1980년대 초반까지 사실상 평가 받지 못했던, 20만평방 킬로미터의 외딴 황무지이다. 이 당시 출현한 새로운 유형의 '레크리에이션 탐험가'는 이 지역에 부정적 환경영향을 가속화하기 시작했다. 지역은 걸프지방자치단체개발협회(GLADA, Gulf Local Authorities Development Association)를 통해 황무지 관리방안을 수립하는 것으로 대응했다. 관광의 출현에 대한 특별한 대응을 위해, GLADA는 4개의 오지 지방자치단체들이 모여 설립되었다.

주요 권고사항 중 하나는 환경해설수준을 넘어 지역을 보호할 권한을 부여 받은 전문적인 경비원/가이드 단체의 설립이었다. 이후 지역사회/경비원 가이드 시스템은 호주 북부전역에 걸쳐 설립되었으며, 이들이 사바나 가이드의 시초였다.

사바나 가이드의 임무는 해설, 대중교육, 관광과 자원관리, 리더십, 인력관리에 있어 높은 수준을 유지하며 경제적으로 건전하고, 지역사회기반의 인증 가능한 전문가 단체가 되는 것이다. 그리고 생태학적으로 지속가능한 관광원칙들을 통해 지역의 생활양식을 향상하고 유지하며, 걸프사바나 지역의 환경 및 문화자원의 보호와 보존을 장려하는 것이다.

이 조직의 창립 멤버들은 사바나 가이드 시스템의 설립자금을 마련하는데 동의했다. 이는 행동주의 과학자, 지질학자, 호주 원주민 원로 등과 같은 전문가들이 강연할 안내소에서 연 2회, 5일 훈련학교 개최를 위한 자금을 공동으로 마련하는 것에 대한 동의도 포함되었다. 또한 해설을 위해 사용될 교육자료제작 및 안내소 신호체계 개발을 위해 10,000 US달러의 보조금을 PATA 재단으로부터 확보하였다.

모든 사바나 가이드들은 장기 거주자이며, 그들은 자연·문화 자산보호를 위해 방문객과 지역사회를 교육하고 훈련시키는 역할을 담당한다. 각 안내소는 한 명의 사바나 가이드가 관리한다. 그 밖에 다른 직원들은 현장해설가로서 현장훈련 및 Joongai(지역 원주민 사회) 평가이수에 따라 분류된다. 가이드가 업무를 그만두는 경우 새로운 가이드는 직원 조합에서 선택한다.

사바나 가이드 교육은 관광 영향과 방문을 관리하기 위한 도구로서 사용한다. 각 국립공원이나 공동 방목장은 합동관리체제를 가지고 있어 가이드들은 개인적 방문이 금지되어 있는 구역과 국립공원에 접근할 수 있다. 그러므로 여행단체내에서 발생할 수 있는 갈등을 해소하며 지주를 위해 일인당 부과되는 부수입을 창출한다.

사바나 가이드들의 해설기술의 향상을 위해 사용되어 온 핵심어는 '정확함'과 '진정성'이다. 이것은 가이드와 방문객이 의문에 대한 해답을 모를때는 가이드들에게 참고도서관을 이용하도록 권장한다. 의사소통기술은 사바나 가이드에서 지속적 훈련이 필요한 중요한 부분이다. 가이드들은 사바나 전역의 다른 구역에 정보확산을 위해 좀 더 전통적인 마케팅 노력과 함께 구두의사소통 기술을 활용한다.

사바나 가이드 개념은 관광에서 긍정적 편익개발을 용이하게 해왔고, 생태관광을 수많은 소목장에 도입해 소기업들에게 환경적으로 민감한 관광상품을 생산할 수 있는 기회를 제공해 왔다. 현재 이 시스템은 국립공원을 관리하는 몇 안 되는 민간단체들 중 하나로, 황무지 사전관리계획의 잠재적인 성공을 보여준다.

John Courtenay, Savannah Guides, Australia. British Airways Tourism for Tomorrow Awards 1996 Pacific Region.

CASE STUDY

불만족과 부적절한 행동을 유발할 수 있다.(Jenkins & McArthur, 1996)

부적절한 해설시설 및 서비스들은 사실상 지역의 천연자원을 감소시킬 수 있다. 자연미로 알려진 보호지역 또는 해양지역의 방문객들 중에는, 지역정보를 전달하는 매력적이지 않은 정보나 압도적인 콘크리트 표식들을 보고 싶어하는 이들은 없을 것이다.

이처럼, 경관을 장악하고 있거나 혹은 지역의 미학적 가치를 떨어뜨리는 방문객 센터는 효과적인 관리 수단이 될 수 없다. 이러한 이유에서, 많은 훌륭한 해설계획들이 실제로 '해설이 없는 구역'을 규정하고 있다. 때로는 가장 효율적인 해설이란 명확한 해설이 전혀 없어 개인의 영감 및 상상력을 자극하는 환경이 될 수 있다.

해설은 얼마나 매력적이며 즐거운지의 여부와 상관 없는 단순 정보의 전달이 아니다. 해설은 의미를 찾아내고 인지적/감정적 반응을 자극하는 것이다. 이러한 반응은 사람들에게 근본가치와 행위를 다시 고려하게 한다. 해설이 전달되는 방법은 개인의 상상력만큼이나 다양하다. 일반적으로, 상상력이 더해 질수록 더욱 창의적이고 성공적인 해설이 이루어진다. 해설은 생태관광 경험의 가장 핵심부분이다. 또한, 해설은 운영자에게 생태관광상품과 자연기반관광을 구별할 수 있게 한다. 해설은 또한 보호지역 관리자에게 매우 중요하며, 가치와 보존윤리를 제시할 수 있는 기회를 제공하고, 더욱 실질적인 측면에서 방문객 영향을 최소화할 수 있는 기회를 제공한다. 이러한 두 가지 측면에서, 해설은 충분한 잠재력을 실현하게 된다. 그렇게 될 때, 해설은 지속가능한 미래를 위한 개인의 의무, 보존, 생태관광의 세계에서 경외심을 갖게 되는 매우 놀라운 역할을 수행하게 될 것이다.

호주 빅토리아 주, 포트필립베이의 돌고래 투어

돌고래 투어는 호화 전세요트로 운영되며, 관광객은 빅토리아 주의 포트필립베이로 이동해 돌고래에 대해 학습하고 교류에 대해 배우게 된다. 투어는 포트필립베이 환경 및 야생생물을 보호할 필요성에 대해 교육하고 의식고취를 위해 설계되었다. 현재 수익의 12%는 돌고래 연구소 지원금으로 재투입되며, 미디어 및 후원사 행사를 위해 요트를 이용할 수 있다. 투어의 교육적 요소는 다른 유사한 모험과의 차별화를 가능하게 한다. 포괄적인 설명과 가이드를 통해 승객들에게 정보를 제공하는 이들은 모두 돌고래 연구소 혹은 관련연구 및 교육프로그램과 관련된 이들이다. 또한, '포트필립베이의 돌고래'라는 소책자를 매우 많이 할인된 가격으로 구매할 수 있다.

투어는 친숙화 과정과 안전시범으로 시작되며, 이 때 참가자들은 투어코스에 대해 질문할수 있다. 물에 엎드려 있는 돌고래에게 가는 도중에, 선박은 호주 물개 군락지 'Chinaman's Hat'로 다가간다. 승객들에게 물개의 생물학적/행동학적 정보를 제공하고, 지난 세기 동안의 물개포획이 가져온 악영향에 대해 알려 준다. 또한, 경로상의 다른 독특한 섬들과 항로들은 해설가에게 모든 승객들이 듣고자 하는 수많은 이야기들을 제공해 준다. 초기 호주개발의 증거라 할 수 있는 부비새 군생지와 Defence Forts와 같은 독특한 생태계와 야생동식물들은 지역의 역사적/생태학적 이야기들을 전해 준다.

돌고래 발견투어는 지역사회중심으로 운영되며, 적절하고 사려깊은 해설의 직접적인 경험을 참가자에게 제공할 것을 목적으로 한다. 해설은 주로 승무원, 전문인력, 자원봉사 가이드를 통해 이루어진다. 광범위한 훈련프로그램을 통해 관리상 요구되는 기준까지 가이드교육이 이루어지며 자원봉사 가이드들은 모든 승객들에게 편안하고 비형식적인 방법으로 해설자가 없어도 정보를 탐색 할 수 있는 기회를 제공하게 된다.

환경적 영향의 최소화를 위해 해설의 질적수준과 방문객 기대관리는 이 관광상품의 주요 업체(관광업체)에게 매우 중요한 부분이다. 해설이 강조하고 있는 내용은 포트필립베이 생태계의 가치와 다양성, 보호의 필요성, 현재 제기된 위협, 그리고 가장 중요한 것으로서 지역보존을 위해 개인이 할 수 있는 행동에 관한 것이다.

돌고래들은 어떤 식으로든 방해 받지 않는다. 돌고래 발견 투어는 이 지역의 유일한 관광체험 프로그램으로, 운영자들은 고래관찰 가이드라인에 명시된 것처럼 포유류와의 100m 접근은 절대 하지 않는다. 해설수준에 대해 빅토리아 공원의 관광관리자 Bill Fox는 다음과 같이 언급했다 - 운영업체가 관광객들에게 제공하는 포트필립베이 자연환경에 대한 수준 높은 해설은 우리의 자연자산을 보호 및 유지할 필요성에 관한 인식 및 이해고취에 중요한 역할을 담당한다. 돌고래 발견투어는 보존과 관광이해관계자들 간의 아주 훌륭한 파트너십과 생태학적으로 지속가능한 관광산업의 가치를 잘 보여주고 있다.

Philip Tubb, Victora British Airways Tourism for Tomorrow Awards 1997 Pacific Region.

추천 문헌

Ham,. S. H. (1992) 환경 해설: 대단한 아이디어와 소예산을 가진 사람들을 위한 실
　　　　용 가이드. North American Press, Golden, Co.

이 텍스트가 세상에 나온 지 15년 이상이 되었지만, 해설 프로그램 창설을 원하는
관리자들에게 최고의 실용적 지침들 중 하나를 제공해 준다. 대화의 준비 및 실행,
시각자료 활용지침, 가이드 관광 또는 도보여행개발 및 실행방법, 학교 및 지역사회
프로그램 사례연구, 저렴한 전시물 준비 등 광범위한 토픽들을 다루고 있다.

Chapter 6

보존과 지역사회 연계: 지역사회 편익과 사회적 비용

세계적으로 생태관광을 지지하는 경향은 상업 중심지에서 멀리 떨어진 지역사회에 편익제공 가능성이라는 중요한 공헌을 할 수 있으며, 이러한 편익은 광범위한 사회적 또는 환경적 파괴를 포함하지 않는다는 것을 의미하기 때문에 발생한다.[1] 과거 개발도상국에서는 도시 중심지에서 멀리 떨어진 지역사회의 유일한 성장가능성은 채취산업을 통해 이루어졌으나, -광업, 벌목, 어업, 화전, 축산- 결국은 지역사회에 부정적 영향과 장기적 환경 훼손이라는 받아들일 수 없는 유산을 남겼다.

생태관광은 부적절한 경제성장으로 인해 발생하고 있는 개발도상국의 문제점들을 해결할 수 있는 방안으로서 지지되어 왔다(Weaver, 1998). 관광은 다양하고 분권적인 산업으로 지역경제 부문에 영향을 끼친다. 또한 관광은 모든 부문과 기술수준에서 고용기회를 창출하

---

1) 이것의 예는 Taylor 등의(2003) 갈라파고스 섬에 대한 생태관광의 경제효과 사례 연구 참조.

는 1일 24시간제, 주 7일제의 노동집약적 산업이다. 그러나 전통적 관광은 과거 개발도상국 착취에서 보아 온 많은 문제들을 야기하고 있다.[2] 개발도상국의 관광은 선진국들에 의해 유도, 소유, 통제되면서 높은 수익은 선진국으로 유출된다-예를 들어, 많은 경우 전통적인 패키지 관광은 운영자가 최소(또는 종종 제로의) 비용으로 지역민들의 노동 및 자원을 이용할 수 있어 지역주민의 노동력을 활용하고 있다. 투자가 및 운영자에게 발생하는 수익과는 대조적으로, 지역주민의 고용은 계절적이고 저임금이다. 운영자들이 관광을 시작하지 않았더라면 지역사회에 환원되는 돈은 전혀 없었을 것이라는 핑계 하에서 이런 관행들이 옹호되고 있다. 그러나 저영향-고수익 기반 하에서 더 이상 이러한 불균형의 관광은 정당화될 수 없다.

관광영향의 중요한 문제점들을 은폐하는 역할을 하는 것이 지배적 경제 포커스이다. 관광은 복잡하면서도 상호관련된 광범위한 사회 및 환경적 영향을 끼친다. 일부 토착 지역사회들은 이를 단순한 용어로 다음과 같이 표현한다; '관광은 불과 같다. 음식을 요리할 수 있고 집을 태울 수 있다.' 관광산업은 산림, 암초, 해변, 공원 같은 천연자산들을 광범위하게 이용하고 있지만, 이러한 자산관리를 위해 어떤 기여를 하고 있는가? 관광 인프라 제공, 관광수용 지역사회에 미치는 관광영향 관리비용을 부담하는 것은 환경, 지역사회, 그리고 정부이다. 관광 총편익이 비용을 훨씬 능가한다는 산업체 및 정부기관의 주장에 대해 상당한 연구들은 문제를 제기하고 있다. 편익은 관광산업에 능동적으로 관여한 이들에게 돌아가는 반면, 비용을 부담하는 것은 관광으로부터 어떠한 보상적 편익도 받지 못하는 지역사회이다.(Holden, 1997)

지역사회는 관광개발의 유해한 영향에 매우 취약하며-특히 토착 문화에서-관광의 사회문화적 영향을 직접 경험한다(예, Mbaiwa, 2004). 지역사회에 미치는 동태적 관광성장의 2차 영향은 일부 지역사회집단의 강력한 항의

---

2) Archer 외(2005), Butler(1991), Holden(2007), Lea(1993) 및 Robinson과 Boniface(1998).

를 유발시켰으며, 관광영향에 민감한 지역사회는 그들의 지역을 위해 대규모 관광개발을 적극적으로 반대하고 있다(예, Brammer 등, 2004). 다른 지역사회는 그들 지역사회 관광에 대해 여러 해에 걸친 점진적 성장을 수용하면서도 쉽게 무시할 수 없는 부정적 영향들을 인식하게 되었다.

관광개발 영향들을 기존 활동 패턴의 붕괴, 반사회적 행동, 범죄 및 과밀화, 토착과 비 토착 지역사회의 현지 라이프스타일 및 삶의 질에 부정적 영향을 끼칠 수 있다.

많은 경우, 관광목적지 해외시장 판촉을 위해 토착 문화들이 광범위하게 이용되고 있지만, 방문객들이 지역토착의 문화 및 라이프스타일과 상호작용하고 경험할 수 있는 기회는 제한적이다. 관광객들이 누리는 기회들은 지역토착 문화 및 라이프스타일을 비하하거나 착취하는 것이다. 많은 토착 지역사회 주민들은 그들의 합법적 이해관계와 권리가 무시되고, 관광산업의 성적은 좋지 않음에도 불구하고, 그들의 문화 지식 및 유산으로부터 이익을 얻고 있다고 생각하고 있다.

현지지역의 관광의 잠재성 또한 기타 산업의 환경영향으로 인해 손상되고 있다. 경제전문지 Economist Intelligence Unit에 따르면, 전체 관광산업이 관광자산을 훔쳐가고 있는 다른 비즈니스로 인해 공격을 받고 있다(Jenner & Smith, 1991). 1980년대 후반의 개발 붐(boom)은 많은 관광개발을 유도했으나, 이는 사실상 토지투기에 불과했다. 즉, 개발당국의 수용가능한 전통적인 택지개발을 위한 수단이었던 것이다.

개발 붐은 파산, 팽창수익, 과중한 인프라, 주거지 난개발 및 원치 않는 사회적 영향과 환경적 영향을 유발하고, 많은 지역사회들이 관광산업 편익에 대한 의구심을 갖게 되는 계기가 되었다. 관광의 생태학적, 문화적, 사회적 영향은 특히 지역산업에 대한 지역사회 및 정치적 지원의 감소를 유발하게 된다.

관광과 사회 및 물리적 환경의 상호의존은 매우 중요하다. 외부로부터의 통제 없이, 사회적/환경적 영향을 가장 직접적으로 경험하는 지역사회의 모든 당사자들의 욕구를 수용할 수 있는 방법을 찾는 것은 반드시 필요하다. 자연 및 문화환경의 특징 그리고 관광수용 지역사회의 지지는 성공적 산업의 기반이 된다. 보존과 삶의 질 문제를 무시하는 것은 현지 지역주민과 지속적으로 생존가능한 관광산업의 기반을 위협하게 된다.

1장에서 논의했던 바와 같이, 생태관광은 비교적 방해 받지 않는 지역 또는 자연보호지역을 여행하는 것과 관련되어 있고, 지역사회문화 그리고 문화와 토양간 관계뿐만 아니라, 지역의 식물군, 동물군 지질, 생태계에 대한 이해, 감상, 보존 등을 촉진하게 된다. 지역의 식물군, 동물군, 지질, 생태계는 자연-기반 관점을 강조한다. 그러므로 보존과 지속가능성, 자연환경과 사회환경 간에는 상당한 중복이 존재한다. 2장에서 본 것처럼, 지속가능성은 정부 관광정책의 가장 중요한 위치에 있다. 그러나 생태관광사업이 발생하고 있는 보호지역 인접 또는 주변 지역사회에 관한 논의는 많지 않다.

관광사업, 지역사회 및 보호지역간 연계를 확립하고 유지함으로써, 생태관광은 관광수용 지역사회와 방문자 모두의 보존 목표에 대한 지지를 이끌어 낼 수 있는 가능성을 가지고 있다. 사회적, 환경적 편익들은 본질적으로 상호의존관계이기 때문에, 생태관광으로 인해 발생하는 관광수용 지역사회의 사회적 편익은 집중된 경제적 자극으로 인해 지역사회 전체의 생활수준 향상을 가져올 수 있다. 이와 유사하게, 경제적으로 생존가능한 관광을 지속하기 위해 자연환경을 보호하도록 관광수용 지역사회를 설득하게 되면서 환경적 편익이 발생하기도 한다(Ceballos-Lascurain, 1990). 특히 생태관광객들은 수질 및 공기의 질 저하, 초목 손실, 야생생물 감소, 토양 침식 및 개발로 인한 지역 특징과 시각적 변화에 민감하다. 자연환경의 붕괴는 장기적으로 방문자 수요의 심각한 감소를 발생시키게 되는데, 이는 생태관광객들이 붕괴된 자연적 속성들은 덜 매력적이며, 정당성이 부족하고, 만족할 만한 생태기반체험을 제공하지 못하는 것으로 인식하기 때문이다.

관광 윤리의 세계 강령

세계생태관광의 해(2002)에서 이루어진 가장 중요한 업적들 중 하나는 지속가능개발 이행을 위한 세계 정상회의 의제안에 관광이 포함된 것이었다. 이러한 포함은 국제개발을 위한 하나의 도구로서 관광을 인식하기 위한 중요한 단계이었다. Tepelus는(2008) 이것이 보존도구에서 빈곤완화 및 개발도구로서 관광 개념의 변화를 이끌었다고 주장한다. 그 결과 세계관광기구는(WTO) 지속가능한 관광개발의 정의를 바꾸고 관광개발의 "경기규칙"으로서 10개 조로 이루어진 세계관광윤리강령을 확립했다. 윤리강령은 관광개발 이해당사자를 위한 지침을 목적으로 하는 '포괄적 원칙'들이다. 5조는 관광지내 또는 주위에서 살고 있는 지역인구는 관광활동과 관련을 맺고 관광에서 생성되는 경제적, 사회적, 문화적 편익을 공정하게 공유해야 한다고 규정하고 있다. 또한 관광정책은 지역사회 생활수준향상에 도움이 되는 방식으로 적용되어야 한다(WTO, 2008).

생태관광과 지역사회: 갈등인가, 아니면 타협 또는 협력인가?

지역사회는 다양하고 잠재적으로 대립적 이해관계를 가진 집단들로 구성되어 있어(그림 6.1 참조), 모든 집단이 동일한 것을 원하는 것은 아니다.

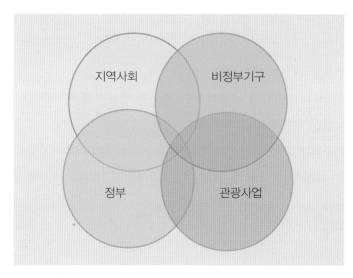

| 그림 6.1 |
이해 관계자와
그들의 욕구

관광산업은 다음의 요소를 갖춘 건전한 사업환경을 추구한다.

- 재정적 안정
- 숙련되고 책임감 있는 노동 인구
- 안정적인 관광객 흐름을 보장할 수 있는–오래 머물고 더 자주 방문하는 관광객–양질의 볼 거리
- 상당한 투자 수익

자연환경 및 문화유산 문제에 관심 있는 이들은 다음과 같은 것을 추구한다.

- 예방, 개선, 손상의 정정과 복원을 통한 환경보호
- 사람들이 자원에 대해 더 많이 인식하도록–그리하여 그것을 '고갈'시키는 것이 아니라 '보살피도록' 동기부여함

지역사회 구성원들은 다음과 같은 것들을 갖추면서 그들이 살기에 건강한 환경을 추구한다.

- 식량, 충분하고 깨끗한 물, 건강관리, 정당한 임금에 보람찬 노동, 교육과 레크리에이션
- 전통문화에 대한 존중
- 미래에 관한 결정을 할 수 있는 기회

개인 공통의 관심사에는 다음과 같다.

- 언제, 어디서, 어떻게 관광객들이 장소를 방문하고 이동할 수 있을지와 같은 접근성 문제
- 문화 충격, 인프라 공동이용과 같은 관광수용 지역사회와 관광객 문제
- 사냥·야생생물 서식지, 농업·레크리에이션, 보존·개발 등의 토지이용 문제

생태관광과 지역사회

지역사회가 생태관광을 고려해 볼 수 있는 여러가지 이유들

- 일반적으로 관광산업에서 큰 성장의 한 부분이 되고 '특별관심분야 관광'(틈새시장)에 만족을 주는 잠재력을 경험해 보고 싶은 욕구
- 지역내 자연명소의 높은 가치 인식
- 보존목표에 대한 공감과 지속가능한 관광의 필요성
- 지역관광산업을 책임감 있게 회복시키고자 하는 바람

1장에서 알 수 있었던 것처럼, 생태관광의 주요 원칙 또는 요소들 중 하나는 지역소득 뿐만 아니라 사회 인프라 및 생물권 보존에서 관광편익을 극대화할 수 있는 능력이다. 관광편익에는 다음과 같은 것들이 포함된다.

- 숙박 · 주택 · 음식, 소매점 수요 증가, 이에 따른 신규 및 기존 호텔 · 모텔 · 게스트 하우스 · 농장 체류 등에 대한 높은 실행가능성

2004년 인도양 지진과 쓰나미 이후 재건을 위한 생태관광활용

2004년 인도양 지진과 쓰나미가 태국 카탕지구내 꼬묵(Koh Mook)을 황폐화시킨지 5년 이상이 흘렀다. 한 때 인구의 90%가 어업에 종사했었던 어촌이었지만, 현재 지역민들은 관광에 더 개방적으로 변화되어, 이전에 어업에서 얻었던 것보다 더 높은 수익을 얻고 있다. 대부분 서양인들인 관광객들에게 이곳은 새롭게 발견된 관광목적지이다. 이곳의 인기는 외진 곳이라는 점과 원시환경에서 비롯된다. 마을과 주변지역에서 이루어질 수 있는 활동들로는 동굴탐험, 다이빙과 카약이 있다. 숙박은 지역가정의 홈스테이로 제공된다. 쓰나미 구호기금 덕분에, 마을사람들은 선박을 수리하고, 강풍, 폭풍 및 기타 자연 재해로부터 피난처를 제공하기 위해 후미진 곳에 새로운 소형선박 수리소를 건설했다. 많은 마을사람들이 그들의 어선을 개조해 관광객 수송을 위해 사용하고 있다. 본토 트랑에서 꼬 묵까지 배로 약 40분 정도 걸린다. 지역에 대한 관광객들의 관심에 대응하기 위해, 마을 사람들은 다음 세대를 위해 그리고 관광객들이 와서 즐길 수 있도록 더 많은 조류와 해양생물들이 존재할 수 있길 희망하며, 파괴적인 어업기술 사용을 자제함으로써 바다와 천연자원을 더 잘 보호하기 위한 그들 자신의 지역사회 규칙을 재정했다(Intathep, 2008).

CASE STUDY

- 지역의 소매업체 및 기타 서비스 수익 증대에 부수적인 수입원 업종(예, 병원, 은행업, 자동차 임대, 가내 공업, 기념품 가게, 관광명소 등)
- 지역 특산품 시장증대(지역 재배 농산품, 공예품, 부가가치 상품), 이로 인한 지속가능한 전통적 풍습과 관습으로 시장이 증대함
- 지역 노동력과 전문기술 고용(예, 생태관광 가이드, 소매점 보조, 레스토랑 웨이터)
- 자연명소 및 상징적 문화유산의 보호 및 개선/유지를 위한 자금원
- 야생생물연구 및 고고학 연구 관련된 현지조사를 위한 기금 마련과 자원 봉사자
- 지역/토착 문화 및 자연환경에 대한 지역사회 의식 고양

이러한 편익들이 보여 주는 것처럼, 생태관광은 지역사회의 자연 및 문화적인 속성들을 희생시킨 채 '관광객의 달러'를 위한 관광을 판촉 하는 것이 아니라, '올바른' 이유로 관광객들을 유치하는 것이다. 그러나 지역사회는 생태관광 영향에 대한 면역체계를 가지고 있지 않다는 사실을 기억해야 한다.

관련 이슈들

관광수용지역사회 대표들이 표명하는 관광개발에 관한 대립적 이슈에는 관광개발관련된 공통적 이슈의 범주와 유사한 내용을 내포하고 있다.

- 생태관광관련 의사결정과정에 참여할 수 있는 기회의 부족
- 의사결정과정에 지역사회가 참여할 수 있는 행정과 입법 메커니즘이 확립될 경우 정부로부터의 부정적인 반응
- 지역주민들이 자원을 상업적으로 개발하는 사업으로 인해 지역사회로 흘러들어 가는 재정적, 사회적, 직업상의 편익 부족 현상
- 사회문화적 영향평가 뿐만아니라, 외부 투자자 및 보호단체들이 높은

관심을 가지고 있는 자연환경에 미치는 환경적 영향평가 위한 우수한
평가도구의 필요성
- 지역사회 화합과 사회구조에 미치는 영향
- 지역사회 변화를 상당히 가속화시키는 관광개발 속도

이러한 관심사들은 지역사회와 천연자원관리와 관련된 광범위한 이슈들
을 포함하고 있다. 핵심쟁점은 지역사회가 그들의 전통영역으로 간주하는 자
원관리에 지역사회들의 참여수준이 불충분하다고 인식하고 있다는 것이다
(Mowforth & Munt, 2008; Sofield, 2003). 지역사회에 경제적으로 문화적 통제
력이 행하여지고 있다. 관광은 관광수용 지역사회와(인간과 환경 모두) 방문
객간의 상호활동하는 과정을 포함한다. '관광수용사회의 문화는 물리적 환경
만큼이나 다양한 형태의 관광으로부터 위험에 처해 있다.'(Sofield, 1991: 56)

많은 경우 관광객들은 토착문화와 지역사회를 여행의 다른 모든 요소들
과 함께 '소비되기 위해' 존재하는 관광체험 '상품'으로 인식한다. 관광객
들은 원주민들을 구경하고 사진을 찍기위해 비용을 지불하기 때문에, 원주
민들을 서비스를 제공하는 사람들, 또는 관광비용의 한 구성요소로 간주하
고, 관광객 자신들이 구입한 상품으로 대하는 것이 '정당하다고' 생각하게
된다. 그러나 중요한 것은 많은 관광객들의 카메라에는 지역문화들이 '진
정한' 문화 전시품으로 보이지만, 사실상 관광객들의 소비를 위해 무대화된
이벤트를 '구성'할 수 있다는 것이다. 이를 '무대화된 고유성'이라고 하는데
(예, Chhabra 등, 2003; MacCannell, 1976), 이는 갈구하는 관광객들의 렌즈
를 피해 실제 문화의식을 유지하면서 관광객들의 호기심을 만족시키기 위
한 전략적 목적을 가진다. 이것은 토착문화관점에서 보았을 때는, 관광상업
화의 긍정적 부분으로 많은 사례에서 전통문화관습을 유지하고 부활하는
데는 지역문화에 대한 관심이 도움이 되기 때문이다. 인도네시아 플로레스
섬의 Ngadha에서는 지역 소유권과 자원통제에 기반한 소규모 관광이 지역
의 다양한 문화 양상들을 되살리는 데 효과적이었다.

Ngadha 마을 사람들은 다양한 이유에서 관광객들을 좋아한다. 지역주민들은 머나먼 곳의 친구들(관광객들)에게 오락을 제공하고, 경제적 편익과 서비스를 제공해 주며 정보원이 되기도 한다. 중요한 것은 지역주민들은 관광객을 통해 자신의 문화유산에 대한 자부심을 가진다는 것이다. 관광객과는 다른 지역주민의 문화를 문화상품화함으로써 '인종집단' 정체성을 인식할 수 있도록 하는 것이다. 마을정체성의 상품화 과정은 지역주민들의 전통문화에 대한 자부심과 자의식을 고취시켜 지역주민들이 스스로 경제 및 정치적 목표들을 처리할 수 있는 하나의 중요자원이 되었다는 것이다.(Cole, 2007: 995)

그러나 문화의 상품화는 지역사회에 상당한 영향을 미칠 수 있다. 관광사업 운영자들은 관광객들에게 안락하고 안전하게 체험할 수 있고 미적으로 즐거운 '문화체험'을 제공하는 것이 주요 관심사이기에 지역사회에 '무대화된 고유성'을 적극적으로 장려한다. 이러한 문화 퍼포먼스는 종종 지역사회의 실제 문화적 의미와는 분리된 것으로, 전적으로 관전하는 대중을 위해 공연된다. 많은 문화명소들이 공공연히 상업화되면서 관광객들의 욕구는 충족되는 반면, 원주민에 대한 모든 의미와 중요성은 상실하게 된다.

또한, 토착지역사회의 산업도입에 대한 희망여부에 대한 발언권과, 문화

북극 문화 상품화

지난 20여 년에 걸쳐, 토착 사미(Sami) 문화의 대부분은 전통적인 사미 유산을 상실했거나 비(非) 사미인들에 의해 이루어져 왔다. 이것은 사미 문화의 공공연한 상업화를 이끌었으며, 경제적 편익이 전통 사미 집단에서 진정성 없는 서비스 제공자들에게로 향하게 되면서 종종 조작된 문화가 판촉 되었다. 위험한 것은 북극지방 사람들이 문화 동물원의 인간 동물이 되어, 고급 여행 잡지, 빙산을 통과하는 호화 유람선, 순록몰이 또는 해마와 북극곰 한 가운데서 사진용 사파리의 유혹을 누릴 만큼 부유한 남부 모험가들의 단순한 호기심 충족 대상이 된다는 것이다(Hall, 1987: 217).

볼 거리가 되기 위해(관광명소) 원주민들은 현대적인 것으로 생각되는 특징없는 이미지를 계속 살려 두어야 한다. 이는 보편적 담론과 관련이 있는 이미지가 아니다. 관광객들이 접하는 장소들을 분석함으로써, 이러한 노출이 다양한 지역 및 국가적 담론 안에 얼마나 깊숙이 박혀 있는지 밝혀졌다(Olsen, 2006).

'퍼포먼스'를 통한 실제 편익을 획득하고 있는지에 대한 발언권은 거의 가지지 못하고 있는 실정이다. 생태관광이 발생하는 지역사회의 복지와 문화전통을 유지하는 것은 생태관광의 정의상에 가장 중요한 근본적인 부분이다. 지역사회참여가 생태관광 정의에 기본적이라고 주장할 수 있는 반면, Garrod(2003)는 생태관광계획 및 관리에서 완벽하고 효과적인 지역사회참여는 생태관광사업의 특징이 되지 못하고 있다고 주장하기도 하였다.

3장에서 본 것처럼, 생태관광은 대부분 천연자원을 대상으로, 지역사회와 관광객들이 관광활동으로부터 편익을 얻는 지속가능개발 전략이다(예, Pearce 등, 1996). 아래의 생태관광 정의는 이 점을 강조하고 있다.

> 생태관광은 파괴되기 쉬운 원시지역, 일반적으로 보호지역 여행을 포
> 함하는 다면적 개념으로, 적은 영향력으로 소규모로 운영되기 위해
> 노력한다. 또한 여행자 교육을 돕고; 보존기금을 제공하며; 지역사회
> 경제개발과 정치역량강화에 직접적으로 이익이 되고; 다양한 문화와
> 인권에 대한 존중을 증진한다(Honey, 1999: 25).

많은 생태관광관련 단체들이 생태관광 정의 안에 문화적 이해 및 감상을 포함함으로써 토착 지역민들이 관광에서 차지하는 절대적 부분임을 인식하기 시작하였다.

Palmer(2006)가 지적한 것처럼 생태관광은 '지역'에 핵심초점을 맞추고 천연자원과 문화환경을 연결하는 개념이다. 생태학적으로 지속가능한 관광은 보존, 환경 및 문화적 이해 그리고 감상과 점점 더 결합되고 있다.(예, 호주생태관광협회, 1996)

그러므로 생태관광은 타 문화에 대한 존중 및 인식 증가를 촉진하고 양성하며, 관광수용 지역사회와 방문객간 상호이익이 되는 관계를 조성한다.

지역토착사회의 전통가치 유지가 중요한 만큼 관광객들의 오락거리를 위해 원주민들에게 그들의 전통적 관습을 지키라고 요구해서는 안된다. 문화는 일정한 변화과정을 겪으며 생태관광의 근본 구성요소가 '진정한' 문화변

화 및 교류과정이라는 사실을 인식해야 한다. '진정'의 의미는 '주권'의 동의어로 해석될 수 있다. 지역사회는 종속적 위치가 아니라 그들의 문화, 인공물, 제례의식, 방향성에 대해 자율성을 가질 수 있는 권한있는 위치에 있어야 하며, 상호작용을 하지만 착취하지 않는 문화와 관련 맺어야 한다.(Fuller 등, 2007; Scheyvens, 1999; Sofield, 2003)

이런 방식만이 방문객들과 관광수용 지역사회가 관광체험으로부터 편익을 얻는 동시에 원주민 집단에 미치는 부정적인 문화적 영향을 피할 수 있다. 그러므로 지역사회의 관광활동 참여자들은 지역민들의 복지유지를 위한 필수적 요소이다.

방문객들과 관광수용 지역사회 집단간 상호과정을 통해 양측은 생태관광의 편익을 경험적으로 얻을 수 있다. 지역사회의 관습과 전통에 대한 평가를 개발함으로써, '여러 사회간 상호존중과 이해과정은 매우 고양될 수 있고(Burchett, 1992: 10), 관광수용지역 사회와 방문객간 성공적인 상호작용을 이루는것 만이 지역사회복지에 이익이 되고 그것을 유지할 수 있게 될

CASE STUDY

아낭구(Anangu)와 티위(Tiwi) 섬의 대응

오스트레일리아 북부 준주(準州)원주민들에게 관광은, '대안적 경제기회가 적은 외진 준주지역에 고용을 제공'해 줄 수 있는 것으로 인식되었다(Burchett, 1992: 6). 가이드가 있는 도보산책, 트레킹 기술시범, 그리고 식품가공기술 및 기타 원주민의 생활상들이 울루루(Uluru)에서 수행되었다. 춤 공연 일정 관리에 3개의 다른 단체들이 전통 춤 공연을 책임지고 있었다. 이러한 비즈니스 사업은 울루루 카타쥬타(Kata-Tjuta) 국립공원의 공동경영철학에 기반을 두고 있는데, 이는 관리인위원회가 아낭구 회원들 즉, 국가 전통지주들로 구성된다는 것을 의미한다(Howitt, 2001: 43-45).

이와 유사하게, 멜빌섬 티위지역사회는 소집단 전문투어를 시작했다. 이들은 '고립되고 안락한 사파리 캠프의 발전을 고용, 현금흐름 및 문화기반확립 요구를 결합할 수 있는 이상적인 방법'으로 판단했다(Burchett, 1992: 7). 관광객들이 전통적인 사냥과 고기잡이 활동으로 얻은 생산물들은 사파리 캠프에서 관광객들이 맛볼 수 있는 충분한 양만 남겨두고 다시 지역사회로 돌아간다. 관광객들은 전통적이며 진정성 있는 활동을 체험하고 '잡은 것'들을 맛볼 수 있지만, 생명유지에 필요한 자원들 즉, 원주민에게 필요한 식량들을 단지 관광객들만을 위해서 고갈시키지는 않는다(Burchett, 1992).

것이다. 또한 일부 경우에 생태관광사업은 방문객에게 상품 및 서비스를 제공하고 기획하는 데 있어서 지역주민과 함께 할 수 있는 협동작업을 유도할 수도 있다.(Morais 등, 2006)

지역사회가 관광과정에 참여하는 중요한 역할을 담당할 수 있다면 지역사회는 생태관광으로부터 경제적 편익을 얻을 수 있다. 지역사회 안에서 더 큰 관광 통제력을 가질수록 문화적으로 더욱 지속가능하게 될 것이다.

고용

지역사회와 관련된 가장 명확하고 즉각적인 관광편익 중 하나는 관광 수용지역의 고용증대 및 소득창출이다. Tokalau(2005: 173)는 '소득과 고용창

친 빈곤적(Pro-Poor) 관광과 세계관광기구

관광연구자들과 전문 종사자들은 빈곤을 줄일 수 있는 관광의 잠재력을 인정해 왔다. 그럼에도 불구하고 이러한 목표에 대한 특별한 반응이 친빈곤적 관광(PPT) 형태로 모양을 갖추게 된 것은 불과 지난 10년 간에 걸쳐 이루어졌다. PPT 원칙은 '빈곤층을 위해 순익을 생성하는 관광으로 관광의 특정상품이 아니라 하나의 산업접근법이다. PPT 전략은 경제적 이익, 기타 생계 편익, 의사결정과정참여이든 간에 빈곤층 기회의 자물쇠를 푸는 것을 목표로 한다(Ashley, 등, 2000: 2). 많은 면에서, PPT는 지역사회에 지속가능한 발전을 제공 해 그들이 높은 생활수준을 이룰 수 있도록 하는 접근법인 점에서 일반적으로 생태관광 및 지속가능한 관광과 중복된다. PPT와 생태관광의 차이점은 PPT는 저개발 남반구 국가들에 초점을 맞춘다는 것이다. '빈곤은 환경적인 지속가능성의 한 요소는 아니지만, 핵심 포커스이다'(Ashley 등, 2001: viii).

WTO는 관광이 빈곤지역사회 복지와 그들의 환경에 기여할 수 있는 방법 탐색에 노력하게 되었다. '세계관광기구는 우리 시대 가장 역동적인 경제활동들 중 하나인 관광의 힘이 좀 더 직접적으로 빈곤문제를 효과적으로 동력화될 수 있다고 확신한다'(WTO, 2002:1). 빈곤감소를 위한 도구로서 관광을 이용하는 것은 국제관광이 개발도상국들의 경제, 특히 외화획득, 고용 및 국내총생산(GDP) 등에 중요한 기여를 한다는 점을 가정하면 중요한 의미를 가진다(Roe & Urquhart, 2001: 3). PPT의 포커스는 경제편익이다. 이러한 목표에 따른 결과를 성취하고, 집단편익·역량수립·훈련 및 권한 부여를 신장하는 동시에, 사업 및 고용기회 확대를 위한 전략들이 수립된다(Roe & Urquhart, 2001: 5-6).

CASE STUDY

출을 통해 생태관광이 지역수익자의 경제적 기회를 향상시키고, 지역 기업 활동증가와 시간관리숙달 개선을 통해 노동생산성을 증대할 수 있는 가능성을 가지고 있다는 점에 주목하였다. 관광으로 인한 고용편익은 다음 3가지 주요 경제영역에 영향을 끼치게 된다.

- 직접고용(호텔, 레스토랑, 구내 매점 같은 관련 서비스 산업)
- 간접고용(기념품 소매점, 통역센터, 보존지역 토지 관리인 고용 같은 산업 투입량 증대 결과로 창출됨) (Beeton, 1999: 7-8)
- 유발고용(관광 수입, 상품소비증가로 인한 지역민들의 소비능력증가 결과로서 창출됨) (Healy, 1989: 21)

그러나 불행하게도, 지역사회를 위한 고용기회는 종종 제한적이다. 높은 수준의 자본투자는 높은 수준의 고용증대를 유발한다는 가정 하에 지역사회에서 관광은 주요 고용주로서 찬양 받고 있다. 반대로 관광은 노동집약적 본질 때문에 주요 고용생성원으로 지지 받고 있으나 관광은 본질적으로 상당한 양의 고용을 창출하지는 않는다. 지역사회지원을 추구하는 운영자들이 기대하는 것보다는 덜 노동집약적이기에, 높은 수준의 자본투자는 높은 수준의 고용증대를 유발한다는 가정은 옳지 못하다는 비판을 받기도 한다.

생태관광을 통한 고용기회들은 호텔, 공예품 제작자, 상점 소유주, 관광운영자, 정부기관직원, 공원관리인 · 경비원, 가이드 등의 영역들이다. 또한 대부분의 관광, 생태관광 사업들은 당연히 소규모이고 가족 소유이기에(Getz, 등 2004), 생태관광은 외딴 농촌지역의 실업을 해결하기 위한 만병통치약이 될 수 없다.

숙박시설 같은 사회기반시설이 이미 지역 내에서 개발되었기(채용이 되었기) 때문에, 지역사회에 고용편익은(있다 하더라도) 거의 발생되지 않는다. 또한 외딴 농촌지역에 살고 있는 지역민들은 종종 공식 면허가 부족해 고용기회가 발생할 때 외부인과의 경쟁은 가능하지만, 경쟁력이 낮아 기회

파푸아뉴기니

파푸아뉴기니는 지구상에서 가장 급속히 서구화되고 있는 국가로, 그 결과 사회문제와 실업이 증가하고 전통문화는 급속히 사라지고 있다(Bates, 1991: 4). 파푸아뉴기니 고지대 Ambua Lodge는 지역민들에게 고용기회제공을 통해 범죄대도시로의 도시성장

을 멈추는 데 도움이 되고, 자연환경 뿐만 아니라 독특한 지역문화 특색들을 보존하기 위한 동기를 제공했다. Ambua Lodge 건설과 운영은 건설 노동자, 미술공예품 제작자, 공연가, 웨이터, 요리사, 가이드, 정원사, 청소부, 세탁소 운영자, 유지관리 직원, 식물 재배자 등, 지역에 다양한 범위의 장단기 고용을 제공했다(Bates, 1991: 4).

CASE STUDY

를 잡기는 어려운 실정이다.

따라서 기술과 자원의 부족은 결국 주로 지역외 거주자들이 생태관광 사업을 소유 및 운영한다는 것을 의미한다(Weiler & Hall, 1992). 생태관광지역에서 지역주민이 자동적으로 직업을 얻기를 기대하는 것은 불가능하다. '냉엄한 진실은 지역의 농부, 어부 또는 플랜테이션 노동자들이 하룻밤 사이에 관광가이드 또는 호텔매니저로 바뀔 수는 없다는 것이다'(Clark & Banford, 1991: 9). 외딴 농촌관광 목적지는 거리라는 제한성으로 제한받는다. 일반적으로 훈련 및 교육기회 장소들은 아마도 수백 수천 킬로미터 떨어진 수도에서만 제공되기 때문이다.(Mader, 2002)

흔히, 개발도상국의 공원 계획, 채용 및 관리를 선진국 직원 또는 국외 거주자들에 의해 이루어지는데, 이는 결국 지역사회에 부정적 영향을 끼치고, '문화의 균질화'를 유발해, 많은 경우 적개심과 비통함 뿐만 아니라 지역의 전통적인 천연자원을 관리하는 방법을 가볍게 여기는 것을 초래하게 되었다.

훈련과 교육은 고용기회를 개선시킬 수 있는 실용기술만 제공해서는 안된다. 관광산업, 정부기관 및 지역주민간 파트너십이 요구되며, 이 때 지역주민은 개발과 관련해 자신들의 관심사와, 욕구 및 필요를 분명히 표현하고, 관광편익을 자신들이 평가할 수 있도록 해야 한다(심지어 그들이 고용되기 전에도). 지역사회의 관광참여는 단순히 고용기회로만 제한적으로 이루어

져서는 안 된다.

지역사회는 협의와 파트너십 경로를 통해 관광 프로젝트의 기획단계부터 실행 및 관리까지 관광개발과정 안에 포함되어야 한다. 특별히 지역사회에 더 많은 경제편익이 발생하길 원하는 지역소유업체 또는 지역업체들의 기득 이권을 위해서는, 모든 면에서 지역사회 스스로 관광사업을 추진될 필요가 있다(Sofield, 2003). Joy & Motzney(1992: 457)는 지역민들이 소규모 숙박시설을 구입 및 관리할 것을 제안하였다. 그러나 생태관광의 자본집약(capital intensity) 정도가 부족함에도 불구하고, 많은 지역주민이 시장경제에 진입하는 것은 가능성이 희박하다. 지역사회가 생태관광으로부터 의미 있는 편익을 얻기 위해서는 특히 언어, 환경 및 자연사 기술 등 광범위한 훈련 및 교육이 요구된다(Jithendran & Baum, 2000). 지역사회안에서 민간기업 운영기술이 가능하지 않을지라도, 지역의 전문기술 및 지식획득은 보호지역의 여행가이드 또는 공원관리자에게 강력한 경쟁도구가 될 수 있다.

> 보호지역의 적절한 관리는 공원 건물, 도로 및 오솔길을 관리하는 노동자 뿐만 아니라, 공원 경비원 및 감시원의 고용을 필요로 한다. 보호지역내 생태관광은 가이드 서비스에 대한 수요를 창출하며, 지역의 식물군 및 동물군에 친숙한 지역민들에게 고용을 제공한다.(Bunting, 1991: 3)

Ceballos-Lascurian(1992:5)에 따르면 지역민들은 조상으로부터 '자연지형의 전래 지식을 소유'하고 있을 뿐만 아니라, 공원 경비원 같은 직책으로 생태관광을 위해 헌신할 수 있는 동기를 가지고 있다. 그 이유는 '지역주민의 생존의 의미는 상당 부분 자신들의 환경적 자연특질을 지속적으로 보존하는 것에 달려 있기 때문'이다.

이와 유사하게, '필요한 기술' 훈련을 통해 지역민들에게 필요한 정보를 제공하는 개발모델을 촉진하는 대신, 지역사회가 '이미' 소유하고 있는 특정 기술과 지역을 위해 제안된 관광 프로젝트에 지역민의 기대와 결과에 부

CASE STUDY

사카우 우림 별장, 보르네오, 생태관광모델

사카우 우림 별장은 지역의 사회문화적 환경물리적 환경간 조화, 지역인구, 특히 벌목산업의 긴축으로 고통을 겪고 있는 주민을 위한 대체 고용원 창출을 목적으로 개발되었다. 별장은 산다칸(Sandakan)에서 130 킬로미터 떨어진 곳에 위치해 있어, 사카우에서 키나바탕간(Kinabatangan) 상류까지 15분 이상의 보트 이동을 해야 한다. 키나바탕간 강둑 외딴 위치의 7에이커 면적의 토지를 구입했지만, 자연식생 파괴를 최소화하기 위해 건축면적은 10,000 평방 피트로 제한되었다. 경영진은 뱃사공, 정원사, 일반 노동자 및 주방 인원에 지역민들을 채용했다. 승객 나룻배 수송을 위해 사용되는 모든 배는 지역 어부들이 건조하고, 별장이 최대 용량으로 운영되는 경우 기타 부두 및 설비 필수품들은 지방 무역인들에게 하청을 주었고, 숙박인들의 나룻배 수송과 가이드를 위해 지역의 선박을 빌리게 된다.

직원 슬라이드 쇼는 현지통역기술을 업그레이드 한 것으로, 회사 및 정부의 보존정책과 관광객 욕구를 이해하기 위한 주요 도구로 활용된다.

토양침식을 예방하고 인접지역에 미치는 소음영향을 최소화하기 위해 별장은 강에서 100 피트 떨어진 곳에 위치해 있으며, 수목완충지대에 의해 분리되어 있다. 사카우 우림 별장은 지상 5피트 기둥위에 건립되었으며 공기순환과 냉방 최적화를 위한 10 피트 높이의 천장이 있다. 장소의 이점을 최대화하기 위해, 적당한 곳에 태양광과 보조 발전기를 위치시켜 사용하고 있다. 빗물과 강물을 모아 샤워, 화장실, 가정 용수로 사용하고, 어떠한 쓰레기도 강에 배출하지 않는다. 별장이 관리하는 강가의 관광영향을 최소화하기 위해, 모든 배들을 녹색으로 칠하고 동력은 15HP의 가능한 최소 사이즈의 엔진을 사용한다. 야생생물을 관찰하기 위해 여행단이 멈추게 되면, 전기엔진과 연결된 태양광 충전 배터리로 동력을 얻는다.

사카우 우림 별장 경영진은 1996년 근처 켈레나냅(Kelenanap) 우각호의 잡초를 제거하는 자원봉사자들을 위해 1000개의 객실을 따로 챙겨두었다. 야생생물, 조류, 지역 어업은 만연한 잡초들로 인해 영향을 받아 왔다. 말레이시아 대학과 해외 학생들과의 협동작업으로, 잡초문제와 수로 부영양화(富營養化) 문제들이 처리 중에 있다.

마지막으로 사카우 우림 별장은 해외 여행업자들로부터 모금을 시작했다. 이 돈은 지역의 비정부기구(NGO)인 사바 주 환경보호협회로 보내져 연구목적으로 사용된다. 가까운 미래에 키나바탕간강 저지대 지역은 야생생물 보호지역으로 고시될 예정이다. 경영진은 자연 및 문화환경 보존에서 이러한 지속가능한 별장을 하나의 촉진제 및 인센티브로 사용하고 있으며, 불법적인 벌목 및 지역 집행관들의 뇌물 수수에서 지역이 장기적 편익을 얻을 수 있는 지속가능 생태관광으로 변화될 것을 권장하고 있다.

앨버트 테오-관리 이사, 사카우 우림 별장, 말레이시아: 영국 항공의 내일을 위한 관광 시상식 (British Airways Tourism for Tomorrow Awards) 1996 태평양 지역

합되고 지역사회가 이미 소유하고 있는 특별한 영역의 기술을 인식하는 것이 진정한 의미에서 가치가 있을 것이다. 지역사회는 협의과정을 통해, 관광 프로젝트의 기획에서부터 이행까지의 관광개발 과정안에 포함되어야 한다. 협회는 경제개발과 지역사회의 사회문화적 환경에 미치는 잠재영향을 조정할 뿐만 아니라, 보존정책도구의 설계 및 발전안에 이해관계자들의 선호를 통합하는 데 도움을 줄 수 있다.(Bienabe, 2006; 세계자연보호 기금, 1992)

소규모 개발 조차 중대한 부정적 영향을 끼칠 수 있다. 관광영역의 다양성으로 인해 지역민들은 그들이 이전에 향유했던 토지와 자원을 이용하지 못하는 경우도 있다. Walpole(2001) 등에 의하면, 토지가 보호지역관리 하에 있을 때 생태관광은 자원 소유권과 관리의 변화를 가져와 관광산업에는 이익을 가져오지만, 지역민들에게는 불리하게 될 수 있다.

'일부를 위한 고용 활성화, 생활수준 및 소비수준, 주민의 특정 부분에 대한 불평등한 편익분배는 사회적 긴장 및 적대감의 원인이 될 수 있다'(세계자연보호기금, 1992: 19). 지역사회에 어떠한 동등한 편익도 없이 공원이 주로 관광객을 위한 편익으로 간주될 때, 지정된 보존지역에 대해 지역주민들의 분노가 종종 발생하게 된다. 그 이유는 외국 관광객들의 방문이 빈번하게 나타나는 반면, 지역민들이 자신들의 것이라고 생각했던 토지에 대한 사용권리를 더 이상 가지지 못한다는 사실 때문이다.

극단적인 경우 이러한 분노는 '토지 소유주들이 그들의 토지가 보호의 대상으로 선발될 뿐, 자신들에게 돌아가는 이익이 없다고 믿게 되며, 악의적 파괴를 발생시킬 수 있기 때문에' 최악의 경우 자연지역의 파괴를 유발하게 된다(Kusler, n.d: 2). 그러므로 지역주민문화에 기반을 둔 관광은 반드시 지역주민들을 위해 상당한 개발이익을 생성한다'는 가정과 함께 매우 조심스럽게 접근해야 한다. 이는 지역주민들이 필요한 자원을 가지고 있거나 그들의 유산에 대한 권리를 인정 받는 경우에 발생할 수 있다.

지역계획 및 개발

> 생태관광 회사운영에 있어서 지역의 성공적 개발을 위한 중요한 전략
> 들로는, 협의의 중요성, 계획과정의 중요성, 지역기업 소유주-운영자
> 들에 대한 적절한 훈련 및 교육의 가용성, 경제행위자와의 조인트 벤
> 처 파트너십 가용성 등이 있다.(Fuller 등, 2007: 141)

이 과정에는 국가, 지역 현지수준에서의 목표 설정도 포함된다(Clark & Banford, 1991:7). 지역에서는 수용가능한 관광의 바람직함과 한계를 기록하는 관광 마스터플랜의 개발을 제안하고 있다. 이상적으로 지역사회는 자신의 마스터플랜을 개발할 수 있지만, 현재는 결정권 위치에 있는 이들의 우선순위에 의존하고 있다.

생태관광에서 지역사회 혹은 지역민들이 개인적으로 직접적인 편익 획득을 보장하기 위한 몇 가지 사례들이 나타났다. 이스터 섬 같은 많은 소규모 지역사회에서 숙박설비는 핵심 요인이다; 이스터 섬의 경우 지역주택내에 300개 이상의 침상이 관광객들에게 개방되어, 섬의 중요한 숙박원천으로 제공되고 있다(Stanton, 2003). 추가소득은 집을 아름답게 꾸미고 지역의 사회기반시설제공을 위해 사용된다.

파퓨아뉴기니 고지(高地)에서, 마을 사람들은 자신들의 땅에 직접 지은 숙박 산장으로 소득을 얻고 있으며(Bates, 1991: 4), 지역 여행업자의 협조로 관광객들에게 숙박을 제공하고 있다.

이와 유사하게, 팍스 월드 프렌드쉽 투어(Pax World Friendship Tour) 그리고 Co-op America's의 Travel Link 프로그램들은 모두 지역사회가 해당 지역의 생태관광으로부터 편익을 얻을 수 있도록 하기 위해 특별히 설계되었다. 이들 프로그램에는 지역민들이 자신들의 집을 관광객들에게 개방하는 것이 포함되어 있는데, 이 시기를 지역사회안에서 '지역사회 개발 프로젝트'를 위해 일하는 기회로 활용한다.(Johnson, 1993: 3)

바누아투, 남 펜티코스트(South Pentecost)

펜티코스트 번지점프는 매년 4월~5월에 개최되는 이 지역마을의 전통의식이다. 점점 더 증가하고 있는 관광으로 인한 부정적 문화영향에 대응하기 위해, 마을 추장들은 행사관리를 위한 '남 펜티코스트 관광협의회'를 설립했다. 협의회의 '주요 책임은 행사의 문화적인 본래의 모습을 지키는 것이다'(Sofield, 1991:59). 이것은 관광객들의 방문과 더불어 관습의 유지, 행사 촬영금지 및 공연참가 관광객들의 수를 제한하는 것을 포함한다. 이러한 행동들을 선언하게 된 것은 상업성의 증가와 행사에 대한 외국 영화사들이 지역사회에 지불하는 사례금 분배에 투명성이 결여되어 발생한 문제에 대한 우려가 커졌기 때문이다. 영화화의 일시적 정지는 관광객들에게 '진정한' 문화체험을 제공하고, 마을 사람들의 문화적 중요성을 유지할 수 있도록 하며, 어느 정도 그들이 관광활동에 대해 통제할 수 있도록 하였다(바누아투 문화센터, 2008).

그러나 국가, 주, 지역 차원에서, 관광 발생 장소, 무엇을 보여 주고 무엇을 할 것인가, 그리고 지역사회에서 누가 경제적 편익을 얻을 것인가를 결정하는 것은 일종의 권력 투쟁이다(예, Sofield, 2003: 191-224). 실제적으로 계획 시스템 그 자체는 지역주민들의 투입기회를 거의 또는 전혀 제공하지 않는 방식으로 세워진다. 존슨에 따르면(1993: 4), '개발 프로젝트들은 종종 정책 및 관리상 과정에서 지역주민들의 발언권을 최소화하는 정치환경 안에서 설계되고 실행된다는 것이다'. 반면, 네팔은 자원관리 계획의 의사결정에서 지역주민들의 권한과 역할을 증대함으로써 특별히 지역주민에게 이익이 되는 시스템을 개발했다.

지역주민들의 정보접근성을 늘리는 것은 계획 및 의사결정에 지역주민에게 더 많은 참여 영역들을 제공하게 되는데, 그중에서 교육은 지역참여증가에 강력한 역할을 담당한다.

지역문화에 대한 배려는 여러 방식으로 생태관광 목적지와 상품의 계획 및 마케팅 안에서 통합될 수 있다. Blangy와 Epler-Wood(1992: 4)는 사회적 지침이행에 따라 문화이슈에 관한 관광객 교육에 정부기관, 관광위원회, 관광산업 및 지역 거주민들이 모두 하나의 역할을 담당할 것을 권장하고 있

CASE STUDY

코스타리카

코스타리카 UNESCO-MAB(유네스코 생물권 보전지역) 그리고 코스타리카 국립공원 프로젝트 연대는 외국인 참여보다 지역주민들을 의도적으로 선호한다. 훼손된 산림복원은(과나카스테주 프로젝트로 알려짐) 코스타리카 거주민, 공원유지보수, 관리 및 서식지 복원 영역에서 지역민 고용 및 훈련을 강조한다. 이 프로그램은 현재 지배적인 북미인들에서 코스타리카 산업으로 연구, 관리, 공교육 부문에 대한 통제력 점진적으로 이동하는 긍정적 효과를 가지고 있다 (Johnson, 1993: 3).

이은 프로그램들은 궁극적으로 보호지역과 관광산업에 대해 더 많은 지역통제를 이끌 것이다. 그러므로 지역민들이 개발결정과정을 통제하거나 통제력을 얻기 위한 전략의 연구, 토의, 고안에 참여하게 된다. 그들은 생태관광에서 역할증대를 위한 결정적 단계를 밟고 있는 것이다(Johnson, 1993: 4).

다. 그들은 정부가 지침개발에 책임을 가져야 하는 동시에 지역사회의 참여를 권장하고 있다. 배포용 팸플릿의 준비와 편집에 도움을 얻기 위해 정부 지원을 이용함으로써(이용가능한 경우) 지역사회는 이러한 지침개발에 통합될 수 있다. 대안적으로 지역사회는 국제 및 지역 비정부기구들과 협조해 환경교육 프로젝트에 참여할 수 있다.

사회적 지침들은[3] 다음의 바람직하고 수용가능한 행동들을 통합할 수 있다.

1. 지역관습 및 전통
2. 사진 촬영 허가
3. 의상
4. 언어
5. 사생활 침해
6. 구걸에 대한 대응
7. 기술장치 사용과 남용
8. 물물교환과 협상
9. 지역주민의 권리

---

3) 생태관광객들을 위한 기타 실제적인 사회, 경제, 환경 지침은 Lorimer(2006) 참조.

10. 지역 공무원

11. 출입금지지역(Blangy & Epler-Wood, 1992: 4)

또 하나의 가능한 원조는 관광국으로부터이다. Blangy와 Epler-Wood (1992:4)는 관광국이 지역지침의 제작, 인쇄, 배부를 통해 모든 교육과정단계에 기금을 할당해야 함을 주장하였다. 여행객 센터 및 현장에서 팸플릿과 인쇄물을 배부하는 것은 관광객에게 정보를 전달하는 효과적 수단이다. 관광 가이드들은 방문지역에서 수용가능한 것들과 가능하지 않은 것들에 대해 관광객들에게 간략히 보고하는 중요한 역할을 담당할 수 있다.

관광객들과 일부 여행업자들의 종종 훌륭한 의도에도 불구하고, 생태관광은 활동의 기반이 되는 자연자산을 손상시킬 수 있다는 것은 분명하다 (예, Kamauro, 1996; McLaren, 2003; Shepherd. 2002). Lindberg(1991: ix)에 의하면 결과는 그것이 어떻게 관리되는가에 달려 있다. 그러므로 관리의 중요성은 매우 크다. 관리자들은 '자연지역의 특색을 위험에 빠뜨리지 않고 그 가능성을 이용할 수 있는 방법'을 찾아야 한다.(Boo, 1990: xiv)

생태관광에서 생태관광조직은 조직의 위치와 역할을 인식하기 위해서는 지역사회의 다양한 요구와 비즈니스 운영과 국가의 보존/개발 전략을 결합하는 것이 중요하다. 일반 관광처럼, 생태관광은 정부, 민간기업, 지역사회 및 단체, 비정부 보존단체, 국제기관을 포함한 다양한 부문들로 구성되어 있다. 관광 및 보존부문의 광범위한 프레임워크 안에서 어떻게 조화할지에 대해 각 주체들이 이해하고 있다면, 세심한 설계의 관광 프로그램 기회는 더욱 많아질 것이다. 보호지역은 관광수용 지역사회의 가치를 촉진하기 위한 핵심인 동시에, 보존문제 및 지역사회관계 측면에서 방문객들에게 교육을 제공하는 대상이 된다.(Kutay, 1990: 38)

국제연합자본개발기금은(UNCDF) 최저개발국에서 소액금융지원 (microfinance) 그리고 지역개발을 촉진하기 위해 투자자본, 역량수립과 기술자문서비스를 제공한다. '참여적인 생태학적 개발' 철학에 기초해 대출이 제

공되며(Frueh & Pesce, 2000), 관광유해영향에 대처하기 위한 수단을 제공한
다. 참여적인 생태학적 개발은 협동적인 자기관리(autogestion, 자주적 관리),
공동경영(congestion, 공동관리), 연대(solidarism, 사회연대주의) 요소들을 포
함한다. 대부분의 개발도상국 사람들은, 옛 경제모델은 오직 궁극적으로 경제
를 지배하려는 선진국에게 이익이 되기 때문에 효과가 없는 것으로 인식하고
있다. 하지만, 오늘날에는 다양한 형태로 운영 중인 대안 모델들이 존재한다.

> 때때로 자연을 존중하고 지역주민의 기본 욕구들을 충족하며, 자치에
> 참여하는 원칙들은 동일한 방향성을 가진다. 공정한 토지 임대권, 가
> 격 책정, 대출 체계를 수립하고, 소규모 빈농에게 기술적 원조를 제공
> 하는 것은 기초욕구충족 및 공동체 자결원천이 될 뿐만 아니라, 삼림
> 파괴 및 환경적으로 건전하지 못한 농업 관례들을 감소시킬 수 있다.
> 산타로사 국립공원은 건조한 열대림의 복구와 '생태관광 가이드, 삼
> 림관, 교육자 및 연구원'으로서 지역민의 교육 및 고용을 통합했다는
> 점에 정당한 자부심을 가지고 있다. 코스타리카-니카라과 국경에 제
> 안된 평화공원(Peace Park)은 위험에 처한 열대생태계 뿐만 아니라 깨지
> 기 쉬운 지역평화를 보호할 수 있다(Encel & Encel, 1991: 159).

생태관광과 생물다양성 논쟁에서 보존 이슈들은 항상 우선적이었으나, 지
역사회 요소들은 무시 되어왔다. 그러나 지역사회의 참여가 없다면 생물다양
성이 보존될 수 없다는 점이 더욱 명확해지고 있다. 국립공원과 보호지역을
생물다양성과 생태관광에 필수요소로 인식하는 것이 필요한 반면, 생태관광
은 지역사회와 관광객 체험의 중요성 또한 강조해야 한다.(Goodwin, 2002)
혁신적 장치를 통해, 알래스카 원주민 조직(Alaska Native Brotherhood)은
1969년 남동 알래스카 원주민의 문화예술에 초점을 둔 시범프로그램을 관
리운영하였다. 남동 알래스카 인디언문화센터는 2000년 1월 30주년 기념일
을 맞았다. 지속적이고 전통적 사용자의 보장이라는 합의하에 설계된 지역
사회는 많은 뛰어난 틀링기트 공예품들을 임대해 주거나 기부했다.

관광자연지역에 기반한 관광은 지역민들과 분리되어 발생하지 않는다. 관광은 사회기반시설과 접근성을 요구하며 지역사회에 영향을 끼친다. 많

CASE STUDY

파트너십, 국립공원과 원주민

싯카(Sitka) 국립역사공원은 알래스카, 인디언 강어귀와 접한 106 에이커 면적의 멋진 경관으로 이루어져 있다. 이 공원은 원주민 집단과 국립공원 당국간 가장 성공적인 파트너십 중 하나를 구현한 것으로 평가된다. 공원내 아메리카 인디언 문화는 방문객들의 해설체험에 중심이고, 틀링기트(Tlingit) 인디언 족들이 국립공원 서비스(NPS)와 공동으로 알래스카 남동부 인디언 문화센터를 운영하고 있다. 원주민 예술가들은 그들이 재현하고 있는 '조상'들과 문화전통에 초점을 맞추고 예술활동을 한다. '그들(조상들)과 함께 하는 것은 우리 틀링기트족들이 미래에 어디에 서 있게 될지 보장하는 보험과도 같다'.

빙하국립공원은 이러한 파트너십을 분명히 보여주며 인디언 프로그램들은 스라이쉬, 쿠트나이, 블랙풋(인디언 족) 강연가, 드러머와 무용수들이 포함되어 있다. 1980년 시작된 빙하 프로그램들의 자금원은 빙하자연사 협회 및 기타 민간자금원들이다. 처음에는 원주민 통역자를 찾는 것이 어려웠지만 7월과 8월에는 거의 매일 프로그램을 운영할 수 있을 만큼 충분한 원주민들이 참가하고 있으며 블랙풋 원주민들을 하계 경비원으로 고용하고 있다. 빙하 통역단장은 '이것은 아메리카 인디언들이 그들 자신의 문화해설 하는 것을 필요로 했으며, 원주민 문화를 낭만화할 때 우리는 그것이 인공물이 아니라, 성장하고 살아 있는 문화라는 의식을 잃게 된다'고 말한다.

살아있는 문화감상은 애리조나, 캐니언더셰이 국립기념지 안에서 분명히 알 수 있다. 여기서 나바호 족은 여전히 83,840 에이커를 소유하고 있다. 북쪽 및 남쪽의 림드라이브(rim drives)를 따라, 화이트 하우스 유적지까지 오솔길 도보를 제외하고, 나바호 족 가이드가 없는 경우 어떠한 방문객도 캐니언더셰이에 들어가지 못한다. 어떤 젊은 가이드는(사냥꾼) 통역을 하기 전에 공원건설현장에서 근무를 시작했으며, 그에게는 자연스러운 발전적 전환이었다.

사냥꾼은 말한다. "우리 할머니가 말씀하셨어요, '입으로 배우는 게 아니란다. 너의 다른 감각으로 배우는 거지. 그것이 우리가 다른 모든 것들은-귀, 눈, 콧구멍, 손-두 개를 가지고 있는 이유란다. 네 입은 함께 나누기 위해 있는 것이고, 모든 다른 것들은 배우기 위해 있는 것이란다.' 결코 할머니는 '가르친다'라는 단어를 사용하지 않았습니다. 그것은 함께 나누기 위한 것이죠."

나바호 족 가이드는 그 자체가 살아있는 역사이고, 500년 후에도 협곡에서 양과 염소를 계속 방목하고 있을 것이다. 외래 및 토착문화간 상호작용 이야기를 다음과 같이 은유적으로 표현하고 있다. '사람들은 다리를 놓는 것에 대해 이야기한다. 그러나 한 개의 다리가 있다면, 두 문화는 중간에서 만나 서로를 잡아당긴다. [그러나] 강은 모든 방향에서 흘러와 함께 흐르고 함께 속도를 늦춘다. 잡아당기지 않고, 서로를 엮어 직조한다. 자연스럽게. 우리 인간들은 모든 다양한 색상들을 가지고 있다. 완성된 융단을 보라. 얼마나 아름다운가. 우리는 단지 우리의 실을 직조하기만 하면 된다(Bowman, 1998).

은 경우, 지역민들은 그들의 생계유지를 위해 자연환경을 이용한다(예, Goodman, 2002). 생태관광의 도입과 함께 손상되지 않은 환경으로부터 얻을 수 있는 직접적인 편익이 천연자원보존을 위한 더욱 훌륭한 기반이 될 수 있다. 지역사회는 이러한 편익을 얻을 수 있으므로, 경제 프레임워크 안에서 보존의 필요성을 인식해야 한다. 그러나 지역사회 외부힘에 의해 개발이 지시된다면, 과잉개발 및 지나친 경제누출은 당연한 결과가 될 것이며, 이에 따르는 부정적 사회적 영향은 높아질 것이다. 노골적인 수익유출에 따른 분노심과 보호자원의 파괴가 나타날 수 있다.

추천 문헌

Sofield, T.H.B. (2003) Empowerment for Sustainable Tourism Development. Pergamon, Amsterdam. 지속가능 관광개발 역량 강화, 페르가몬, 암스테르담

소필드의 텍스트는 남태평양 섬나라들의 관광, 지속가능개발 및 지역사회 역량강화 간 관계를 탐색한다.

van Egmond, T. (2007) Planning for the 'right' tourists. In Understanding Western Tourists in Developing Countries (T. van Egmond, ed.). CAB International, Wallingford, UK, pp. 144-73.

'정의로운' 관광객들을 위한 계획. 개발도상국의 서구 관광객 이해. CAB 인터내셔널, 월링포드. 영국

van Egmond의 논문은 국제관광 담론에 관한 비판적 분석을 제공하며, 생태관광, 지속가능관광, '짙은 녹색' 환경주의, 민족관광, 진정성 탐색 같은 용어들이 실제로 서구 프로테스탄트 중산층 개념이라고 주장한다.

Special Edition of Current Issues in Tourism(2002) [Global ecotourism policies and case studies: perspectives and Constraints] volume 5, issue 3

현 관광이슈 특별판(2002) [세계생태관광정책 및 사례 연구: 관점과 제한, 5권, 3호

Chapter 7

생태관광 사례 연구

CONTENTS

사례 연구 1.

파푸아뉴기니, 코코다 트랙(Kokoda Track) 트레킹: 코코다 지역사회 의사결정 역량 강화

서론

코코다 트랙은 파푸아뉴기니(png) 오언 스탠리 산맥을 통과하는
워킹 트랙(walking track, 산책로)이다. 수도 포트모레스비에서 약 50
킬로미터 동쪽의 오언 지방에서 출발해서, 오로 지방 코코다 마을까
지 바위산 지역을 가로질러 96 킬로미터의 구불구불한 길이 펼쳐져
있다. 코코다 트랙은 1942년 일본 침략군을 격퇴한 중심지로서 세계
2차 대전의 주요 격전지이었기 때문에 오스트레일리아 군 역사의 아
이콘이 되었다. 트랙은 또한 호주와 PNG 간 관계를 상징하며 트랙을
따라 마을 사람들은 호주 군인들에게 극히 중요한 지원을 제공했었
다. 많은 이들에게 코코다 트랙을 걷는 것은 극히 고된 조건 하에서
트랙을 따라 싸웠던 군인들의 용감함과 성격을 입증하는 것이다.(그

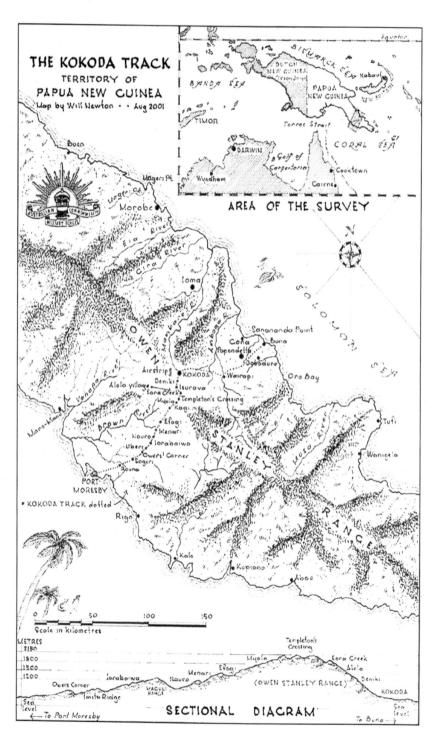

| 그림 7.1 |
코코다 트랙.
코코다 트랙 당국 사진

림 7.1 참조)

오늘날 트랙은 PNG의 최고 토지 기반 관광 명소를 나타내며 많은 여행사들이 대부분 호주인 관광객들을 위해 10일 트레킹을 운영하고 있다. 트레커(trekker)의 수는 지난 10년에 걸쳐 급속히 증가하고 있으며, 2008년 말에 6000명에 이를 것으로 예상된다(8000 명의 가이드 및 지원 스텝 동반). 이것은 코코다 트랙에서 트레킹 산업의 발전을 이끌었고, 생태관광이 지역민들의 참여 및 의사결정 역량을 얼마나 강화할 수 있는지에 대한 예를 보여 준다. 사회, 환경, 그리고 경제적 관점에서, 이러한 급성장 산업의 지속가능성을 보장하기 위한 연구가 이루어지고 있다.

예를 들어 트랙을 따라 위치한 지역사회간의 관광 수입이 공평하게 분배되고 트레커들에게 최소 영향 실천에 관한 교육을 제공하기 위한 노력들이 현재 진행 중에 있다.

역사(History)

코코다 트랙(또는 코코다 트레일 kokoda Trail로 알려짐)은 1904년에 존재하게 되었으며, 당시 브리티쉬 뉴기니(British New Guinea)의 관리하에 설립되었다. 이 트랙은 포트모레스비와 코코다 마을 너머 북쪽 금광지대를 연결하는 공식 육로 우편 수송로이었다. 이전에 존재했던 모든 것은 접근이 불가능한 오언 스탠리 산맥을 따라 흩어져 있는 지역사회들 사이 서로 연결되지 안는 "숲길"(마을 부락으로 사용되는 우림 내 개간 지역)뿐이었다.

1942년 2차 세계대전 동안 일본은 부나(Buna) 및 고나(Gona)에서 포트모레스비로 전진하기 위한 축으로서 이곳을 선택했었다. 그 당시 코코다 트랙은 호주와 PNG에서 누구나 아는 이름이 되었다. 장비가 열악하고 경험이 없는 호주 병사들의 작은 무리는(약 400명) 이후에 중동과 북아프리카에서 영국과 전투를 벌였던 병사들이 보강됨-트랙을 넘어 코코다로 보내졌으며, 여기서 그들은 정글 전투에 고도의 훈련을 받고 경험 있는 잘 정비된 약 10,000 명의 일본 병력과 직면했다. 몇 달 동안의 혹독한 전투와 끔찍한 사상자 발생 이후, '원주민 천사' (Fuzzy Wuzzy Angels)라는 애칭으로 불리어지는 전설적인 파퓨아뉴기니 원주민들의 도움으로, 호주군은 포트모레스비 함락을 막는 데 성공했다. 그러므로 코코다 트랙은 호주군이 태평양 무대에서 만난 가장 힘든 전투의 현장이었고, 호주에서 그 이름은 용기, 희생, 동료 의식과 인내의 유사어가 되었다.(그림 7.2 참조)

관광과 파퓨아뉴기니(Tourism and Papua New Gujnia: PNG)

PNG 관광은 항상 적당한 정도이었다. 그러나 1999년 80,000 명의 국제항공편 승객으로 정점을 이룬 후 급속히 감소했으며, 이러한 감소는 정치적 불안정과 방문객에 대한 부정적 안전 의식으로 인해 발생했다.(그림 7.3 참조)

| 그림 7.2 |
코코다 트랙 항공사진.
Stephen Wearing 사진

방문객 총수는 증가하고 있는 반면, 레저 및 레크리에이션 관광객 수는(사
업 출장 여행자와 대립적인) 1999년 수준까지도 회복되지 못하고 있다(그림
7.4 참조). 또한 레저 여행 수준은 태평양 지역에 비해 현저히 낮다. PNG 인
접 태평양 국가들의 레저 여행은 일반적으로 국제항공편 승객의 80%를 차
지하는 반면 PNG에서 2005년 수치는 단지 26%이었다.(그림 7.2 개요)

지난 3년에 걸쳐 레저 관광 시장에서 성장을 이끈 것은 PNG의 틈새 시장,
특히 코코다 트랙 트레킹이었다. 2001년에서 2006년까지 코코다 트랙에서
발행된 트레킹 허가증은 2001년 75 장에서 2006년 2000장 이상이었다; 2007
년 추정치는 트레커 수 5000명 범위이며, 2008년에는 6000명이 트랙 도보를
할 것으로 예상된다.

기존의 코코다 트랙 지정 보호지역은 트랙 양쪽 단지 10미터만을 포함
하고 있다. 지속 가능성이 없는 벌목 관행 및 탄광이 주위 환경을 위협하

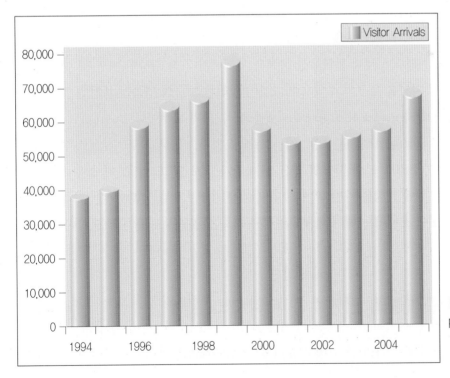

| 그림 7.3 |
PNG 국제항공편 방문객,
1994-2005
(여행 컨설턴트, 2006: 24)

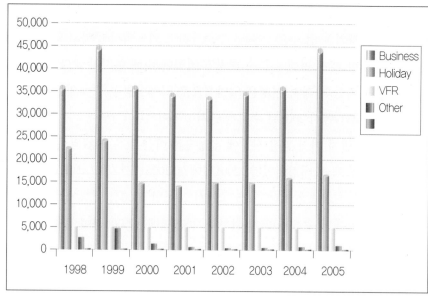

| 그림 7.4 |
방문 목적 별 PNG
방문객 수, 1994–2005
(여행 컨설턴트, 2006: 24)

고 있기 때문에, 자연 및 문화유산 보존 관련 단체들은 훨씬 더 광범위한 지역을 법률적인 보호 하에 두도록 압력을 넣고 있다. 국제교육과학문화기구(UNESCO) 세계 문화유산 목록은 세계에서 가장 귀중한 자연 및 문화 자산의 지정을 추구하고 있으며 그것이 이러한 자산의 영속성 보장을 위한 의식 함양과 기금조성에 하나의 역할을 할 수 있기 때문이다.

코코다 트랙 재단처럼, 개인, 트랙 운영자, 비정부기구(NGO)로 구성된 단체, 코코다 트랙 지역의 유산 및 자연자산 보존 그리고 토지 소유 지역사회 복지에 관심을 가진 학계, 그리고 세계 자연보호기금(WWF)은 트랙 및 주변 오언 스탠리 산맥이 세계 유산에 등재되기 위한 노력을 이끌고 있다.

트레킹과 관광수용 지역사회 참여

트랙을 따라 살고 있는 오로카이바(Orokaiva) 그리고 코이아리(koiari) 사람들은 최저생활 생계를 유지하고 있으며, 소비를 위한 농작물 재배 및 동물 사육을 위해 토지를 개간한다. 관광 이외 유일한 수입원은 포트모레스비 시장의 농산물 한정 판매이다. 이미 노동인구 부족 위협하에 있지만, 이러한 생계 유지는 대다수 젊은 세대들이 추구하고자 하는 것이 아니다. 관광 관련 고용은 기초적인 관광 비즈니스 관리 기술 같은 직업 훈련을 통해, 청년 유출을 막고 그들의 교육 및 미래 수입 능력을 향상하는 데 도움이 될 수 있다.

토지 관계는 PNG 사람들의 정체성 및 문화가치의 핵심이다. 토지의 97% 이상이 관습적 토지소유권 하에 있고, 이것은 다양한 집단 간의 지속적인 관계 및 협상에 영향 받는다. 그러므로 토지 경계선은 권력과 권한의 변화를 반영할 수 있다. 현 토지소유자를 다룰 수 있는 것이 중요하며, 종종 어려운 일이다. 트랙 주위 사람들 사이에 토지 문제는 일반적으로 긴장의 원천이며, 협상은 매우 복잡할 수 있다.

이 지역의 관광이 지속가능한 것이 되기 위해서는 협상과 분쟁 해결을 위한 효과적인 메커니즘 확립이 극히 중요하다.

2003년, 코코다 트랙 트레킹에 기반을 둔 지속가능한 관광 산업 발전 전략이 코코다 지역의 최고 우선 순위로 확인되었으며, 트레킹으로부터의 주 수입원이 트랙 주변 마을사람들과 그들의 구성원들을 위한 사회경제적 프로젝트 계획 지원 과정을 제공해 줄 수 있기 때문이었다. 이 의도는 관광수용 지역사회에게 권한을 부여하는 것이었으며, 그들이 자신의 목표를 추구할 수 있도록 하기 위함이었다.

코코다 트랙 트레커 수의 급증 그리고 관광 편익 분배와 관련된 토지 소유자들 사이의 분쟁으로 인해, 코코다 트랙 재단은 성공적 로비를 통해 PNG 정부가 '코코다 트랙 특수목적 공사(KTA)'를 설립하도록 했고, 씨족의 지도자들, 토지소유자, 지방 및 지역 차원 정부 당국, 관광 증진국, 전국문화위원회, 지역 단체 및 여행 업자 대표들이 함께 했다. 2004년 12월 9일, KTA는 코이아리 및 코코다 지방 정부의 법정 기구로서 PNG 중앙정부에 의해 공표되었다.

트레킹 전략(Trekking strategy)

KTA 설립 그리고 지역사회 개발/행동 계획안 준비는 관광 편익을 극대화하고 지역민들이 그들 자신의 발전을 위해 하나의 역할을 담당할 수 있도록 하기 위해 그들에게 권한을 부여하는 첫 단계이었다. 지방정부 대표들과의 강력한 파트너십을 통해, 관광수용 지역사회의 계획, 의사결정, 기금 배분에서 KTA가 지배권을 가질 수 있도록 의도되었고, 이것은 지역민들이 여행업자에게서 받는 '동냥'에 의존했던 과거에는 체계적인 방식으로 실행된 적이 없었던 것이었다.

이런 과정의 일부로서 지역사회는 포트모레스비, 에포기(Efogi), 코코다에서 개최된 워크숍 동안 초안된 5개년 트레킹 전략을 개발했다(그림 7.5 참조). 이 계획은 트레킹 요금, 숙박, 식량생산 및 관련 활동에서 생성된 수익을 통해 자급자족을 창출하기 위함이었다. 이 전략은 지속 가능 발전의 환경, 경제, 사회, 문화적 양상들에 초점을 맞추고 있었다.

| 그림 7.5 |
에포기 마을 워크숍.
Stephen Wearing 사진

코코다 트랙 주변 토지 소유는 그것의 개방성을 보장하기 위해 트랙에서 일을 하는 각 지역 사회에 있다. 그들은 트레킹 지원을 위해 교량, 횡단보도, 야영지, 기타 사회기반 시설들을 건립했다. 이들 지역사회들은 또한 트레킹 전략 및 KTA를 통해 여행업자와 같은 외부 단체에 대해 그들이 집합적인 방식으로 대표될 수 있도록 노력해 왔다.

트레킹 전략 개발 과정 전에, 코코다 지역사회는 내부 갈등으로 인해 발전을 위한 힘든 싸움을 벌였다. 따라서 여행업자들과의 개인 협상이 이루어졌고 트레킹에서 공정한 수익을 받지 못하고 있다고 느낀 이들은 트랙을 폐쇄했다.

지역사회는 그들이 '부유'하다고 생각한 관광객들이 마을에서 돈을 거의 쓰지 않는다는 것을 알게 되었다. 매우 불균형적인 부의 분배가 발생했고, 업자들, 그리고 그들과 '합의'한 이들은 트레커를 위한 포터 및 숙박시설을 조직해 그들과 관련이 있거나 협상 가능 위치에 있는 이들의 재산은 증가시킨 반면, 트랙 주위 많은 다른 이들을 무시했다. KTA 도입과 트레킹 전략 창출 과정을 통해, '사람들의 참여'를 활용할지 회피할지, 언제 그리고 어디에서 그것이 그들에게 유리할지에 대해 자주 변동적이었던 여행업자 중심의 전적인 산업 지배가 와해되었다. 예를 들어 이 산업은 착취적 전통에 따라 이루어진 노동 조건에서 일하는 지역 포터들에게 의존하고 있었다. 그러나 에포기와 코코다 워크숍 토의에서, 대부분의 마을 집단들은 임금율, 작업량, 공급 장비 및 일반적 대우 등의 조건들이 매우 일관되지 못했기 때문에 이 제도에 대해 만족하지 못했다. 오직 코코다 마을 집단에서만 포터를 고용하는 것을 포함해, 워크숍은 최소표준 장치가 정해질 수 있도록 했다.

트레킹 전략을 결집하기 위해 트랙 주변 마을 사람들을 위한 4회의 워크숍이 수행되었다. 에포기 마을 2차 워크숍은 기억하는 한 코코다 트랙 모든 마을 대표들이 처음으로 함께 모인 워크숍이었다. 3일 간의 워크숍 동안 참가자 수송을 위해 비행편이 사용되었다.

워크숍의 주요 문제점들 중 하나는 오직 엘리트들만이 동원되는 경향이 있다는 것이며, 이것은 종종 여성들의 배제를 의미했다. 대부분의 남성 '고문'들은 트레킹 산업이 근본적으로 여성을 포함해 지역사회 안에서 지원 받고 운영된다는 것을 고려하지 않은 채 무엇이 그들에게 이익이 될지에 대해 집단 토의의 초점을 맞추었다. 또한 남성들은 지역사회를 대표하는 거의 모든 참가자들을 구성했다. 불리한 위치로 인해, 여성들은 그들의 참여를 결정하고 트레킹 산업과 광범위한 전략으로부터의 이익 창출에서 남성들을 도울 필요가 있는 것들에 관한 논의에서 제외되었다. 남성들 사이에 만연한 가부장적 태도로 인해, 지역사회 여성들이 미래 관광에서 그들이 원하는 것을 분명히 표현할 수 있도록, 별도의 과정에 참가하게 되는 상황이 연출되었다. 에포기 여성들의 요청에 의해 에포기 마을 여성들의 단독 워크숍이 함께 개최되었고, 이것은 성장 산업에서 이익을 얻길 원하는 마을 여성들에게 발언권을 부여하는 효과를 가졌다. 이런 방식으로 여성들은 미세하게 그리고 조심성 있게 그들의 집단적 목소리가 남성 엘리트들의 목소리에 더해질 수 있도록 했다. 그 결과 여성들은 트레커들에게 음식을 판매할 때 그들의 이해관계를 명확히 표현할 수 있었다. 이것을 위해 여성들은 트레커들이 어떤 종류의 음식을 구매할 것인지에 대해 정보 수집을 하고 코코다 트랙 전체에서 음식을 준비하고 판매하기 위해 그들 스스로를 조직해야만 했다. 이전에 여행 업자들은 이러한 것을 권장하지 않았었고 트레커들에게 자신들의 양식을 공급했었다.

트레킹 개발 계획

코코다 트랙 관리의 핵심 접근법은 자원 관리에서 지역사회가 그들의 지식과 아이디어를 결집하도록 권장하는 방법론을 사용하는 것이었다. 참여적 지방 평가(Participatory Rural Appraisal: PRA)는 지역사회가 그들의 자원에 관한 관리 결정을 할 수 있도록 원조하기 위해 성공적으로 사용되고 있는 연구 도구이다. PRA 접근법은 코코다 트랙 지역사회의 라이프스타일, 트레킹에 대한 그들의 기대, 트레킹을 통해 좀 더 완벽한 편익을 얻기 위해 어떠한 변화가 이루어질 수 있는지에 대한 자료 생성을 위해 선택되었다. 연구 참가자들은 프로젝트에 소속된 다양한 연구원들로부터 최소한의 도움을 받고 그들 스스로 자료를 수집했다. 이것은 자신감, 독립심, 각 개인의 가능성에 대한 인식 고취를 목적으로, 참가자들이 그들 지식과 기고에 대해 책임을 질 수 있도록 했다.

어떤 형태의 트레킹 관광도 숙박시설, 보조서비스, 그리고 의료, 수송 및 노동 같은 사회 기반시설 등 관광수용 지역사회 시설의 지원 및 활용에 의존한다. PRA는 지역사회 촉진화를 돕고(다양한 대표들을 통해) 관광객들을 위한 자원 제공에 관해 결정할 수 있도록 하기 위해 사용되었다. 이 기법은 또한 트랙 주위 모든 토지 소유 씨족들 사이에서 협조적이고 조화된 지역 관광 개발 접근법의 개발을 용이하게 했다.

코코다 개발을 위한 지역/트랙 광범위 접근법은 트래커들이 트랙을 온전히 가로질러 나아가고 16개 다양한 씨족 소유 토지들을 통과할 수 있도록 보장하는 데 있어 필수적이다. 이 접근법은 참여 계획과 관리 세부 사항에서 복잡성 수준을 더욱더 증가시킨다. 왜냐하면 그것이 훨씬 더 오랜 시간을 필요로 하고, 훨씬 더 많은 정보 조사를 요구하며, 마을 사람들의 더 많은 타협을 필요로 하고, 개별적 토지 소유 단위보다 전 지역 참가는 더 많은 어려움을 포함하기 때문이다. 다양한 참가 지역사회들에서, 다양한 수준의 저항, 의무 그리고 경제적 편익으로부터 추가적인 문제들이 발생할 수 있다. 이러한 도전 문제들에도 불구하고, 지역 조정은 코코다 트랙에서 트레킹 산업의 지속 가능성을 위해 극히 중요하며 이 산업이 많은 편익을 이끌 수 있기 때문이다. 이러한 조정은 다음을 포함한다.

1. 이해 관계자들 사이의 더 많은 협조, 마케팅과 훈련을 위한 규모의 경제 창조

2. 트레킹으로 인한 영향을 최소화하고 더 많은 사람들이 트레킹 활동에 참가할 수 있도록 결집하기 위해 트랙 주위 적절한 캠핑 장소 선택

3. 광범위한 생태관광 시장 점령을 위해 다수의 명소 개발

지역내 참여적 트레킹 계획 안에서 이루어진 의미 있는 진보에도 불구하고, 광범위한 지역의 보존 문제는 여전히 남아 있다. PNG에서 천연 자원 보존은 지역사회의 개발에 대한 열망 그리고 그들의 개발 성취 능력이 종종 천연자원에서 현금 소득을 끌어낼 수 있는 능력의 결과라는 현실과 항상 조화를 이루어야 한다. 코코다 트랙에서 지속적인 트레킹 개발을 위한 참여적 계획 면에서 많은 진보가 이루어진 반면, 광범위한 지역의 자연 및 문화 유산 보존은 위협을 받고 있다.

다양한 풍토성 동물 및 멸종 위기 동물들의 서식지, 16개의 독특한 살아 있는 문화들의 본산으로서 오언 스탠리 산맥의 세계적인 중요성, 군(軍) 역사 면에서 호주와 PNG 모두에게 매우 중요한 지역의 유산 가치에도 불구하고, 채취 자원의 개발, 특별히 벌목과 광업은 환경 파괴와 함께 지역을 위협하고 있다. 트랙 운영에 대한 협조적 합의면에서 마을 사람들이 이룬 진보에도 불구하고, 코두(Kodu) 마을 사람들은 주요 구리 광산 개발을 위해 프론티어 리소스(Frontier Resources, 다국적 광산 회사) 회사와의 계약에 서명했으며, 이것은 문화적 진정성과 유산 가치를 감소시키는 코코다 트랙의 루트 변경을 요구하게 되었다. 또한 코두 집단은 자신들의 계획에 대해 정치적 방해를 한다면, 그들의 트랙 구역을(약 10%) 폐쇄하겠다고 위협했다. 코코다 트랙의 트레킹은 최고의 지역사회-기반 관광 개발의 실제적 이행, 그리고 그와 동일한 정도로 실제적인 그것을 지원하거나 손상시킬 수 있는 힘의 다중성을 보여 주는 훌륭한 예이다.

사례 연구 2. 네팔의 포터와 트레킹 산업

서론

20세기 중반 관광객들에게 국경을 개방한 이후, 네팔은 세계에서 가장 인기 있는 트레킹 목적지 중 하나가 되었다. 사가르마타(에베레스트 산) 같은 세계에서 가장 높은 산들에 매혹되어 관광객들은 비할 바 없는 자연미, 친화적인 지역민, 그리고 매우 개발된 트레킹 산업을 경험하기 위해 네팔을 방문한다. 이 산업은 3일에서 30일 간의 비교적 저렴한 패키지 도보여행 휴가를 제공하는 수 백 개의 단체들로 이루어져 있다. 산등성이까지의 적당한 소풍에서부터 5000 미터 이상 높이의 산길을 가로지르는 외딴 지역으로의 대규모 탐험 등이 포함되어 있다. 트레킹은 보통 매우 잘 조직되어 있으며, 지역 가이드, 요리사, 포터들이 모든 것들을 돌보아 준다. 세계에서 가장 험한 지역들을 넘어 식량, 물, 연료, 텐트, 트레커의 개인용품을 나르기 때문에 이 산업의 중추는 포터들이다. 그러나 네팔 관광산업 안에는 히말라야에서 포터들이 경험하는 조건들을 고의로 또는 무심코 무시하는 경향이 존재한다. 일부 경우에서 히말라야 셰르파(Sherpa)의 힘에 대한 낭만적 개념의 영속화는 관광 제공자들에게 유용한 판매 장점(selling point)이 되고 있다.

지역 포터들의 도움으로, 관광 제공자들은 매우 도전적인 것이 되었을지 모르는 협상해야 할 환경 안에서 정신적으로 건강하고 평온함에 근거 해 관광 체험을 마케팅 할 수 있다.

네팔의 포터들

네팔 산악 포터는 크게 3가지 범주로 나눌 수 있다.(국제포터보호 단체(IPPG), 2003)

- 전통적 포터
- 고(高)고도(high-altitude) 등반 포터
- 트레킹 포터

첫 번째 포터 그룹은 지역민들을 위해 일하는 전통적 포터들이다. 이들의 직무는 급료가 매우 높지는 않으며, 작업량은 과중하지만, 보통 저(低)고도(lower altitude) 마을들에서 운반이 이루어지기 때문에 위험하지 않다(비록 고고도에 많은 호텔들과 레스토랑들이 건축됨에 따라 변화하고 있지만)(국제포터보호 단체, 2003). 두 번째 포터 범주는 고고도 등반 포터들이다. 소규모 엘리트 집단들이며, 종종 등반 원정대를 위해 베이스 캠프 위쪽으로 짐을 운반하는 셰르파로 구성되어 있다. 직무가 위험하고 사망률이 높은 반면, 서구의 최신 산악장비들을 갖추고 있고 임금이 높다.(국제포터보호 단체, 2003)

세 번째 범주는 트레킹 포터이다. 트레킹 시즌에는 약 100,000 명의 트레킹 포터들이 네팔에서 일하고 있다. 대부분 저고도의 언덕 지역 출신들이며 전형적으로 추가 소득을 원하는 빈농들로 이루어져 있다. 많은 사람들에게 포터가 된다는 것은 유일한 고용 기회이며 그러므로 생존을 위한 수입을 위해 부가적인 활동을 하는 것은 네팔 지역민들에게 필수적인 것이 되었다(Ayers, 2003; van Klaveren, 2000). 예를 들어 관광 피크 시즌에는 안나 푸르나 지역 65,000 명의 트레커들이 50, 000 명 이상의 사람들을 계절 고용하고 있다(네팔, 2002). 비록 2번의 트레킹 시즌에 불과하지만(3월-5월 그리고 9월-11월), 포터는 추가소득을 얻을 수 있는 기회를 제공하는 소수의 경제활동들 중 하나이다(van Klaveren, 2000). 사회기반시설 관련 건설업(예, 주택 관리)은 관광 비수기에 보편적이며 포터들은 삼림 지역에서 통나무 및 기타 자재들을 운반한다(Gelzen, 2002). 불법 목재 공급 시장의 발전과 네팔 삼림의 지속 가능성은 적절한 임금 배분 그리고 관광 계절성 문제와 직접적으로 연결될 수 있다.

| 그림 7.6 |
트레킹 그룹을 위해
짐을 운반하고 있는
네팔 포터들.
세계 탐험대 사진

셰르파 포터의 보편적 이미지는 불요불굴 그리고 신뢰성이다(Spaltenberger, 2003). 포터들은 일반적으로 크고 무거운 짐을 운반할 수 있고(20~50kg) 적당하지 않은 의류와 신발을 착용했을 때조차 고산병 또는 저체온증에 거의 걸리지 않는다. 따라서 이것은 지속가능한 관광 산업의 대표성을 뒷받침한다. 사실 셰르파들은 거의 트레킹 포터들이 아니며 네팔 사회에서 가장 풍족한 종족 집단들 중 하나이다. 셰르파들은 현재 별장 또는 트레킹 대행사의 소유주 및 경영자이며 심지어 해외에서 살고 있다(네팔, 2002: Spaltenberger, 2003). 일반적인 통념과 반대로, 셰르파가 아니라 타망(Tamang)들이 트레킹 관광객을 위해 짐 운반을 하고 있는 주요 종족 집단이다.(van Klaveren, 2000) (그림 7.6 참조)

트레킹 산업에서 타망 종족집단이 차지하는 중요성은 타망 원정대라고 부르는 카트만두 기반 트레킹 조직의 존재를 통해 알 수 있다. 종종 아동을(즉 18세 이하) 포함해 기타 사회 하위집단들 또한 포터 직에 고용되고 있으며, 아동 노동에 관한 세계적 우려 증가는 관광 산업 지속성 면에서 여러 문제들을 낳고 있다.(Kumar 등, 2001)

관광 마케팅에서 포터 대표성

트레킹 부문에서 포터들의 대우는 복잡한 문제이다. McKinlay(2003)에 따르면 트레킹은 세계 최빈곤 국가들 중 한 곳의 사람들에게 고용을 제공하는 가치 있는 산업이다. 포터들은 가혹하고 험한 조건에서 빈번히 일하고 있지만, 외국 미디어 기사들은 종종 포터와 그들의 활동에 대해 낭만적 이미지를 영속화한다. 철저한 조사에 기반을 둔 것은 아니지만, '왜 네팔의 셰르파들은 우리의 가장 훌륭한 군인들을 큰 차이로 이기는가' 같은 기사들이(Henderson, 2005) 상당 부분 기존 간행물의 근거를 반영한다는 것이 우리의 견해이다.

이러한 기사들은 비록 평판 있는 과학 연구 안에서 다루어지고 있지만 포터에 대해 낭만적 관점을 취하고 있다. 자주 보고되지 않고 있는 것은 "Tourism Concern" 같은 단체의 수치들이며(2002, 2008), 이들은 포터들이 서양 트레커들보다 사고 및 질병 수가 4배에 이르고, 반면 일급은 US$2에서 US$ 5 사이라는 점을 주목하고 있다. 포터 인터뷰를 통해 그들이 직무의 주요 불리한 점으로 근무조건과(덥고 추운 날씨, 가파른 산길, 무거운 짐, 높은 고도) 저임금을 들고 있다는 것이 밝혀졌다(van Klaveren, 2000). 그러나 국제포터보호 단체의 보고처럼(2003), 그들은 또한 영어 학습, 외국인과의 교제 기회를 얻으며, 그러므로 그들의 근무조건을 개선시킬 수 있다(예를 들어 몇몇 트레킹 회사들은 전직 포터들이 소유하고 있음). 이와 유사하게 포터들 스스로 관광객 및 다른 포터들과의 접촉, 급료 및 직무 부수입으로서 팁을 거론하고 있다.

그럼에도 불구하고 포터들이 버는 돈은 수행되는 트레킹 유형에 따라 다양하다(van Klaveren, 2000). 위에서 말한 3가지 포터 범주와 별도로, 회사 고용 포터와 임시 포터 사이에는 중요한 차이가 존재한다. 회사를 위해 일하는 포터들의 상황은 상당히 개선되었다(McKinlay,2003). Ayers(2003)의 관찰 그대로, 네팔의 여행업자들은 포터의 이익을 배려하는 것이 훌륭한 비즈니스 관행이라는 것을 이해하기 시작했다. 물론 이것은 "Tourism Concern",

그리고 2005년 포터들을 위한 산악 안전 훈련 워크숍을 후원했었던 '네팔 히말라야 구조협회'의 캠페인 및 프로젝트들이 도움이 되었다(네팔 히말라야 구조협회, 2006). "Tourism Concern"의 81개 영국 트레킹 업체들에 대한 조사를 통해 이 중에서 40개 업체가 포터들에게 필수적 보호장치, 정당한 임금과 인도적인 근로조건을 제공하는 정책을 가지고 있다는 것이 밝혀졌다.(Tourism Concern, 2002)

히말라야의 지상낙원 이미지는 점점 저렴하고, 험하고, 불결한 목적지 이미지로 바뀌고 있다(네팔, 2002). 그 결과 네팔 트레킹을 보여 주기 위해 사용되는 이미지에 대해 잘 인식하는 것이 중요하다. 예를 들어, 거대한 짐을 옮기고 있는 포터의 이미지는 최초의 셰르파 그리고 산악등반 산업에 근거해 낭만화되어 있다. 그러나 네팔의 많은 장거리 포터들이 고통 받고 있는 열병, 요통, 흉통, 설맹, 설사를 포함한 많은 질환들과 함께 현실은 종종 매우 다르다(Kumar 등, 2001). 또한 관절염과 만성요통, 다리와 목의 통증 등 이러한 일이 미치는 장기적 영향이 존재한다.

지속가능한 실천으로 최근의 시도들은 네팔 트레킹의 이러한 낭만화된 묘사와 포터들의 사고 및 혹사에 대한 미디어의 보도를 대조해 보여 주고 있다. 네팔리 타임즈(Nepali Times)는 최근에 다양한 특집기사들을 실어왔고, 포터의 혹사 및 단지 관광산업뿐만이 아니라 네팔인의 삶에서 포터가 차지하는 가치를 인식할 필요성에 초점을 맞추고 있다. '포터를 찬양하며'라는 제목의 글에서 Subedi(2000)는 노새와 당나귀에게나 어울릴 대우 면에서 포터의 대우를 설명하고 있다. Samacharparta(2002)는 포터로서 아동을 이용하는 것 그리고 이후에 그들이 모택동주의자 같은 반란단체를 지원하는 소년병 계급으로 세뇌되는 것 사이의 직접적 관계를 도출하고 있다. Ayres(2003)는 여분의 자리가 있었음에도 불구하고, 포터들을 안전한 곳으로 항공수송하기를 거부했던 트레킹 구조 헬리콥터의 잔인한 이야기에 대해 자세히 말하고 있다. 이와 같은 보고들이 전세계에 펴져 있으며, 동시에 이의를 제기하는 보고들이 존재한다. BBC 영상 'Carrying the Burden' 또는 'Tourism Concern' 웹사이트 상에서 보여지는 등유에 화상을 입거나 동상에 걸린 발의 포터 이미지는 언젠가 파키스탄 여행업자가 묘사했던 것처럼, 노예와 같은 조건 하에서 일하는 포터들의 이미지를 만들어내고 있다.(McKinlay, 2003)

생태관광의 의미(Implications for ectourism)

네팔 트레킹 산업의 많은 부분들은 관광 목적지로서 이상화된 네팔의 이미지를 나타내기 위한 메커니즘으로서 지속 가능성과 생태관광을 이용하는 경향이 있다. 진정한 통합적 지속가능성은 지역 산업체들과 그들의 관광수용 사회의 상호작용 방식에 대한 고려를 필요로 한다는 점에서, 이러한 경향은 지속 가능성의 어려운 문제들을 발생시킨다(Clarke, 1997; Hunter, 2002; Weaver, 2006). 네팔 관광은 지속 가능성 이념을 채택함으로써 많은 것들을 얻어야 한다. 지역의 이해관계자들에 대한 고려는 별도로 하고, '관광과 환경 사이의 자연스러운 관계는 환경을 보호하는 것이 관광을 위해 명백히 이익이 된다는 것을 보여 준다'(McKercher, 19991a; 135). 그러나 오늘날까지 네팔 관광부문에서 지속가능성 원칙의 채택은 제한적이라고 말해도 무방하다. 포터와 기타 지역 집단을 배려하는 네팔의 지속가능한 관광 산업 개발에서, 우리의 견해상, 3가지 상호 관련된 행동방침들이 존재한다. 다음의 사항들이 이루어져야 할 필요성이 있다.

1. 관광 수용 지역사회의 환경 및 문화 생활에 우선 순위를 두는 프레임워크에 대한 강조
2. 지역 경제와의 연대성 심화
3. 성장 한계를 인식하고 지역사회조직과 정부를 통합하는 장기적이며 협력적인 계획

개발의 복잡성

지속가능 개발을 가장하여 지속 가능하지 않은 경제 성장을 은폐하는 것은 전 세계에서 보편적인 관행이 되었다(Khan, 2002). 관광의 경우, 서구 비즈니스 모델들은 관광 산업 확립을 위해 종종 급하게 채택된다. 많은 연구들을 통해 이러한 모델들이 종종 목적지 지역에서 외국 자본가들에게로 높은 수준의 수익 누출의 결과로 나타났고, 원치 않는 사회 및 환경 변화를 통해 지역 인구를 침해하게 된다는 것이 밝혀졌다.(Brohman, 1996; Fennell, 2003; Mahapatra, 1998; Marfut, 1999; Orams, 2001; Wearing and Wearing, 1999; Weaver, 1998)

우리는 네팔 트레킹 산업을 고찰할 때 네팔 지역사회의 기존 상황들을 고려할 가치가 있다고 주장한다. 이것은 네팔의 몇몇 친 빈곤 관광 개발 프로젝트 사례들과 관련이 있다(Allcock, 2003; Hummel, 2004; Saville, 2001). 포터 등의 지역민과 지역사회는 일반적으로 비권력 실체를 나타낸다. 경제 신자유주의 형태 안에서, 그들이 보통 개발 편익의 최후 수혜자라는 것이 밝혀졌다(Mahapatra, 1998; Smith, 2000; Timothy and Tosun, 2003). 사회 영향 평가 문헌들이 이러한 개념을 지지하고 있으며, 이들은 사회적 개발 영향이 (예, 관광) 주로 지역 규모에서 개인들에 의해 지각되는 반면, 경제 편익은 멀리 떨어진 지역의 이해관계자들에 의해 발생된다는 점을 주목하고 있다(Howitt, 2002). 지속 가능 관광 문헌 및 사례들은 목적지 지역을 고려할 때 광범위한 이해 관계자 스펙트럼이 포함되어야 성공이 가능하다는 것을 보여 주고 있다.(예, Bramwell and Sharman, 2000; Hall, 2000; Johnston, 2003; Pope 외, 2004; Timothy, 2001; Timothy and Tosun, 2003; Vanclay, 2003, Van der Duim 외, 2005; Wearing and McDonald, 2002)

서구 마케팅 미디어에 나타난 양극화된 관점으로부터 탈피하기 위해, 식민주의적 담론의 한계는 관련된 이들의 주체성을 이해함으로써 극복할 수 있다고 주장할 필요가 있다(Bhabha, 1994). 이것은 관광 수용 지역사회의 환경 및 문화생활을 우선하는 프레임워크를 통해 이루어질 수 있다 (예 Mahapatra, 1998; Peet, 1999; Telfer, 2002, 2003; Timothy and Tosun, 2003; Wearing and McDonald, 2002; Wearing 외, 2005)(표 7.1 참조). 네팔의 경우, 우리는 생태관광 원칙들이 소규모 지역사회 기반 관광 개발에서 가장 모범적이며(Blarney, 2001; Horn and Simmons, 2002; Koster and Randall, 2005; Ross and Wall, 1999), 미래를 위한 가능성 있는 방법이라는 점을 제안한다.

표 7.1 생태관광의 이상과 트레킹 현실(Holden, 2007)

생태관광 이상	트레킹 산업 현실
자원, 개발 악화 없이 생태학적으로 지속가능한 최선의 관행을 따름	관광은 상업적 상징으로 도출됨. 장기 수익 가능성이 위협 받고 있어 트레킹의 환경영향에 대한 관심 필요
지역사회에 장기적인 사회, 경제, 환경 편익을 제공해야 함	포터는 중요한 추가소득원임. 네팔 지역사회와의 적절한 유대를 개발할 필요가 여전히 존재함
성장 한계 및 공급자 지향 관리 필요성 인식	포터는 계절성 직업임. 많은 임시직 포터들이 직업 탐색 중에 있음
교육, 소집단 관리, 최소자원 이용 및 민감 지역 회피를 통해 여행자들이 부정적 영향 최소화하도록 함	네팔 주요 산길에서 Tourism Concern 캠페인 및 IPPG & WWF 포스터 캠페인
적절한 직원을 위한 비교 문화 훈련 제공	네팔 트레킹 대행사 협회(TAAN) 및 카트만두 환경 교육 프로젝트(KEEP) 등의 단체들이 산악가이드 훈련을 제공함.
모든 이해 관계자들의 교육 및 이해 본질적 자원 가치 인식. 자연 및 문화환경에 대한 윤리적 책임 증진	일부 관광 트레킹 목적지에서 지속가능 관광 개발 위원회 및 보존 개발 위원회가 창설됨. 트레킹 산업은 이러한 위원회들과 협력하고 있음. 그러나 권한은 여전히 관광업체 편에 있음.
원주민 문화에 민감하고 통역은 신중한가? 마케팅이 정확하다	운영자들은 정통한 원주민 통역에 점점 더 관심을 가짐. 마케팅은 더욱더 정확해지고, '완벽한 공간', '지상낙원' 이미지, 초인적인 포터의 힘으로부터 탈피

지역 경제의 복잡성

개발도상국 경제는 무역 관계 및 통치체제에서 역사적인 제국주의 지배 아래서 구조화된다. 이것은 종종 개발도상국과 선진국 간 불평등한 관계를 낳는다(Lea, 1993). 신식민주의 관점에서 관광은 이러한 불평등을 영속화하는 것으로 간주되며, 서구 자유주의 체제에 기반한 기업들이 투자 자본 및 전문 기술을 소유하고 있으므로 관광 이익을 통제하기 때문이다.

많은 사례에서, 개발도상국의 관광 참여는 선진 자본주의 사회와의 관계에서 단순히 그것의 의존적이고, 종속적 위치를 확증하는 것으로 간주된다. 그런 다음 관광은 신식민주의 형태가 된다(Britton, 1980; Brohman, 1996). 위에서 논의하였던 것처럼, 포터(porter)는 가난한 이들에게 중요한 추가 소득원이며, 트레킹으로 주변 마을 사람들에게 추가 자금줄이 된다. 네팔(2002) 보고에 의하면, 사가르마타 국립공원의 연간 17,000명의 트레커들이 14,000명의 포터, 2,500명의 가이드와 직원 2,800명의 야크(yak) 소유주 및 별장 소유주를 위해 짐을 운반하는 14,000명의 상품을 나르는 포터와 기타 관광 지역 내 상인들의 고용을 창출하였다. Shrestha(2001)에 따르면, 외딴 마나슬루 지역에서 마을 사람들이 얻는 소득의 한 가지 형태는 길가 야영지에 각각의 텐트를 빌려주고 받고 있는 1달러이다.

또 다른 소득 유형은 길가에서 포터들이 쓰는 지출로부터의 소득이다. 그들은 길가 다방이나 마을 사람들의 집에서 식사를 하고 가능한 경우 또한 그곳에서 잠을 자기도 한다. 그러나 1 주일 동안 지역 트레킹 허가증을 받기 위해 트레커들 각자가 US$75-90을 지불하는 반면, 이 돈의 어떤 것도 지역 개발을 위해 직접적으로 쓰여지지는 않는다.(Shrestha, 2001)

지역사회 관점에서

지속가능 관광 및 개발, 그리고 글자 그대로 포터의 등에 짐을 지우는 것을 벗어난 트레킹으로서 관점을 추구하기 위해, 트레킹 산업은 광범위한 이해 관계자의 주체성을 통합할 수 있어야 한다. 네팔은 다양한 프로젝트들을 통해 포터의 근로조건 개선을 시도하고 있다. 지역사회 개발 및 연구 센터(CCODER), SNV Nepal, TMI 및 WWF Nepal 같은 비정부 기구들은 포터직을 주변부화(중심에 빌붙어 사는)된 빈자들을 위한 중요한 소득 생성 활동으로 간주한다. 그들은 가난한 이들의 포터직 접근성 및 포터 근무조건 개선을 위한 전략 개발에 초점을 맞추고 있다. IPPG, KEEP 및 TAAN 같은 기타 단체들은 모두 국가적 차원에서 포터의 복지를 지향하고 있다(van Klaveren, 2000). 예를 들어, 1992년에 KEEP는 외국 관광 업체를 위한 네팔 트레킹 인식 고취 프로그램을 시작했다. 한 가지 관심 영역은 포터의 근로조건 개선을 위해 관광 업체들의 인식을 고취하는 것이었다. 그리고 나서 몇 년 후 NGO는 트레킹 가이드 훈련 코스를 시작했으며 훈련 받은 가이드들과 함께 포터의 상황에 대해 토의하였다. 또 다른 예로서, '산악 연구소'는-미국에 기반을 둔 INGO-후원자들로부터 기금 조성을 위해 달력을 판매했다. 이를 통해 그들은 포터들의 곤경에 대해 묘사했고 네팔 포터들의 상황 개선을 위한 단체의 노력에 대해 설명하였다. IPPG, WWF 및 KEEP와 함께 동 단체는 포터 근무 조건 개선 방법에 대한 인식 고취를 위해 관광객들을 위한 포스터를 개발하였다.

이 포스터들은 네팔의 주요 트레킹 지역에 배포되었다. 또한 IPPG는 포터들의 이익을 지지하고 있다. 현재 모든 트레킹 회사들은 포터들을 위한 건강 보험에 가입하도록 되었다. 그렇지만 아쉽게도 네팔의 건강보험은 조직이 열악하고 거의 실속이 없다. 이것은 모든 국민들에게 적용된다; 특히 국가 내 고용인/노동자 그리고 포터들 또한 예외가 아니다. 네팔에서 안나푸르나 보존 지역 같은 보호지역들은 국가 내에서 가장 방문 수가 많은 트레킹 목적지이다(네팔 트레커들의 60% 이상이 이 지역을 방문한다). 그 결과, 이 장소에서 현지 숙박을 이용할 수 없다는 점을 고려해서, 포터들의 숙박을 위해 민간 또는 공공 포터 숙소들이 건축되고 있다. 네팔의 몇몇 트레킹 지역에서 포터에게 서비스를 제공하기 위한 특정 지원 사업이 생성되고 있다. 예를 들어, 사가르마타 국립공원 내 호텔과 레스토랑은 외국인 관광객을 위해 호화로운 서양 음식들을 제공하고 있다. 그럼에도 불구하고, 사가르마타 국립 공원은 소규모의 저렴한 간이식당을 통해 포터들에게 음식물을 제공하고 있다.

지난 10년 간 포터와 관련 해 많은 변화들이 이루어져 왔으며 언론의 관심과 노동 조건 개선이 포함되고 있다. 그렇지만 여전히 많은 개선들이 필요하다.

토의와 결론

네팔 트레킹 산업은 그것의 운영에서 통합적이고 지속 가능한 원칙들이 얼마나 적용되는지에 대해 역사적으로 양극화된 의견을 보여 왔다. 한편으로는 세계적인 관광 산업체들이 존재하며, 이들은 지속가능 산업의 존재를 의미하고, 그 본질은 지역 주민의 통합과 참여에 두고 있다. 산악 등반과 기타 자연에 기반한 활동들이 네팔 트레킹 산업의 중심에 있다는 사실(Musa, 2005)은 생태 관광 지지 사례에 도움을 주어 왔다. 이러한 입장과 대조적으로, 종종 신 식민주의 관광 마케팅 전략하에 수립되는 것으로서, 트레킹 산업의 지역 노동자들이 경험하고 있는 열악한 근로조건에 대해 탄식하는 또 다른 논평자들이 존재하고 있다.

네팔에서 아동노동과 억압적 조건들이 만연되어 있다는 사실은(Kumar. 등 2001), 특별히 많은 지속가능 이념들의 중심점이 세대간 형평 원칙이라는 점을 가정하였을 때, 이러한 많은 논평자들로 하여금 이 산업에 생태관광 꼬리표(Ecotourism Tag)를 붙이는 것을 어렵게 한다. 그렇다면 네팔 트레킹 산업의 지속 가능 발전은 어떻게 나아갈 수 있을까? 첫 번째 과업은 이 산업이 지역주민을 어떻게 다룰지에 관한 보편적인 견해가 종종 이상화되었다는 것을 받아들이는 것이다.

다음 과업은 트레킹 산업이 운영에서 생태관광 원칙을 증진할 수 있는 방법을 고려하는 것이다. Wearing과 McDonald(2002)는 관광 계획 및 지역사회 개발의 선봉으로서 '참여연구'의 활용을 주장한다. 네팔 관광 산업의 보편적 본질에 대해서는 이미 언급했었다. 이 산업의 지속 가능성을 보장하는 것은 광범위한 이해 관계자 참여를 필요로 한다. Musa(2005)는 네팔 안나푸르나 지역 상황에 대해 이야기하고 있으며, 국립공원 개발의 성공은 지역민의 참여에 달려 있는 것으로 간주된다. Wearing & McDonald(2002: 194)는 참가연구에서 활발하게 연구(그들 자신의 기준, 상징, 묘사와 설명하는 방식)의 모형을 갖추는데 가담하는 수용지역사회들로부터 참여를 요구하는 점에 주목한다. 네팔 포터의 경우, 참여 연구는 기존 통념의 해체뿐만 아니라, 트레킹 산업의 지속 가능 목표로의 올바른 전진을 위한 전제 조건이다. 그들 지역의 산업 발전 및 관리에서 지역민들이 트레킹 산업의 배경에서 원동력이 될 수 있는 방법들에 주의를 기울일 필요가 있다.

그러나 관광 개발에서 이러한 참여적 접근법을 권장하는 것은 세심한 주의가 필요하다. 관광 관련 산업에서 효과적인 직무 수행을 위해 요구되는 전문성을 가정하면, 농촌의 교육 받지 못한 사람들이 갑자기 지역 관광 산업의 원동력이 될 것이라고 기대하는 것은 비현실적이며, 심지어 불공평하다고 쉽게 주장할 수 있다. 성공적 관광 개발은 지역민과 관광 기획자들간 협력을 요한다는 것이 우리의 견해다. 네팔에서 필요한 것은 개발 프로젝트에서 지역민들이 담당할 수 있는 역할에 대한 기획자들의 인식이다. 지역사회 상황을 반영하는 방식으로, 여성들처럼, 종종 주변부화(세상을 중심과 주변으로 구분. 주변은 약하고, 가난하여 비참함을 의미, 역자주)되는 사람들의 목소리를 포함해서, 지역사회의 목소리가 들려질 수 있도록 하는 기법들이 개발되어야 한다. 네팔에서 여성의 역할은 점점 더 중요해지고 있다. 예를 들어, 랑탕(Langtang) 생태관광 프로젝트에서, 남성들은 트레킹 산업 일자리를 구하기 위해 종종 지역에서 밀려나고 있기 때문에, 여성들은 '문화 전통 및 지식의 파수꾼'으로 인식되고 있다(Scheyvens, 2007: 194). PNG 코코다 트랙에서 지속적인 지역사회 기반으로의 관광 작업은 참여적 지속가능 관광 접근법이 개발도상국 농촌지역에서 어떻게 이루어질 수 있는가를 보여 주고 있다.(Wearing & Chatterton, 2007)

히말라야 트레킹 회사들은 네팔 및 기타 선진국에서 운영의 본질을 결정할 때 다양한 대립적 이슈들을 고려해야 한다. 첫 번째 예에서 그들은 네팔 관광객들을 끌어들이는 것은 주로 이 지역의 풍경의 아름다움이라는 것을 의식해야 한다. 어떤 의미에서 이것은 지역의 신식민주의 마케팅 전략 영속화를 요구한다.

외국 관광객들이 받아들일 수 있는 체험 제공은 카트만두 '환경 및 교육 프로젝트' 그리고 히말라야 트러스트(Himalayan Trust) 같은 비정부기구들이 포터 건강에 대한 우려를 가지게 했다(Musa, 2005). '히말라야 트러스트 및 세계 자원봉사 네트워크' 같은 단체들의 상당히 많은 수가 그 동안 지역 원주민 노동자들의 어려움을 돕기 위한 프로젝트의 최전선에 있어 왔다.(히말라야 트러스트, UK 2006; 세계 자원봉사 네트워크, 2006)

지역 인구의 여러 상황들에 대한 우려는 점점 더 지역 생태관광 운영자들의 관심사가 되고 있다. 다양한 개별 생태관광 단체들이 포터와 기타 지역 인구 집단의 조건 개선을 위한 프로젝트들을 시작했다. 네팔의 '세 자매 트레킹 여행사(3 Sisters Adventure Trekking)(2006) 그룹은 네팔 프로젝트에서 여성의 권한 부여에 집중적으로 참여하고 있다. 또한 호주의 Paddy Palin 그리고 Falls Creek Ski Lifts 같은 선진국의 개인 트레킹 회사들이 프로젝트를 시행하고 있다. '포터의 진보'와 함께, Paddy Palin은 현재 하이킹 부츠 구입을 위한 세일을 하고 있으며, 개인이 오래된 하이킹 부츠를 가지고 오면, 새 부츠 구매 시에 50% 할인을 해 준다-그 다음 사용 가능한 부츠는 네팔 포터들에게 기부한다(Robinson, 2006). 트레킹 회사와 포터 집단 간 관계는 본질적으로 서로 다른 집단 간 건설적 대화를 가능하게 하는 관계 혁신의 형태로 '지역사회 기반 협회'를 통해 개발될 수 있다.(Gergen, 2001)

만약 많은 관광회사들이 Paddy Palin 같다면, 이러한 메커니즘을 통해 진정한 변화가 일어날 가능성이 있다. Falls Creek Ski Lifts는 이와 유사하게 '포터 진보 협회'를 통해 네팔 포터들에게 더운 날씨에 입는 의류들을 기부하고 있다(Worrall, 2005). 우리는 관광산업의 다양한 요소들을 통한 이러한 유형의 프로젝트들이 좀 더 지속적인 관광산업으로의 운동을 창조한다고 믿고 있다. 그러나 필요한 것은 이러한 활동에 산업체가 참여해야만 하는 필요성을 대폭적으로 인정하는 것이다. '네팔 트레킹 대행사 협회' 같은 단체의 발전이 이러한 면에서 하나의 통합 수단이 될 수 있다고 생각할 수 있다.

사례연구 3.
제스 폰팅의 인도네시아 멘타와이 제도(Mentawai Islands) 서핑 관광

서론

인도네시아 멘타와이 제도는 수마트라 중서부 해안에서 약 130 킬로미터 밖 네 개의 큰 섬들과 수 십 개의 작은 섬들로 이루어져 있다.(Persoon & van Beek, 1998)

가장 크고 가장 북쪽에 위치한 섬은 시베루트(Siberut)이다. 남쪽으로 시푸라(Sipora) 섬이 있고, 더 남쪽으로 북 파가이(North Pagai) 및 남 파가이(South Pagai)가 위치해 있다.(Bakker, 1999; Persoon 2003; Persoon & van Beek, 1998; Reeves, 2000)

지역민들의 생활조건은 매우 가난하며 예방 가능한 질병의 주기적인 전염 그리고 60%에 이르는 유아 사망률로 특징화될 수 있다(Surf Aid International, 2005). 1991년 상업적인 서핑 관광이 시작되기 전까지 관광 방문객은 매우 소규모이었다. 멘타와이의 서핑 자원들을 처음으로 상업적으로 이용하게 된 5년 기간에 세계 서핑 미디어들은 이 침체된 지역을 지구 상

에서 영화 촬영, 사진 촬영, 기사 작성에 가장 적합하고, 가장 바람직한 서핑 관광 목적지로 광범위하게 변화시켰다(Ponting, 출판 중). 이후 17년 동안 3번의 산업규제 시도들이 있어 왔지만, 대부분의 서핑 관광 활동에서 지역사회는 여전히 상당한 이익을 얻지 못하고 있다.(그림 7.7. 참조)

멘타와이 제도와 사람들

전통적으로 멘타와이 사람들은 사냥과 채집, 닭과 돼지 사육, 이동 경작을 하며 숲 속 수로 주변에서 살아왔다(Persoon 2003). 멘타와이 가구의 코프라(말린 야자 열매, 역 주) 수확을 통한 평균 소득은 월 US$ 10 범위에 있다.(Barilotti, 2003; Ponting, 2003)

플라이스토세(Pleistocene, 신생대 제 4기의 첫 번째 지질 시대, 역 주) 중반 높은 수준의 고유성(endemism) 으로 인해, 멘타와이 제도는 본토 수마트라와 생태학적으로 고립되어 있다. 영장류 4종을 포함해서, 20 종의 동물들이 멘타와이에 고유한 것으로 알려져 있다. 주로 디프테로카프(dipterocarp, 동남아시아 주산지의 거목, 역 주) 그리고 혼효림(mixed forest)으로 섬 전체가 덮여 있다. 높은 보존가치를 가지고 있음에도 불구하고, 1970년 이후 섬은 지속 가능성 없는 벌채 관행의 영향을 받고 있다.(Kramer, 등 1997; Persoon, 1997)

멘타와이 제도 관광

역사적으로 멘타와이에서 관광은 사실상 무시되었고 2차 대전과 1969년 사이에 완전히 중지되었었다(Bakker, 1999). 인도네시아 관광 개방 이후, 멘타와이 제도 방문객은 천천히 증가했다. 서(West) 수마트라 고지대의 인기 있는 관광 목적지, Bukittinggi의 가이드들은 관광객들에게 시베루트 섬 '석기 문화'를 볼 수 있는 기회를 제공하는 '정글 어드벤처' 투어를 조직했다(Persoon, 2003). '어드벤처 목적지'로서 'Lonely Planet' 가이드에 등장하게 된 것은 1990년 대 중반 수 천 명의 관광객들이 시베루트 섬을 방문하도록 이끌었다.(Bakker, 1999; Sills, 1998)

1997-1998 인도네시아 산불, 수하르토 체제의 몰락, 1997년 아시아 금융위기, 2001년 9월 11일 미국 테러 공격과 이로 인한 미국의 아프가니스탄 및 이라크와의 '테러와의 전쟁', 발리와 자카르타의 수 많은 폭탄 공격, 2004년 12월 26일 인도양 지진 및 쓰나미, 2005년 3월 니아스 섬 지진, 런던 폭격, 2007년 수마트라 및 멘타와이 제도에 집중되었던 일련의 지진들을 포함해, 지난 10년은 인도네시아 관광에 많은 어려움들을 안겨 주었다. 이런 모

든 것에도 불구하고, 시베루트 정글 어드벤처 관광은 소규모로 살아 남았다. 그러나 생존했을 뿐만 아니라, 이 지역의 지배적 관광 형태로 성장한 것은 서핑 관광이다.

서핑 관광(Surfing tourism)

서핑 관광은 일 천 여 년 전에 시작되었고 그 때 하와이 원주민 서퍼 (surfer)들은 새로운 서핑 휴양지를 찾아 여행했다(George, 2008; Ponting 2008). 21세기, 이국적인 장소의 한적하고, 완벽한 파도를 묘사하는 수십 억 달러 규모의 교묘한 서핑 회사 마케팅 캠페인들은 사실상 세상 모든 대륙 모든 서핑 가능한 해안들을 서핑 관광으로 끌고 갔다.(Ponting 2008)

상업적 서핑 투어는 1970년 대 후반에 시작되었고 1980년대 그리고 1990년 대 동안 세계에서 파도가 많이 밀려오는 열대 지역을 중심으로 급속히 증가했다(Barilotti, 2002; Buckley, 2002a; George, 2000; Lovett, 1998, 2005; Lueras & Lueras, 1997; Ponting, 2008a; Ponting 등, 2005; Warshaw, 2004). 지난 15년 여 동안 서핑 산업 마케팅은 초기의 독립적인 서핑 탐험의 옛 화법과 현대 패키지 여행 스타일을 혼합해 왔다(Brown, 1997; Hammerscmidt, 2004; Lanagan, 2002; Ponting 등, 2005). 그 결과는 '비즈니스 클래스' 서핑 휴가를 즐기는 '현금은 많고' '시간은 부족한' 서퍼를 위한 틈새 표적시장의 급속 팽창이었으며, 이것은 직행 항공, 신속하고도 편안한 환승, 호화로운 전세 서핑 요트와 리조트, 그리고 일부 경우에서 월드 클래스 서핑 휴양지에 대한 독점적 접근성이 포함되었다.(Bartholomew and Baker, 1996; Buckley, 2002a, 2002b; Carroll, 2000; Ponting, 2007; Verrender, 2000)

| 그림 7.8 |
카티에트 마을 밖 이와
같은 완벽한 파도는 멘타와
이 지역에서 매우 흔하다.
Jess Ponting 사진

멘타와이 제도가 서핑에 그토록 좋은 장소인 이유는 무엇인가?

멘타와이 제도는 이론의 여지는 있지만 세계에서 가장 훌륭한 서핑 지역이다. 이것은 큰 물결, 국지풍(local wind) 조건 및 잘 형성된 모래톱들이 복합적으로 결합된 결과이다.(그림 7. 8 참조)

큰 물결(Swell)

멘타와이는 호주 서해안과 아프리카 동해안 사이 3천 9백만 평방 킬로미터의 인도양 어느 곳에서나 열려 있는 매우 큰 'swell window'(물결 창, 서퍼들이 쓰는 용어로서 서핑을 위한 완벽한 파도라는 의미, 역 주)를 가지고 있으며 이것은 멀리 남쪽으로 남극대륙까지 이어져 있다(서프라인, 2005; 웨이브헌터즈, 2005). 5월에서 10월 사이 '큰 물결 시즌' 동안 평균 물결 높이는 2미터 이상이며(Ponting 2008) 남 인도양 폭풍 전선을 만드는 다수의 큰 물결들이 수 주 동안 동시에 상당한 높이의 물결을 만든다.(그림 7.9 참조)

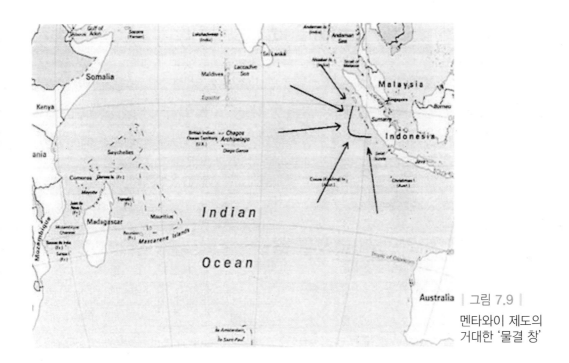

| 그림 7.9 |
멘타와이 제도의
거대한 '물결 창'

바람(Wind)

맨타와이는 열대수렴대(Inter Tropical Convergence Zone)로 불리어지는
곳에 위치해 있으며 선원들에게는 장기간의 이동성 연풍(light wind) 때문에
'적도무풍대'로 알려져 있다. 대조적으로 많은 인도네시아(그리고 기타 열
대국가들)의 물결이 풍부한 지역들은 강력한 남동 '무역풍'에 영향을 받으
며, 이것은 서핑을 할 수 있는 휴양지의 수 감소를 이끈다. 멘타와이에서 다
양한 서핑 휴양지들은 바람 방향 변화에 따라 펼쳐진다.

모래톱(Reef)

멘타와이 제도는 수 천 개의 만(灣), 조수가 드나드는 강어귀, 리프 패스
(reef pass) 및 리프 포인트(reef point)를 가지고 있다. 이 중에서 서핑에 적

합한 곳은 일부에 불과하다. 일반적으로 다가오는 물결과 비스듬히(나란한 것이 아니라) 나타나는 규칙적인 가장자리의 모래톱, 암석, 모래가 포함된 다. 멘타와이의 모든 방향에서 만날 수 있는 잘 형성된 모래톱이 비교적 풍부하며, 만(灣)과 근처 섬들로 굴절되는 먼 물결들을 가정하면, 멘타와이를 통과해 움직이는 큰 물결이 있는 경우, 우호적인 바람 조건과 양질의 파도를 가진 많은 서핑 휴양지들이 존재할 수 있을 것이다.

멘타와이 제도 서핑 관광

1980년 호주의 한 그룹이 서핑을 위해 처음으로 멘타와이를 탐험했다 (Warshaw, 2004). 1990년 두 번째 탐험가들이 멘타와이를 통과했고 1991 년 이들 중 한 명이 여러 섬들에서 상업적 전세 계약을 이끌었다. 1993년 그는 프로 서퍼 및 서핑 회사 엘리트들을 위한 더 많은 전세 계약에 합의했다 (Daley, 2005). 1994년 두 곳의 호주 소유 기업들의 경쟁이 시작되었고, 기존의 'Surf Travel Company' 그리고 후발주자 'Great Breaks International' 이 있었다(Daley, 2005). 이들은 다음 해 미국 소유 'Good Sumatran Surf Charters'에 의해 합병되었으며, 이후 운영업체 수는 급속히 증가했다.(Earnest Egan, personal communication, 2003)

멘타와이에서 서핑 관광을 통제하려는 투쟁은 1990년대 중반에 시작되었고(그리고 오늘날까지 계속되고 있는) 1996년 9월 서(西) 수마트라 주지사는 호주 관광회사 Great Breaks International 그리고 현지 파트너 단체 멘타와이 Wisata Bahari 에게 섬의 방문을 통제할 수 있는 권리를 부여했다 (Dahlan, 1997). 서핑 관광 산업은 위협과 부패의 한 가운데에서 이에 따르는 것을 거부했다. 합의에 이른지 단지 2년 여 후에 새로 임명된 주지사는 민간부문 기업들이 정확히 공식 정부기관의 소관인 직무를 수행해 왔고 바람직하지 못한 독점 관행을 실행하는 데 이러한 권한을 사용해 왔다고 주장

하면서 합의를 무효화했다. 멘타와이 Wisata Bahari는 주지사에 대해 법적 행동을 취했지만 1999년 12월 합의 철회는 확증되었다.

한편 2000년에 멘타와이는 자체 권한을 가진 정치적 '섭정 관할구'로 고시되었다. 새로운 섭정 관할권하에서 멘타와이 Wisata Bahari는 수 개월 전 주지사에 의해 무효화된 것과 거의 동일한 경영권을 신청해 승인되었다.(Rick Cameron, personal communication, 2001)

또 다시 산업체들은 이에 따르는 것을 거부했고, 시스템은 비효율적으로 되고 실행 불능하게 되었다.(Slater, 2001)

한편 서핑 미디어는 멘타와이의 부숴지는 파도 이미지로 가득 차게 되었고, 섬들은 세계 서핑 동호회의 상상력을 사로잡았다(Ponting 2008). 2000년 시즌 동안, 지역 홈스테이 시설, 외국/현지 합작 리조트 및 30 여 척의 live-aboard(선박에서 먹고 자고 생활함, 역 주) 보트가 있는 전세 서핑 선단에 섬을 방문한 3000 여 명 이상의 서핑 관광객들이 숙박했다.(그림 7.10 참조)

멘타와이 서핑 관광 산업의 정치적 풍경은 2003년 또 다시 변화되었고,

'Perdah 16'으로 알려진 새로운 섭정 입법이 발표되었다. 'Perdah 16'은 지방 차원 법률에서 이전의 시도들과 놀랍도록 유사하다. 이론적으로, 이것은 여행업자들에게 서핑 리조트와 인접한 서핑 휴양지에서 독점적인 경영권을 제공한다. 2003년 시즌에 12개월 사회화 기간과 함께 업자들에게 도입되었음에도 불구하고, 'Perdah 16'은 여전히 효율적으로 이행 및 실행되지 않고 있다. 표 7.2는 서핑 관광 산업의 핵심 요점 개요이다.

　　Perdah 16을 따르기 위해서 서핑 관광 산업은 구조조정을 하고, 역사적인 이전 사례들에서처럼 전적으로 수마트라 본토가 아닌 여러 섬들에 비즈니스 운영 기반을 두어야 할 것이다. Perdah 16은 멘타와이 전세 선단을 30척의 보트로 제한하고 있으며, 최대 승객 수용은 한 번에 250명이고, 이것은 2008-2009년 전세 선단 사이즈의 50% 감소를 의미한다.(Ponting, 2008)

표 7.2	Perdah 16으로부터 발생된 서핑 관광 운영의 주요 이슈 요약

- 오직 해운 관광 회사들만이 운영 허가
- 면허 소지자는 대표 사무실 및 영업을 위한 장소를 소유해야 하며, 그들의 계획에 대한 환경영향 평가를 수행하고, 맨타와이 내 관광사업의 개발 및 관리 계획안을 제출해야 함
- 면허는 15년까지 유효하며 갱신 가능함: 12개월 내 기업이 관광활동을 개시하지 않는 경우 면허 취소가 가능함
- 리조트는 독점적 '지원 지역'이 부여되어야 함. 게스트가 25명 이상인 경우 각 리조트 장소에서 반경 1000미터의 지원 지역, 25명 이하는 반경 750미터 지원지역이 제공됨. 리조트 지원지역 상에 건립이 허가된 기업은 반경 260미터의 지원지역을 가짐
- 관광회사는 자연환경 보존 의무가 있음
- 관광객들은 인가 받는 호텔 또는 전세 선박 체류 의무가 있음
- 관광객들은 거주민의 가치와 문화를 존중해야 함
- 지역 및 외자 전세 보트는 멘타와이 섭정 정부에서 발행한 관광회사의 '면허' 하에서 운영되어야 하고 리조트 소유주들과의 협력 협정이 체결된 경우 오직 리조트 지원지역 안에서 운영되어야 함

출처: 멘타와이 제도 섭정 평결 No 35, 2003 관광 징벌 및 유인. 멘타와이 제도 지역 규제 No 16 2002.

면허 소지자들이 '지원 지역' 보장을 위해 가장 상업적 가치가 많은 휴양지와 가깝게 리조트를 건립할 것이라고 생각하면, 전세편 운영자들 또한 경쟁업체에 의해 독점적으로 관리되는 멘타와이 휴양지에 게스트들이 접근할 수 있도록 다양한 면허 소지자들과의 협력 장치를 필요로 할 것이다.

한 명의 면허 소지자가 실라부 마을 근처 최고의 멘타와이 휴양지 마카로니스 1000 미터 안에 이미 리조트를 완공했다. 또 다른 리조트는 카티에트 마을의 유명한 멘타와이 휴양지 Lance's Right(Hollow Trees 또는 HTs로 알려짐)의 잠재적 완충 지대 안에 건립 중이다. 또 하나의 리조트는 시베루트 남쪽 끝 파도가 매우 유명한 Rifles 그리고 Kandui 근처에 있다. 이론적으로, 면허를 통해 리조트 소유주는 이러한 휴양지에 대한 접근을 통제할 수 있다. 시간은 많고, 현금은 부족한 서퍼들을 타깃으로 하는 지역 운영 숙박 업체들이 섬 내에 점점 더 증가하고 있다. 통나무 배에서부터 전세 보트까지 탑승한 관광객들에게 직접적으로 물건을 판매하는 카티에트 마을 내 수공예품 판매원들을 제외하고는 이것은 서핑관광에서 지역사회 경제로의 유일한 직접적인 투입이다.

| 그림 7.11 |
카티에트 수공예품 판매인들은 육지에 상륙하지 않는 전세 선박 관광객들에게 접근하기 위해 카누를 이용해야 한다.

Perdah 16 은 이러한 '면허가 없는' 지역 업체들은 최고급 외자 개발을 위하여 시장에서 축출되도록 하였다.(그림 7.11. 참조)

레크리에이션 환경 수용력 관리

수용력 한계를 정하고 민간 부문 서핑 자원 관리를 지지하는 주장들은 서핑 관광산업의 지속가능성 보존으로 표현된다(Buckley, 2002 b). 두 가지의 기본적 주장들은 세분화된 수용력 관리 대안에 토대를 두고 있다: 저 비용 고 밀도 서핑 관광.

서핑 휴양지의 과밀은 그것을 위험하게 하며, 오직 완벽히 통제된 수용력 상한만이 서퍼의 안전을 보장할 수 있다. 불안전한 조건은 최고급 관광객의 방문을 막게 될 것이다.

과밀은 궁극적으로 목적지의 쇠퇴를 이끌며, 기껏해야 목적지 수익성 감소 및 환경 악화를 낳는 저 비용, 고밀도의 서핑 관광으로 이동하게 될 것이다.

그러나 면밀히 고찰해 보았을 때, 이러한 주장은 서퍼 및 서핑 관광산업의 요구를 우선시하는 것처럼 보인다. Buckley(2002 b)는 미국의 강 래프팅 그리고 우간다 산악 고릴라 투어를 관리하기 위해 사용된 모델을 바탕으로 멘타와이 레크리에이션 환경 수용력을 분석했다.

레크리에이션 환경 수용력 관리는 발리처럼 또 하나의 과밀화된 '범죄로 가득 찬 관광객의 덫'이 되지 않도록, 멘타와이 서핑 관광산업의 경제적 성공을 보장할 수 있는 유일한 방법이다.(Buckley, 2002 a: 432)

이와 같은 사고 흐름에서 성공의 정의는 즉각적인 문제 발생의 여지가 있다. 멘타와이 서핑 관광의 경우, 산업은-많은 이들이 현재 형태 안에서 경제적 성공으로 간주하고 있는-섬의 경제로 거의 아무 것도 되돌려 주지 않는 외국 투자자들에 의해(이것은 그들 스스로 인정하고 있다) 완전히 지배당하고 있다. 다음 멘타와이 여행업자의 인터뷰 발췌는 이 점을 입증하고 있다.

서핑 휴양지 근처 마을 사람들은 그들이 결핵과 말라리아로 죽어가고 있고 물자와 자녀를 위한 훌륭한 교육을 얻을 수 없는 반면, 백만장자들은 해변에서 놀고 있고 그들이 얻는 모든 것은 코코넛 나무들 아래 버려지거나 해변으로 흘러 들어 온 쓰레기뿐이라는 사실을 그리 좋아하지 않는다. 이것이 몰락하는 현실이며 우리는 그 누구보다 이에 대해 유죄이다.(Paul, 서핑 관광 운영업자)

이 모델의 경제적 성공은 사적으로 관리되는 수용력 상한에 의해 보호되어야 한다는 가정 뒤에 숨겨진 근본적인 권력 관계를 고찰해 보면 문제의 경제적 성공이 멘타와이 제도 서핑 자원의 전통적인 관리인들이 아니라 외국 관광 업체의 성공이라는 것을 알 수 있다.

사실 멘타와이 원주민들은 비즈니스 클래스의 멘타와이 서핑 관광 상품(이것은 Perdah 16에 의해 더욱더 권장되었음), 서핑 관광 산업과 지역 자원 소유주들과의 협의 및 참여 부족, 그리고 지역민과 그들 경제와의 지속적인 관련 부족, 이 모든 것들의 결합으로 인해 점점 더 분노하고 있다.

멘타와이 관계자의 다음 인터뷰 발췌는 이 점을 보여 준다.

경제적인 견지에서 생각한다면, 지역민과 관광 사이에 어떠한 비즈니스도 존재하지 않는다. 그러나 이러한 사회적/도덕적 딜레마에 대해 당신들이 알게 된다면 그것에 대해 우려해야만 할 것이다. 왜냐하면 지역민들이 좋아하든, 좋아하지 않든 간에, 당신들은 그들의 자원을 이용하고 그들을 관련시키고 있기 때문이다. 사람들이 병이 들었는데 이런 식으로 못 본체 할 수는 없다. 당신들은 사람들이 물고기를 잡으려는 곳에 선박을 정지시킨다. 사람들이 왕래하는 해변가에 정박한다. 당신들이 이러한 환경 상황을 되풀이하고 있기 때문에 지역민들 또한 존재할 수 있는 새로운 환경 안에 당신들을 스스로 맞춰야 한다.(Dede, 멘타와이 참가자)

이런 식으로 계속한다면 지역민들은 그들을(서핑 관광 산업) 믿지 않을 것이다. 아마도 언젠가 지역민들은 멘타와이에서 사람들을 내쫓을 것이다. 이건 협박이 아니다. 하지만 많은 멘타와이 사람들은 그들이 어떠한 이익도 주지 않고 착취만 당한다는 것을 이미 알고 있다.(Andi, 멘타와이 참가자)

지역 관점에서 이 산업은 현재 어떤 산업의 형태보다도 더 실패작이 될 수는 없다. Perdah 16을 통해 확립된 고수익(그리고 고 누출) 호화 서핑 관광 시스템의 시행, 그리고 레크리에이션 시설 목적을 위한 수용력 상한 지지자들의 지원에 의해 현지 기업의 시장 진입 장벽들은 실제로 극복할 수 없는 것이 되었다.

과밀이 관광 목적지의 쇠퇴를 이끈다는 주장 역시 지배적인 서구 담론 밖에서 고찰해 보면 결점이 존재한다. 세계에서 가장 우수한 서핑 휴양지의 많은 곳들이 과밀하며, 더 이상 순수한 형태 안에서 '극락 같은' 서핑 관광 공간을 보여 주지 못하지만, 파도의 질은 여전히 거대한 수의 서핑 관광객들을 끌어들이고 있다. 세계적인 서핑 명소 하와이 오하우 섬은 일반 대중 접근이 자유로우며 그 결과 레크리에이션 시설 면에서 종종 과밀해진다. 그럼에도 불구하고, 서핑 관광객 방문 수는 여전히 매우 높다. 호주 골드 코스트(Gold Coast)에서 '슈퍼 뱅크(Super bank)'라는 애칭을 가진 거대한 모래톱은, 트위드 강 어귀에 준설된 모래로부터 형성되었다. 슈퍼 뱅크는 매우 고품질의 그리고 높은 길이의(때로 약 2킬로미터) 파도를 만들어내며, 보고에 의하면 물 속에는 500명의 군중들이 있을 수 있고, 세계에서 가장 붐비는 휴양지일 수 있다. 그럼에도 불구하고, 휴양지의 질은 서퍼와 비 서퍼 모두에게 국제 관광객 명소로 여전히 남아 있으며, 계속적으로 많은 국제 및 국내 서핑 관광객들을 끌어들이고 있다(Reuters, 2007). 과밀화가 방문객 수 감소를 이끈다고 말하는 것은 전 세계적으로 유명하지만, 혼잡하지도 않은 휴양지의 지속적인 호소력을 무시하는 것이다.

서핑 휴양지가 진정으로 세계적 수준이라면(멘타와이에는 진정으로 세계적 수준인 많은 휴양지들이 있다), 그리고 비교적 접근 가능하다면, 소규모 외자 전문회사 유지를 위해 요구되는 레크리에이션 환경 수용력을 넘어

지속적으로 서핑 관광객들을 끌어들일 수 있을 것이다. 이것은 서퍼 방문객의 레크리에이션 시설, 외국 투자자의 이익률, 그리고 과밀하지 않은 완벽한 서핑의 과대 선전된 꿈을 위한 이념적 투자를 생각하면 최고의 결과가 아닐 수 있다. 그럼에도 불구하고, 멘타와이 수용력 관리 담론을 지지하는 가정들에 문제를 제기하고 지역 이해관계자의 관점을 도입해야 할 때가 되었다; 그들의 대부분은 서핑이 과밀해진다면 무관심할 수 없을 것이다.

토지 문제(The Land Issue)

Perdah 16에 따르면 멘타와이에서 해양 관광 인가를 받으려는 외국 투자자들은 리조트를 건립할 토지를 소유해야 한다. 토지 소유권은 멘타와이에서 복잡한 문제이며 외국 투자자들에게는 문제 여지가 있고 지역 이해 관계자들에게는 바람직하지 않은 것으로 입증되었다. 가족 구성원들은 집합적으로 특정 토지 지역을 소유하며 그 경계는 종종 논쟁 거리가 된다. 하나의 집단이 토지를 소유할 수 있는 반면 전적으로 다른 집단이 그 토지 위에 심어 진 코코넛 나무를 소유할 수 있다. 또한 멘타와이 토착 원주민들은 토지 획득을 두려워한다. 첫째 관광 산업이 토지를 팔도록 지역민들을 압박할 것이라는 의식이 존재한다.

나는 토지를 사는 것이 좋은 생각이라고 생각하지 않는다. 지역의 토지를 구입하면, 지역민들은 어디에서 살아야 할 것인가? 그들은 섬에 그들의 자산을 가지고 있다. 코코넛 나무이다. 나무들은 서퍼가 오기 전에 그들의 사업이었고 그들은 그것을 상인에게 판매한다. 지역민들은 자신의 이 전통을 바꾸었다. 그들의 오래된 사업을… 사실 지역민들은 토지를 팔길 원하지 않지만 서핑 회사들은 그들이 토지를 팔도록 압박한다.(Andi, 멘타와이 참가자)

둘째 멘타와이 사람들은 토지를 매수한 관광 회사들이 미래 세대에 그들의 유산을 돌려 주지 않을 것을 두려워한다.

지역민들 역시 돈이 필요하다. 때때로 그들에게 당신이 돈을 제공하면, 우리들의 세상에 대해 지역민들은 교육을 많이 받지 못했기 때문에, 단지 돈을 바라 보기만 하게 된다. 하지만 내게 토지는 손자들과 같다. 이제 그들은 토지를 팔고 돈을 누릴 수 있지만 돈이 사라지고, 토지도 사라지면 손자는 물을 것이다. 그 땅은 누구 건가요? 이미 그 것을 팔았기 때문에 더 이상 우리의 것이 아니며, 손자는 더 이상 고향에 있다고 생각하지 않을 것이다.(John, 멘타와이 참가자)

셋째 서핑 관광 산업에 토지를 판매하는 데 있어서, 지역사회가 통치권을 넘겨 주고 그들의 최고 이익에 도움이 되지 않는 신 식민주의 관광 관행과 비즈니스 모델을 받아들이도록 기만을 당할 것이라는 우려가 존재한다.

멘타와이에서 벌어지고 있는 일들을 보라. 그들은 자신들의 토지를 잃고 있다. 그들의 통치권을 잃고 있다…. 코코넛을 수확할 수 없으며, 관광 활동을 위해 토지를 팔았기 때문이다. 나는 그들이 멘타와이를 판 것이 기분이 좋지않다. 그들은 나를 판다. 멘타와이는 어디까지 나갈 것인가? 이것이 신 식민주의이다. 그들에게 이것을 이해시키도록 하라. 그들이 스스로 자신들의 활동을 다루도록 하라. 지역민들, 그들은 비즈니스의 속임수를 전혀 모르기 때문에 토지를 넘기고 자신들의 권리를 넘긴다.
이것이 지역사회에 도움이 되는가? 전혀 아니다! 그들의 삶이 의존해 온 토지를 빼앗아 가기 때문에 지역사회를 죽이고 있다. 코프라를 만들 코코넛을 빼앗아가므로 그들의 생명을 뺏은 것이다. 당신은 지역민들을 죽이고 있다. 그러므로 서핑 관광은 실제적으로 사람들에게 도움이 되지 않으며, 관광은 지역민들을 죽이고 있다.(Dede, 멘타와이 참가자)

수마트라 미낭카바우 참가자 또한 발리 관광개발 관찰을 통해 토지 소유권 보유의 중요성을 인식하고 있었다. 그녀는 멘타와이인들이 궁극적으로 그들 스스로 관광 산업을 소유하고 관리할 수 있도록 스스로 수용력을 확립할 것을 주장했다.

> 토지가 내 것이라면 나는 그것을 팔고 싶지 않다. 계약과 관련 해 당신이 함께 노력할 수는 있지만 살 수는 없다. 무언가를 사게 되면 그 다음 그것은 시기를 불러일으킨다. 발리 출신 그 누구도 발리에서 아무 것도 가질 수 없는 것이 자연스러운 현실이다. 그들은 단지 그곳에서 일을 한다. 대형 호텔과 대형 레스토랑의 주인은 발리 외부인들이다. 다음 20년 동안, 25년 동안 그렇게 될 것이다. 시기와 시위, 이것이 발리의 실제 현실이다. 나는 멘타와이가 그렇게 되지 않길 바라며 아마 그것을 제한할 수 있을 것이다. 10년 정도면 족하다. 지역민들이 상황을 지켜 보고, 일하는 법을 배우고 사람들을 다루는 방법을 배운다면, 이후 그들 스스로 할 수 있을 것이다. 하지만 팔아버린다면, 그것은 좋은 생각이 아니다.(Rickie, 미낭카바우 참가자)

해결책은 무엇인가?

멘타와이 제도에서 지속가능한 서핑 관광 관리는 전통적인 사고방식과의 유대를 끊도록 요구한다. 예를 들어, 대안적 관점은 다음과 같이 질문할 수 있다, 수용 가능한 변화 한계 안에서(지역 자원 소유주들이 규정한), 지역 사회 편익을 최대화하는 방식으로 어떻게 관광자원으로부터 최고의 가치를 적절히 추출할 수 있는가? 이것은 고수익 수용력 통제 솔루션, 또는 지역 이해에 의해 통제될 수 있는 자본 집중성이 적은 모델이 될 수 있다. 결과와 관계 없이, 계획 과정에서 주목해야 할 중요점은 제기되는 질문 유형, 그리고 질문을 하는 사람, 질문에 근본적인 가정들, 그리고 그 질문에 답하도록 권한이 부여된 이해 관계자들이다.

대부분의 서핑 관광 운영자들은 동일한 성과를-수익성이 있고, 환경적으로, 사회적으로, 경제적으로 지속가능한 서핑 관광 산업-추구하며 지역사회에 진정한 편익을 제공한다고 주장한다.

상당한 호의에도 불구하고, 산업체가 이러한 성과를 제공하는 것은 열악하다. 멘타와이 제도는 거대한 가치를 지닌 관광 자원을 상징한다. 지역 자원 소유주들과의 임차 파트너십 그리고 조인트 벤처를 통해 개발할 수 있으며 토지 기반 서핑 관광 산업 개발에 적합한 수 많은 장소들이 있다. 요트 기반 및 토지 기반 상품을 제공하는 독특하고도 지속가능한 서핑 관광 목적지 개발을 위한 거대한 가능성이 존재한다.

그러나 고급 관광에 대한 Perdah 16의 주장은 지역민들을 더욱더 주변부화한다. 필요한 것은 지역 수용력 개발, 기존 산업과의 경제적 유대 개발, 그리고 스스로 산업 안으로 진입하기 위해, 지역사회와 함께 일하고자 하는 민간 및 공공 부문의 노력이다. 또한 많은 기회들과 채워 나가야 할 잠재적 산업 틈새 시장이 존재하며, 이것은 지역의 운송, 소매업 및 농업 부문과의 후방 유대를 발전시킬 수 있다. 멘타와이 정부와 서핑 관광 산업은 또한 전 세계에서 기존의 휴일 전세 요트 운영에 대해 찾아 볼 수 있으며, 예를 들어 이것은 전세 관광 산업의 지지하에 개발 가능한 새로운 비즈니스 유형이 될 수 있다.

멘타와이 제도의 서핑 관광은 입법 및 규제가 실패한 사례이며, 수용력 관리에 기반을 둔 지속가능 관광계획의 전통 모델들은 관광 경제로부터 지역사회 주변부화가 더욱더 심화되도록 위협하고 있다. 지속 가능성이라는 이름하에 실패한 현재 모델을 교묘히 정당화하고 보호하는 것이 아니라, 솔루션은 자원 소유자의 욕구를 우선시할 수 있도록 표준 관광 개발 테두리 밖 사고를 요구하고 있다.

추천 문헌

Mowforth, M., & Munt, I. (2008) tourism and Sustainability: Development, Globalization and New Tourism in Third World, third ed. Routledge, London.

관광과 지속 가능성: 제 3 세계 개발, 세계화 및 새로운 관광
Mowforth & Munt의 텍스트 3판은 지속가능 개발로 가는 길에서 새로운 관광 형태의 영향과 가능성을 평가한다. 개발도상국의 많은 예를 통해 이들은 관광 주도 개발이 종종 문제의 여지가 있으며 미래를 위해 그러한 개발에 투자하는 많은 지역사회들이 거의 이익을 얻지 못하고 있다는 것을 보여 주고 있다.

Butcher, J. (2007) Ecotourism, NGO's and Development: A Critical Analysis. Routledge, London.

NGO와 개발: 비평적 분석
Butcher의 텍스트는 개발도상국에서 개발과 보존을 결합한 전략으로서 생태관광, 그리고 이 과정에서 NGO가 담당할 수 있는 역할들을 고찰하고 있다.

Sharpley, R., & Telfer, D.(eds) (2002) Tourism and Development: Concepts and Issues. Channel View Publications, Clevedon, UK.

관광과 개발: 개념과 이슈.
이 편집본은 이해하기 쉬운 방식으로 관광 연구와 개발 연구를 결합하고 있다. 관광과 개발 이론, 경제, 지역사회와 환경 관계, 관광 개발 장벽들로 구성되어 있다.

Chapter 8

생태관광 마케팅: 기대 및 수요의 충족과 형성

CONTENTS

이 장은 개념적으로 그리고 실제적으로 생태관광과 마케팅의 관계를 탐색한다. 관광산업의 구조와 본질 그리고 생태관광의 세계적인 성장이 가진 의미들을 고찰한다. 생태관광과 마케팅간 관계를 이해하고 평가하는 데 있어 기본적인 것은 공급 vs 수요 주도 마케팅 이슈이며 우리는 생태관광의 강점, 약점, 기회 및 위협요소들을 분석하는 쪽으로 이들을 심층적으로 고찰할 것이다.

생태관광과 마케팅 관계 이해에 중심적인 것은 보호지역, 보존 및 지역사회에 대해 이해하는데 중요하다. 한편으로는 보호지역과 지역사회, 다른 한편으로는 관광산업이라는 이중적 목표들을 고려하기 때문에, 생태관광 마케팅은 많은 혼란과 논쟁에 둘러 싸여 왔다. 일반적으로 많은 사람들은 관광상품 마케팅을 여전히 단기 수익을 위해 최대 수준으로 상품을 판매하는 기업과 함께 연상한다. 그러나 사회적 마케팅과 생태학적 마케팅은 현재 좀더 전체적인 마케팅 관점의 중요요소들로 인정 받고 있다. 이러한 관점은 모든 마케팅은 수요-지배적이어야 한다는 진부한 신념들에 상당히 도전하는 것이

다.(예 Middleton, 1998)

관광산업에서 생태관광의 위치

생태관광에 대한 정의는 실제적인 이행과 운영 환경-관광 산업-과 관련되어야 한다. 그렇다면 이른바 '관광산업'은 무엇이며, 그 특징은 무엇인가? Stear(1988) 등은 최초의 정의를 제공하고 있다.

여가, 쾌락 및 레크리에이션 욕구 충족을 위한 특정 활동들을 수행하는 모든 협력회사 및 단체들.(1988: 1)

관광 산업은 제조업처럼 대체 상품을 생산하지 않지만, 여러 부문을 구성하며, 그 각각의 대체 상품을 생산한다. 관광 산업부문으로는 숙박, 명소, 수송회사, 조정, 판촉 및 유통, 여행 업체, 도매업자 및 기타 집단들이 포함된다(Stear 등, 1988). 특정 관광 '스타일'을 통합한 상품 혼합체로서 생태관광을 개념화하는 것은 관광산업과 생태관광의 관계를 이해할 수 있도록 한다. 이렇듯 생태관광은 본질적으로 하나의 산업이 아니라 관광산업의 많은 부문에서 생산된 상품을 허용한다.

CASE STUDY

크루거(Kruger) 국립공원, 남아프리카 공화국

크루거 국립공원은 세계 10대 국립공원 중 하나이며, 전하는 바에 의하면 지구상에서 가장 생물 다양성이 높은 사냥 금지구역이다. 뛰어난 생태계 공원에 관심 있는 관광객들을 위해 관광목적지 및 서비스를 제공하며, 2000종 이상의 다양한 식물, 146종의 다양한 포유동물, 490종 이상의 조류, 114종의 파충류, 49종류의 어류 및 셀 수 없을 정도의 다양한 생물들로 구성되어 있다(Middleton, 1998: 202). 일반적으로 자연 기반 관광 부문에 전문화된 여행사의 서비스를 받는 특정 유형의 관광객들이 이 공원에 관심을 가지고 있다.

CASE STUDY

크레이들산 산장, 크레이들산-세인트클레어호 국립공원, 태즈메이니아, 호주

크레이들산 산장은 오버랜드 트랙을 트레킹하는 하이커(hiker)들을 위해 숙박을 제공한다. 그러나 개인 하이커들은 숙박 부문뿐만 아니라 수송 부문에서 항공 및 자동차 여행, 명소 부문에서 자연 지역, 여행업체 부문에서 경비원 및 여행 가이드 등의 상품을 이용한다. 생태관광 상품을 이루기 위해 이러한 다양한 상품들이 패키지로 결합한다.(그림 8.1 참조)

| 그림 8.1 |
크레이들 산의 겨울.
Ted Bugg 사진

생태관광 마케팅: 공급 측면 수요인가, 수요 측면 공급인가?

생태관광에 대한 일반적 지지를 뒷받침하는 것은 관광객 스스로 좀 더 책임감 있고, 환경에 적절한 형태의 관광을 요구하고 있다는 가정이지만, 생태관광의 성장이 수요지배적이라는 것을 보여 주는 증거는 거의 없다.(Sharpley, 2006)

생태관광 시장의 이해를 위해, 마케팅이 무엇인지 정확히 고찰하는 것이 중요하다. 마케팅은 정확한 과학도 하나의 예술도 아니며, 주로 '조직화된 계획에 기초가 되는 연구와 관련이 있다'. 이것은 일차적으로 '생산 및 가격 책정 그리고 판촉, 특히 수익과 관련이 있다'(Jefferson & Lickorish, 1988: 27). 마케팅은 조직 목표 성취를 위해, 표적 시장의—가정의 소비자 또는 산업체 사용자 포함—편익을 위한 상품, 서비스 및 아이디어를 만족시키면서, 계획, 가격 책정, 판촉, 유통을 위해 설계된 사업 활동 체계 안의 한 구성요소이다.(Stanton 등, 1992: 6)

'조직의 목표'라는 용어는 여기서 결정적으로 중요하며, 그것이 우리를 마케팅과 생태관광 논쟁의 중심으로 이끌기 때문이다. 무엇이 생태관광 운영자의 일차 목표가 되어야 하는가?—환경보존인가 수익성인가? 이 두 가지 목표들은 성공적으로 그리고 동시에 추구될 수 있는가?

관광 산업은 새로운 형태의 관광을 이용하는 데 있어 신속했고 일부 경우에서 우리가 토의했었던 생태관광의 원칙과 철학은 수익을 추구하는 과정에서 상실되었다.(예. McLaren, 2003). 자연스럽게 민간기업과 정부 모두 관광산업을 지지하고 있는데, 이는 국민총생산(GNP)의 형태로 국가에 축적되는 기업들의 개별 수익 안에서 관광이 가지는 현재 및 잠재적 경제 이익 때문이다. 생태관광에 대해 기회주의적인 시장 반응의 예는 무수하다. 호주 환경산업협회(EMIAA), 1994년 지속 가능 관광산업을 위한 환경 경영 및 기술 국제 회의는 세계적인 전문가, 과학자, 학계에 'Tourism Ecodollars" 라는 제목의 회의에서 논문 제출과 발표를 부탁했다. 미래 대표들의 참석을 유인하기 위해, EMIAA는 다음과 같은 행사 광고를 위한 팸플릿을 만들었다. "Tourism Ecodollars 94는 당신이 획득할 수 있는 다른 어떤 것보다 2000년 관광을 위한 더 혁신적이고, 돈벌이가 되는 통찰력을 제공해 줄 것입니다" 또 하나의 예로는 "태평양 지역 생태관광과 소기업(Ecotourism and Small Business in the Pacific)" 회의에 참석한 Valentine(1991)의 이야기이며, 이 회의는 미크로네시아 연방 공화국, 폰페이 섬에서 개최되었고, 미국 경제개발청(EDA)에 의해 기획되었다.

> 생태학자들보다 연설하는 은행가들이 더 많았다; 생태학자들보다 더
> 많은 개발업자…, 건축가…, 주지사…, 관리자…. 그리고 관료들. 현
> 란한 용어로 생태관광에 대해 이야기하는 은행가들의 고무적인 전망
> 에도 불구하고, 나는 생태관광 안에 생태학을 되돌려 놓아야 할 필요
> 가 긴급하다는 분명한 인상을 받고 자리를 떠났다.(1991 a: 2)

생태관광 마케팅(Marketing ecotourism)

전통적으로 마케팅은 '고객의 욕구, 효과적인 상품/서비스의 가격 책
정 및 판촉 그리고 유통과 일관된 상품/서비스의 개발'로 정의할 수 있다
(국립공원 서비스, 1984: 3). 위의 정의에서 언급된 것처럼, 마케팅은 상품
product, 유통 place, 가격 price 및 판촉 promotion의 "4 Ps"에 기반을 두며,
고객 기반의 유인, 유지 및 확대를 강조한다.

이론적으로 시장은 구매자와 판매자가 교환을 위해 만나는 장소이다. 교
환 과정에서 가격이 결정되고 수량이 생산되며 이 과정은 특정 상품의 수요
량에 달려 있다. 일반적으로 경제학자들은 특정 기간에 걸쳐 다양한 가격에
서 특정 수량의 상품을 소비할 수 있는 욕망과 능력으로 수요를 본다.

수요의 법칙은 상품 또는 서비스의 양이 그 가격과 부(negative)의 관계
가 있다고 말한다. 즉 모든 것이 일정하게 유지된다면, 소비자는 높은 가격
보다 낮은 가격으로 더 많은 상품 또는 서비스를 구매할 것이다. 관광도 이
러한 면에서 다르지 않다. 관광 마케팅은 수요 지배적이며, 즉 특정 상품 또
는 서비스에 대한 소비자의 수요가 있다면, 수익 최대화 조직에 의해 공급
되고 마케팅 될 것이다. 이러한 수요 지향성은 "관광객들의 요구가 최우선
순위가 되며 관광 목적지 지역은 이러한 요구를 충족하기 위한 서비스 제공
을 위해 노력한다(Ashworth & Goodall, 1990: 227). 이러한 예는 수송 및 숙

박 같은 부문에서 찾아 볼 수 있으며, 여기서 새로운 서비스는 목적지에 대한 관광객 수요 증가의 결과로 제공된다. 반면 공급은 일정 시간에 걸쳐 다양한 가격으로 판매를 위해 기업이 실제적으로 생산 및 제공하길 원하고 그렇게 할 수 있는 것을 말한다. 공급 법칙은 상품 또는 서비스의 공급량이 보통 가격에 정(positive)의 작용을 한다는 사실과 관련이 있다. 그 밖의 모든 것이 일정하게 유지된다면, 공급자는 보통 낮은 가격으로 상품 또는 서비스를 덜 공급하게 될 것이다. 알다시피, 생태관광 '목적지'의 제한된 수로 인해 가격은 수요 관리에 중요한 역할을 한다.

공급 주도 관광은 관광 상품의 중심에 수익 이외의 고려사항들을 관광 상

CASE STUDY

캐틀린스 야생생물 트랙커즈(Trackers), 더니든, 남섬(south island), 뉴질랜드

캐틀린스의 야생생물 트랙커즈는 소규모 관광으로 운영되고 캐틀린스 지역에서 2-3일 간의 심층적인 가이드 투어를 제공한다. 사업 강령은 운영자를 위한 3가지 영역들을 포함한다. 개인-"우리는 이 사업을 하나의 가족인 우리에게 환경 내에서 소득을 제공하고, 우리가 즐기는 활동을 하며, 타인과의 융합 또는 공유에 의해 성장할 수 있는 기회를 제공하는 것으로 본다. 보존-우리는 사람들, 특히 남동 해안 및 캐틀린스 지역의 자연적, 미적, 역사적 환경 그리고 인간 환경과의 능동적인 관여 및 보존에 관심이 있는 이들에게 레크리에이션 및 교육 서비스를 제공할 수 있기를 바란다-"우리는 환경 가치를 강조하고 공유하며 이러한 가치의 보호를 위해 긍정적 기여를 할 수 있길 바란다."
경험의 질은 여행을 하는 방문객의 반응으로 평가된다. 경험 그 자체는 독특하며 이러한 사실을 보여 주는 핵심적인 운영의 면들이 존재한다. 관리는 국내 재배 및 국내 가공 식품에 의존하며, 단지 유기물 살충제로 생산되고, 빗물은 '홈스테이' 시설 지붕 위에서 수집하며, 태양열 패널 공급 온수, 모든 유기물질의 재활용, 필요 시 지역 농산물을 가능한 많이 사용한다. 방문객들에게 당일 여행 동안 발견한 쓰레기를 수집하고, 특정 지역 잡초 제거를 하며(가이드의 안내 하에), 조류의 수를 세고 관찰을 하도록—자연환경 개선 및 지속 가능성을 위한 작지만 의미 있는 기여— 적극적으로 권장한다. 1991년 방문객 수는 비교적 적어 100명이었다. 1994년 이 수치는 274명까지 증가했다. 비록 이러한 증가가 환경에 가시적이고 눈에 띄는 영향을 미치지는 않았을지라도, 수요 증가가 물리 환경에 해로운 영향을 미치지 않도록 대안적 전략을 고려하는 관리가 필요했다. 경험의 질은 방문률이 아니라 참가자로부터의 피드백에 의해 결정되므로, 운영자들은 3일 여행을 제공하기로 결정했다. 처음에 제공된 모든 여행은 2일 기반이었다. 3일 투어의 도입은 잠재 고객들에게 하나의 대안을 제공했고, 그러므로 공급에 기초한 수 제한에서 훨씬 더 성공적이었다.(캐틀린스 야생생물 트랙커즈, 2007)

품의 중심에 놓는다. 관광 목적지에 미치는 관광의 사회적 영향, 목적지 지역사회의 요구와 욕구, 공급자 국가와 관광목적지의 천연자원 관리 같은 고려사항들이 중심적인 것이 된다. 공급 측면에서 생태관광의 본질은 "지역 천연자원 기반에 미치는 영향이 수요 측면 관광보다 더 쉽게 통제되며, 과부하 위험, 문화 침몰과 생물학적 환경 수용력을 초과하는 관광객은 최소화되어야 한다는 것을 의미한다(Lillywhite & Lillywhite 1990: 92). 이것은 생태관광에 매우 중요하며 긴급한 것이다. 생태관광 목적지 마케팅에서 최선의 방법을 확립하기 위해, 지역사회 단체, 원주민과 기타 민간 자원 봉사 조직 프로그램과 함께 일하는 총체적 기업이 되기 위한 마케팅의 필요성을 강조하는 것이 중요하다.

생태학적 사회적 마케팅(Ecological and social marketing)

1990년 대에 개발된 생태학적 마케팅은 다음과 같이 정의된다.

> 환경 성과 개선, 생태학적 명분 조성, 또는 환경 문제를 해결하는 상품 및 생산방법을 강조하는 접근법. 이러한 효과 면에서 상품 및 서비스의 마케팅은 증가하고 있지만 모든 환경 선전문구들이 정확한 것은 아니다. 일부는 그린워싱(green-washing, 위장 환경주의)의 예가 될 수 있다.(지속 가능 경영 사전, 2008)

그러므로 생태학적 마케팅은 환경에 관심이 있는 소비자들에 대해 상품 및 서비스의 판촉 그리고 긍정적인 생태학적 결과를 관련 시킨다는 점에서, 전통적 마케팅과 다르다. 생태학적 마케팅을 실천하고 있는 이러한 조직들이 수익성의 동기가 없다고 이야기하는 것은 순진한 생각이지만, 그것이 그들의 전적인 성공 척도는 아니다. 장기적인 환경 보호 및 고객 만족 같은 수량화가 가능하거나 가능하지 않은 결과들이 동일하게 추구된다. 수익은 상품 생존력 수준을 결정하지만, 유일한 성공 척도는 아니다.

생태학적 마케팅에서 '수요와 공급간의 관계'는 가장 중요한 이슈로 제시 되어 왔다(Henion & Kinnear, 1976:1). 생태학적 마케팅은 수요 자극의 역할 에 문제를 제기한다.

만약 상품이 환경적으로 해롭다면, 수요 자극은 강력히 억제된다(Henion & Kinnear, 1976). 이것은 생태관광에 근본적으로 중요한 것이다. 대중관광 보다 생태관광은 훨씬 더 빠른 속도로 증가하고 있기 때문에, 여행을 하는 많은 수의 일반 대중들이 '수영장/해변에 누워 지내는' 전통적 휴가를 피하 고 있으며, 좀 더 체험적인 생태관광 상품을 선택하고 있다. '이런 사람들은 수요를 창출할 것이며 이러한 수요는 일반적인 경우처럼 공급에 의해 충족 될 것이다'(Richardson, 1991: 245). 위험성은 소규모, 환경에 관심이 있는 운 영자가 아니라, 환경에 대한 이해 또는 관심이 거의 없는 대중관광 운영자들 에 의해 공급이 제공될 수 있다는 것이다.

생태관광 및 생태학적 마케팅과 관련된 것이 사회적 마케팅이다. 사회적 마케팅은 일반적으로 사회적 이념의 수용 가능성에 영향을 끼칠 수 있으며, 상품 계획, 가격 책정, 커뮤니케이션 및 시장 연구에 대한 여러 고려사항들 을 포함하고 있는 프로그램의 설계, 실행하며 관리하는 것으로 정의 될 수 있다. Drejerska에 의하면 사회적 마케팅은

> 정부 기관 및 비정부 기구에 의해 대부분 실행되지만, 상업적 마케팅
> 의 한 요소로서, 기업, 브랜드, 또는 상품의 긍정적 이미지 창조를 위
> 해 또한 사용된다.(2005: 27)

사회적 마케팅은 커다란 가능성을 가지고 있지만, 일반적으로 생태관광 영역 또는 레저 및 관광 서비스 내에서 많이 탐색되지 않은 개념 또는 실천 이다. 소비자 만족과 지역사회 복지에 대한 사회적 마케팅의 이중적 포커스 는 목적지 지역사회의 사회적, 환경적 그리고 경제적 조건 개선을 추구하는 생태관광의 특별한 관심사가 되어야 한다. 실제적으로 생태관광의 사회적

마케팅 접근법은 관광객의 선호 그리고 관광목적지 지역사회의 장기적 이익 조정을 추구한다.(Kaczynski, 2008: 257)

　이러한 차원들을 염두에 두고, 우리는 다음과 같이 생태관광마케팅의 정의를 제시하려 한다.

> 생태학적으로 지속가능한 관광상품의 개발 그리고 이러한 상품의 가격 책정, 판촉 및 유통, 이것의 목적은 물리적 그리고 문화적 환경에 미치는 영향을 최소화하는 반면, 이러한 목표들과 균형을 이루는 일정 수준의 수익 유지이다.

'녹색화' 시장(The 'greening' market)

　관광 시장이 '녹색화' 되어가고 있다는 것은 의심의 여지가 없다. 그린 피스, 세계 자연보호기금(WWF), 호주 야생협회 같은 환경 단체 회원 증가는 환경 및 보존 문제에 대한 관심이 늘어나고 있다는 증거이다.

　사실 세계 많은 사람들이 현재 환경을 제 1의 공적 이슈로 간주하고 있다. 호주 국립대 여론조사에 의하면 호주인들은 국가와 전 세계가 직면한 가장 중요한 문제가 환경이라고 생각하고 있다(Leigh, 2008). 13개국에서 수행된 입소스모리(Ipsos- Mori)의 유사 여론조사에서 지구 온난화, 오염, 자원 고갈을 비롯한 환경 문제는 1996년 세계가 직면한 가장 급박한 문제 3위이었던 반면, 2001년에는 1위를 기록했다((Ipsos- Mori, 2002). 그러므로 시장의 '녹색화'를 일종의 일시적 유행으로 생각하는 것이 점점 더 어려워지고 있다(Honey, 1999). 대부분의 시장에서 신상품이 급증함에 따라, 소비자들은 그들이 원하는 것에 대해 점점 더 통찰력을 갖게 되었으며, 그들에게 제공되는 것에 대해 호기심을 가질 뿐만 아니라 훨씬 더 독립적이다. 호주 관광 위원회의 상무이사 Jon Hutchinson에 의하면, 이러한 현상은 '사람들이 질에 관계 없이 그리고 기준에 관계 없이 구매'했었던 1980년 대에 대한 반발 때문이다. 사람들은 사회적 신분 상징물을 얻는 것보다 그들이 하는 행동으로부터 가치를 얻는 것에 더 많은 관심을 가지고 있다. 관광객들에게 심리적 변화가 있는 것처럼 보인다'.(Collins, 1993: 7)

생태관광은 여전히 경기순환의 성장 단계에 있고, '도시 밀집과 과밀화, 대기 오염 관련 문제, 여가 시간 증가, 유동적인 직무 선택, 노동 관련 스트레스 및 환경에 대한 관심이 지속적으로 전개됨에 따라, 그 인기는 계속적으로 증가하게 될 것이다(Carter & Moore, 1991: 141). 사람들은 미디어를 통해 환경의 취약함과 기후 변화의 위협적인 전망에 관한 메시지뿐만 아니라, 지역의 아름다움과 독특함 그리고 현재 및 미래 세대를 위해 가능한 자연 그대로 그리고 훼손 없이 그것을 보존해야 할 중요성에 대한 메시지를 점점 더 접하고 있다.

발전하는 지속 가능 생태관광 시설들과 기타 생태관광 사업 안에 환경원칙들과 책임 있는 행동 규범의 결합은 전통적 관광활동에 대한 새로운 대안을 추구하는 과정 안에서, 전통윤리에 대한 소비자들의 도전이 증가하고 있다는 것을 보여 준다(Weaver, 2001b; Wight, 1993). 3장에서 본 것처럼, 행동규범은 지속 가능성 개념 그리고 현장 방문과 관련된 적절한 행동 책무를 통합하기 위해 탄생되었다. 그러나 매우 자주 이것은 운영자들이 아니라 소비자/생태관광객 활동에 초점을 맞추는 '윤리 강령'의 형태를 취하고 있다.(Wight, 1993)

일반 대중들이 환경 문제를 점점 더 중요한 것으로 생각하게 됨에 따라, 그리고 환경을 보호하는 소비재 및 서비스에 대한 수요로 인해, 많은 조직들이 지속가능한 미래에 대한 공헌과 관계 없이, 상품 판매를 위해 이러한 선호도 변화를 포착하기 위한 노력을 하고 있다.

이것이 '그린워싱'이라고 알려진 문제를 발생하게 했다.

그린워싱은 '녹색(green, 환경적으로 건전한) 그리고 '눈가림' (whitewashing) 개념을 결합한 용어이다. 그린워싱은 지속 가능하지

않은 상품, 서비스, 업무를 위해 기업, 정치, 종교, 또는 비영리 단체를
환경 문제에 대해 긍정적인 연상과 연결시키는 마케팅 또는 PR 형태
이다. 일부 경우에서, 어떤 한 조직은 녹색 상품, 서비스, 또는 업무를
진정으로 제공할 수 있다. 그러나 마케팅과 PR을 통해, 이러한 녹색
가치 시스템이 전체 조직 어디에나 있는 것처럼 믿도록 오도한다.(지
속 가능 경영 사전, 2008)

그 예로는 2002년 7월 WWF-UK에서 발간된 보고서가 있다. 이 보고서는
'Green Globe'(관광 환경 인증 시스템)를 빗나간 업무로 비난했다. '특히
Green Globe'는 단순히 수수료를 지불하고 환경친화적인 업무로 나아가겠
다는 약정에 서명한 것만으로 수 백 개의 기업들이 그들의 로고를 사용하도
록 인가한 것으로 인해 비난 받았다(Honey, 2002: 150). 이러한 문제점은 뉴
질랜드 국내 및 국외 관광객 대상으로 수행된 조사를 통해 더욱 드러나게
되었으며, 조사를 통해 응답자의 대다수가 그러한 에코라벨(환경 마크)에
대해 높은 신뢰감을 가지고 있다는 것이 밝혀졌다(Schott, 2006). 어떤 의미
에서 Schott의 결과는 일반 대중들이 에코라벨에 대해 아직은 냉소적이지
않다는 것을 보여 준다는 점에서 고무적이지만, 다른 한 편으로 기업이 그들
의 환경 선전문구에 따라 행동하고 있다는 것을 보증하기 위해 이러한 시스
템들이 결정적으로 시장에 의존하고 있다는 점에서 문제를 제기한다. 최대
수요 및 단기 수익성 추구 안에서, 지속가능한 미래에 대해 결코 헌신적이지
않은 접근법에 의존하는 생태관광 운영자들의 마케팅은 패배주의라 할 수
있다. 현장의 고려된 환경 수용력을 초과함으로써, 시설 관리 전략과 인접
자연환경 전략과의 조정에 실패하고, 환경 보호 및 보존에 거의 관심이 없는
고객들을 끌어들이며, 방문 장소의 자원 고갈 위험성이 발견된다. 많은 생
태관광 운영자들, 특히 고정 자산을(숙박 시설 등) 가진 운영자들의 경우 그
들의 사업을 위해서뿐만 아니라, 생태관광객들로 부터 영향을 받기 쉬운 주
변 지역에 대해 윤리적으로 생각하면서 그들의 사업을 계획하고 개발하며
경영해야 한다는 동기를 가지고 있다.

시설에 대한 많은 자본 투자와 관련된 그것의 관련 위험성은 미래의 방문 객들에게 양질의 체험을 제공하기 위한 하나의 동기이며, 이것은 방문객에 게 만족감을 높여 줌으로써 장기적인 현금 유입과 수익성으로 나타날 수 있 다.(Middleton & Hawkins, 1998)

생태관광의 성장과 변화하는 특성을 고려하면, 성공적 마케팅을 위해 운 영자는 계획과 커뮤니케이션 전략에 그들의 접근법을 재조명 해야 할 것이 다. 즉, 성공은 사업장을 방문하는 사람들의 수로 측정할 수 없으며, 고객의 만족 수준과 그들이 재방문 가능성에 대해 고려해야 한다. 관광객들의 정서 적 욕구를 포함해서, 총체적인 체험이 고려되어야 한다. 단지 그들의 직무 상의 요구뿐만 아니라. 종종 조사나 설문지, 또는 단순한 면접들을 통해 고 객들의 피드백을 유도하고, 이러한 경험을 통해 관광객이 얻는 정서적 이익 에 관한 증거를 보여 줄 수 있다.

지속 가능성은 생태관광 산업의 모든 양상들을 관리하는 결정적 요소이 다. 이것은 재방문뿐만 아니라 환경 교육 및 해설이 의존하고 있는 지역의 물리적이고 사회적인 환경의 보존으로부터 비롯된다. 사업 성공을 결정하 는 데 있어(금전 이외의 의미에서) 생태관광객들의 피드백이 필수적인 것처 럼, 이 사업 그 자체의 영향이 확인되어야 한다. 이는 개발 초기 단계에 환경 영향 평가로서 자주 실행되며, 가능한 환경 영향, 그러므로 그러한 영향 대 처를 위해 생성된 관리 체계 계획에 대한 '스냅사진'을 제공한다.

(3장에서 논의했던) 모범 경영은 자연환경, 그리고 그와 관련된, 동물, 식 물계, 지리와 생태에 관한 감상을 넘어서며, 사회 활동, 시설과 지역 그리고 지역사회 가치의 공간적 표현에 대한 경제적 영향을 이해하는 것을 포함한 다. 이는 마케팅 감사(audit) 그리고 강점, 약점, 기회 및 위협(SWOT)에 대한 관련 설명서를 통해 이루어질 수 있다. 사업에 잠재 영향을 끼치는 내부 및 외부 환경에 대한 마케팅 감사는 생태관광 조직에서 마케팅을 지속가능한 것으로 만드는 첫 걸음이다.

SWOT는 생태관광 마케팅의 현 상태를 분석하고, 생태관광 공급자, 관리자 및 생태관광객에게 영향을 미칠 수 있는 미래의 위협과 기회들을 예측할 수 있는 효과적 방법이다. 우리는 이제 상품, 가격 책정, 판촉 및 유통 문제, 그리고 그들이 소비자 기대 및 수요를 형성하는 데 있어 담당하는 역할들을 토의할 것이다. 이것은 SWOT 분석으로 제시되고, 이들이 경영과 관련될 때 마케팅 문제에 대한 토의로 발전되며, 기존 트랜드 및 기회를 이용할 수 있는 방법을 하는 것이다.

생태관광 마케팅 강점(Strengths)

효율적인 시장 세분화는 적절한 생태관광 사용자 집단을 정의할 때 핵심 내용이다(예, Chafe, 2007). 진정한 생태관광 사업을 마케팅 하기 위해, 경험의 타당성 및 정당성을 보증하는 것이 중요하다. 정확한 통계 및 인구통계학적, 그리고 사이코그래픽(Psychographic) 프로파일의 획득은 지각된 사용자 욕구와 생산된 상품/서비스를 결합함으로써 시장세분화 작업을 할 수 있다(9장 참조). 그 결과를 통하여, 업체의 판촉은 잠재 사용자 집단에 관한 기존 데이터를 즉시 활용할 수 있고, 소비자와 생산자를 연결해야 할 필요성에서 불확실한 것을 제거하여, 그 결과를 조직의 지향점과 결합할 수 있게 한다.

생태관광은 방문 및 지역의 자연적 속성들에 관한 감상에 기초한다. 비록 이것이 자원 보존을 위해 어느 정도의 책무를 요한다 할지라도, 생태관광 상품이 개발되고 형성될 수 있는 저 비용의 명소를 제공한다. 잠재 상품/서비스의 마케터로서, 지리, 지질, 식물계, 동물계를 포함해 지역의 자연적 속성들은 고려해야 할 중요성을 가진다. 많은 자연보호지역의 독특하고 다양한 특성들은 제한된 지리 영역에 초점을 맞춘 전문화된 서비스 개발을 위한 훌륭한 기반을 제공하며, 이를 통하여, 적절한 광고 캠페인 및 지속가능한 경쟁우위 지역으로 변형될 수 있다.

생태관광객들은 매우 통찰력이 있으며 출발전 목적지에 대해 스스로 배우기 위해 많은 시간을 들인다. 그러므로 적극적인 지식 기반은 관광객의 의사 결정 과정에서 주요 요인이다. 참여와 정보 원천(源泉), 그리고 판촉 자극에 대한 수용성 간에는 밀접한 상관관계가 존재한다. 이것은 참여의 증가를 통해 소비자를 가장 많이 유인할 가능성이 있는 광고 형태로의 주의 깊은 시장 연구가 반응을 얻어내고, 이렇게 함으로써 목표 시장의 특성에 기초한 의사결정을 하는데 중대한 영향을 끼칠 수 있다는 것을 의미한다.

생태관광 마케팅의 위협(Threats)

지난 몇 년 간 생태관광은 마케팅 전문용어가 되었고, 특정수의 상품 판매를 위해 사용되어 왔으며, 그린워싱과 관련해 앞서 언급한 'eco' 마크가 제공되는 상품의 질을 반드시 표시하는 것은 아니다. 이 분야에서 제공되는 상품양은 그 동안 상당히 증가했으며 '에코 투어' '에코 사파리' '에코 트래블' 등 수 많은 표현들이 존재한다. '생태관광' 라벨이 급증하게 된 한 가지 이유는 생태관광이 무엇인지에 대한 일반적인 이해 부족 때문이다.

마케팅되는 상품들 중 일부는 전적으로 생태관광과 전혀 관련이 없지만, 이러한 라벨을 사용하는 이유는 그것을 판매하기 위함이다.[1]

그 결과 생태관광을 지속 가능하지 않은 것으로 만드는 많은 문제점, 추세는 '생태관광에 근본적인 원칙들이 상품의 개념화, 계획, 설계, 개발, 운영, 마케팅 안에 통합되지 못하고 있다는 사실과 관련이 있다(Wight, 1993). 예를 들어 Lai & Shafer (2005)는 라틴 아메리카와 카리브 해에 위치하고 있는 생태 별장의 서비스 판촉을 위해 인터넷을 사용하는 방식을 조사하는 연구를 수행했다. 이러한 생태별장 웹사이트들의 온라인 마케팅 메시지들에 대

---

1) Sharpley(2006)는 생태관광 및 생태관광객 라벨이 주류 관광과 대부분의 생태관광 사업간에 거의 차이가 없기 때문에, 점차 더욱 부적절하게 사용되고 있다고 주장한다.(Wight,. 1993: 57)

한 내용 분석을 통해-이들 모두 '국제 생태관광 협회' 웹사이트에 기재되었
다-그들 대부분이 생태관광 원칙들과 일치하는 것은 단지 부분적이라는 것
이 밝혀졌다.

　Wight는 생태관광 산업이 직면한 몇 가지 이슈 및 문제점으로 다음과 같
이 제시하고 있다.

> 불충분한 정보 서비스 기술, 적절히 훈련 받은 직원 및 가이드의 부
> 족, 생태관광 브랜딩(branding)의 어려움, 여러 시장간 상품 이동성
> 부족, 항공 접근성 문제점과 비용, 자금조달, 계절성, 토지 경쟁, 리포
> 지셔닝(repositioning)에 대한 전통적 소비상품의 저항, 정부 지원 부
> 족, 국립 산업 단체 부족.(2002: 28)

　또한 생태관광과 관련된 적절하지 못한 개발 문제들이 있으며, 이들 중 많
은 것들이 민감한 지역 안에서 발생하고 있고, 많은 민간 운영자 그리고 심
지어 정부 기관 조차 "생태관광의 근본 원칙들을 충분히 고려하지 않고 생
태관광의 단기적인 경제 편익에 집착하고 있다(Wight, 1993: 55). 국제 생태
관광 협회는 환경의 가치를 휴가 선택으로 결합하려는 추세를 이용 시키려
는 열정적인 여행 마케터들의 수상쩍은 주장에 대해 고객들에게 경고함으
로써 이 문제를 요약하고 있다.

　생태관광 공급자들은-정부 또는 산업체- 주로 수요 요인에 초점을 맞추어
왔으며, 특별히 수요 주도 시장에 대한 반응으로 공급을 개발하는 데 특히
관심을 가지고 있는 것으로 보인다(예, Wight, 1997). 다른 관광 부문들처럼
'수요 정보는 더 많은 수의 방문객들을 유인하고, 더 효율적인 마케팅을 가
능하게 하는 것으로 간주된다(Wight, 1993: 56). 그러나 이러한 방침 생태관
광과 양립하지 못하며, 이는 일반적으로 생태관광이 실제로 무엇인지에 대
한 혼란과 나아가서 생태관광의 많은 서로 다른 활동과 경험들의 혼합이 다
양하기 때문이다.

　상품의 면에서 생태관광을 정의하는 것이 아니라, 생태관광내에서 공급

되고 수요화되는 많은 경험들이 존재한다고 인식하는 것이 더욱더 가치가 있다(Wight, 1993). 이는 다음의 공급과 수요 요인들에 따라 더욱 다양해질 수 있다.

공급 요인
- 자연과 자원의 회복력
- 문화 또는 지역사회 선호
- 숙박, 시설, 프로그램의 유형(Wight, 1993)

수요 요인
- 활동과 경험의 유형
- 자연 지원 또는 문화자원에 대한 관심 정도
- 육체적 노력 정도(Wight, 1993)

부정적인 소비자 여론은 생태관광객의 욕구와 기대를 충족시키지 못하고 동시에 환경의 책임감을 심어 주려는 '포장'을 하는 상품으로부터 발생할 수 있다. 또한 비윤리적 운영자는 할인가격으로 더 많은 수의 소비자들을 유인함으로써 수익을 확대하기 위해 환경수용력을 초과할 수 있다. 이 산업에 대한 믿음은 이러한 시나리오의 사례들을 줄임으로써 어느 정도 이루어 질 수 있다.

생태관광 마케팅의 기회(Opportunties)

지속 가능성과 수익성 목표들을 동시에 충족하기 위해 생태관광 상품/서비스 마케터들이 이용할 수 있는 수 많은 기회들이 있다.

이익 집단, 특별히 자연 기반 단체들의 급증은 직접적 마케팅의 기회를 제공한다. 모험을 추구하는 사람들, 교육 기관, 숲을 산책하는 사람들, 협곡 탐험가 및 과학 단체처럼, 특정 연령 집단 및 자연 기반 집단을 목표로 하는 것은 환경중심 지향점을 가진 사용자를 유인할 수 있는 매우 효과적인 방식이다. 이러한 집단들이 접하는 출판물에 광고, 이런 집단에 직접 판매 판촉물 발송, 그리고 대의명분[2] 마케팅은 생태관광 운영자들에게 가장 유리한 커뮤니케이션 채널을 활용할 수 있는 방법들이다. '생태관광은 일반 대중들이 아니라, 진정으로 돈에 합당한 가치있는 경험을 위해 더 많이 지불하는 통찰력 있는 소집단의 방문객들을 위해 준비되어야 한다'는 점을 기억하라.(Kerr, 1991: 250)

Price(2003, 2004)에 의하면 생태관광 운영자들에게 중요한 경쟁우위 영역은 생태관광객들의 양질의 환경교육 체험에 대한 욕구이다. 그러나 호주, 빅토리아 주, 생태관광 운영자들의 현재 광고물에 대한 내용분석을 통해 이러한 사업의 많은 부분들이 마케팅 자료에 환경학습을 거의 다루지 않고 있다는 것이 밝혀졌다. Price는 이것이 많은 운영자들의 전략적 마케팅에서 상당한 약점이고, 생태관광 프로그램내 환경 교육이 더 많은 잠재고객을 제공해 줄 수 있다고 주장한다.

사업 및 생태관광이 기반을 둔 영역의 지속 가능성을 보장하기 위해, 경영 철학은 전체론적이 되어야 한다. 기존의 보호지역/환경보존지역 관리계획과 자신들의 관리 계획을 결합하는 생태관광 운영자들이 하나의 예가 될 수 있다. 관광이 끼치는 영향과 특정 환경시설의 레크리에이션 사용을 통한 영향간에 존재하는 유사점을 인식하는 것은 어떤 시설 또는 주변 지역에 방문객들이 끼칠 수 있는 영향을 완화할 수 있는 관리 전략으로 옮아갈 수 있도록 도와 준다(Mercer, 1995). 이것은 '하드 코어' 생태관광객들을 유인하기 위한 상품 그 자체의 개선, 가능한 비용 우위를 결과하고 전략적 특성 증진

---

2) 해외명분 마케팅 : 기업이나 상표를 자선이나 대의명분과 연관지어 이익을 도모한다는 전략적 위치 설정의 도구, 예로서 상품과 서비스 판매를 구호 사업과 연계 시키는것.

의 기회를 제공한다.

생태관광 기회 스펙트럼(4장에서 논의했던 레크리에이션 기회 스펙트럼
(ROS)과 유사함)의 활용은 잠재고객들이 원하는 생태관광 체험의 진정성에
기반을 두고 생태관광 시장을 세분화할 수 있는 장기적 기회를 제시한다.

생태관광 시장의 성장 패턴은 도전이자 기회이다. 이 기회는 '시장의 요
구, 선호 및 기대를 이해하고 그것에 반응하는 것을 포함한다. 도전 문제는
주요한 공급 지향 관리 관점에 조화하는 것이다(Wight, 1993: 62). 그러므로
시장과 상품(공급)을 조화 시키는 것은 '유형과 장소면에서 둘 다 긴요한 것
이며, 그렇지 않다면 자원 수용력은 실제 또는 지각된 시장 수요에 부차적인
것이 될 수 있다'.(Wight, 1993: 63)

생태관광 마케팅의 약점(Weaknesses)

자연 기반 활동을 촉진하는 비교적 새로운 형태의 생태관광 마케팅은 광
범위한 개발상의 약점들을 보여 주고 있다.

생태관광 상품 마케팅은 업체 설립 이전에 환경 수용력 및 지역사회에 대
한 분석과 연구 확대를 통해 상당히 개선 될 수 있다. 교육 및 설명 자료의
증대 그리고 양질의 체험 제공에 더 많은 초점을 맞추는 것.

생태관광객들의 서비스 품질 기대에 관한 Khan(2003)의 연구는 그들이
환경에 적절한 시설, 환경 악화를 최소화하는 관행, 필요한 정보를 제공받을
수 있고 가이드를 이용할 수 있으며 그들이 질문에 답할 수 있을 만큼의 지
식을 가지고 있다는 확신에 강조점을 두고 있다는 것을 보여 주었다. 반면
에 현지 오락거리 제공, 지역적인 복장을 착용하고 있는 직원과 시각적으로
호소력이 있는 자료의 사용 같은 기타 요인들은 훨씬 낮은 점수를 받았다.

공급 지배 산업에서, 환경 수용력은 우선적으로 결정되어야 하며, 이후에
마케팅 전략들을 결정되어야 하며, 이러한 수용력이 수준에 맞아야 하며 초

과 되어서는 안된다. 이러한 차원은 지역사회와 함께 개발되어야 하며, 사회적 책임을 지고 환경적으로 실행 가능한 생태관광 목표들은 '원주민들의 요구와 바램이 대화를 통해서 조정되고 반영되지 않고는 육성될 수 없기 때문에 이러한 수준은 지역 사회와 협력하여 개발되어야 한다.'(Craik, 1991: 80)

우리가 5장에서 보았듯이, 교육과 설명 자료는 생태관광 상품의 결정적 요소이다. 생태관광객들은 생태관광을 할 때 자연에 관해 배우고 싶은 강력한 욕구를 표현한다. 이러한 학습 욕구를 만족시킬 수 있는 효과적인 방법은 해설을 활용하는 것이다. 불행하게도, 참가자들에게 만족할만한 수준의 해설 자료는 거의 제공되지 않고 있다. 그 결과 마케터들은 생태관광과 대중관광을 차별화하는 핵심요인들 중의 하나를—교육적 구성요소—강조할 수 있는 기회를 놓치게 되며 그들의 마케팅 활동은 호소력을 잃게 된다.(예, Price, 2003, 2004)

마케팅 기준에 의해 제한된 공급 형태의 양질의 교육 체험은 높은 가격을 의미한다. 마케팅에서 가격은 상품 획득을 위해 구매자가 수용해야만 하는 비용으로 정의될 수 있으며 화폐 비용, 기회 비용, 에너지 비용, 심리적 비용이 포함된다(예, Kotler & Armstrong, 2004). 그러므로 주요 문제는 수요 주도가 아닌 공급 주도로 생태관광이 유지될 수 있도록 가격을 형성하는 것이다.

생태관광의 성장 및 수익성을 위한 3가지 주요 방법들이 있다.

1. 생태관광을 하는 집단의 크기 증대
2. 더 많은 생태관광 목적지의 확립
3. 더 높은 가격의 부과(Merschen, 1992)

앞의 두 가지 선택들은 환경과 지역사회에 부정적 영향을 끼칠 뿐만 아니라, 공급 주도가 아닌 수요 주도이다. 그러나 가격 조작은 지역의 환경 수용력을 초과하지 않는 수준까지 수요를 감소시킬 수 있는 효과적 수단이다. 소비자들은 고가 상품에 고품질을 그리고 저가 상품에 저 품질을 귀착시키기 때문에, 가격 인상이 반드시 부정적인 것은 아니며(Henion, 1975: 233), 마케팅 활동을 통해 생태관광이 고급 상품이라는 사실을 강조할 수 있다.

Ferraro(2005) 등 또한 보존 및 개발 목표 성취에서 가격 프리미엄 접근법 이 더 효과적일 수 있다고 주장하였다.

가격 인상 이후에 수요가 여전히 공급보다 많으면 기타 비가격 척도들, 예 를 들어 소비자들에게 여행전 강연회 참석 요청 같은 것들은 더 한층 수요 를 제한하게 될 것이다. 사용할 수 있는 또 다른 시스템은 '투표 시스템'으 로서 이름이 무작위로 뽑히거나 또는 잠재적인 방문객이 대기자 명단에 오 른다. 이 시스템은 현재 미국 내 많은 국립공원에서 효과적으로 이루어지고 있다.

가격 인상을 해야 한다면, 생태관광 운영자들은 지역사회 생활조건개선 등 환경 또는 사회적 명분을 위해 추가 소득 중 일부를 기부해야 한다. 이 러한 전략에 소비자들의 관심을 유도하는 것 또한 운영자들에게 이익이 되 며, 생태관광 업체와 여행하는 관광객들은 '그들의 관광 비용의 특정 비율 이 보존을 위해 기부된다는 것'에 특별히 만족하는 것으로 보이기 때문이 다.(Boo, 1990: 41)

이러한 효과는 코스타리카에서 이미 발생되고 있으며, 여기서 관광 운영 자들이 기부한 돈은 우림 보존 프로그램에 다시 투입된다.(Masson, 1991)

생태관광 마케팅은 또한 판촉 부문에서 상당히 개선될 수 있다. 판촉은 애호인들에게 좀 더 친숙하고, 수용 가능하며 심지어 바람직한 상품을 만드 는 커뮤니케이션 설득 전략 및 전술이다(Kotler & Armstrong, 2004). 생태관 광 운영자들이 다룰 필요가 있는 주요 판촉 이슈들은 다음과 같다.

- 표적 시장 또는 '틈새 시장'의 선택
- 조인트(Joint: 연합) 마케팅
- 직접 판매 및 특정 관심 분야 잡지 같은 판촉 방법의 효과적인 선택

많은 마케팅 이론가들이 광범위한 소비자들에게 호소하는 전략과 대립적으로 일정한 관광객 집단을 대상으로 매우 표적화(Target)된 마케팅 캠페인의 중요성을 강조하고 있다. 이것은 잠재 세분 시장에 대한 인구 통계학적 그리고 사이코 그래픽 프로파일 같은 자료의 획득(9장), 그리고 특정 사업의 이상과 가장 일치하는 것으로 확인된 소비자 집단과 운영을 제휴 시키는 것이 포함된다.

생태관광객들은 그들이 관심을 가지고 있는 관광 목적지 또는 지역에 대한 정확한 심층 정보 획득을 위해 광범위한 매체를 활용하는 것으로 알려져 있다. 신문과 라디오 광고가 아닌 특정 관심 분야 잡지내 정보, 직접 판매, 그리고 인터넷은 표적 시장에 도달할 수 있는 한 가지 방법이 될 수 있다. 직접 판매는 특별히 생태관광 촉진을 위한 효과적인 전략을 제공할 수 있다.(Durst & Ingram, 1989; Ingram & Durst, 1989)

직접 판매는 상품 판촉물을 받는 선택된 개인들이 포함된다. 생태관광에서 직접판매는 이전 고객과 접촉을 유지하고 그들이 생태관광 업체와 다시 여행을 할 수 있도록 권장할 때 특히 효과적이다. 일반적으로 이것은 생태관광 조직에서 아마도 가장 효과적인 매체일 것이다.(Merschen, 1992)

두 명 또는 그 이상의 생태관광 운영자 집단에 의한 조인트(Joint) 마케팅 전략은 소규모 생태관광 벤처사업으로 인해 이미 무리하게 사용되었을지도 모르는 자원의 효과적인 활용을 통하여 생태관광 상품의 마케팅을 위하여 효과적인 수단을 제공한다. 이는 조인트 마케팅이 훨씬 더 비용적으로 효율적이고 많은 수의 표적 애호가들에게 도달할 수 있기 때문이다(예, Gould, 1999). 수직적 조인트 마케팅은 특히 효과적이며, 예를 들어 여기서 여행 업체, 숙박 시설 및 운송은 판촉 노력을 함께 하며 그들의 서비스를 연계 시킨다. 또한 생태관광 운영자들이 마케팅 부문에 함께 일한다면, 환경 수용력 결정 같은 다른 영역들에서 함께 일할 가능성이 있고, 이러한 것은 생태관광의 영향을 받는 환경 및 지역 주민에게 유익한 결과를 초래 할 수 있을 것이다.

생태관광 마케팅을 통해 개선될 수 있는 마지막 광범위한 영역은 분배 또는 '유통'이며 고객들은 이로부터 생태관광을 구매할 수 있다. 많은 사회 캠페인들의 좋지 못한 결과는 부분적으로 상품 획득 동기 부여가 된 이들을 위해 명확한 행동 출구를 제시하지 못한 데 있다(Andreasen & Kotler, 2003). 이는 생태관광에서 보통 일어나는 일이다; 여행 대리점에서 생태관광에 대해 문의할 만큼 충분히 동기 부여 된 소비자들은 종종 이러한 대리점에서 전통적인 관광 상품을 선택하도록 설득 된다(Richardson, 1991). 그러나 공급 주도 산업에서 이러한 수요의 제한은 전적으로 부정적인 것은 아닐 수도 있다.

생태관광 운영자들은 일반적인 여행사를 통해 그들의 관광을 유통시켜서는 안 된다. 오직 생태관광 전문 여행사에서 관광을 판매하거나(Boo, 1990), 운영자가 직접 유통시켜야 한다. 이것은 공급이 제한될 것이며, 생태관광 운영자의 마케팅 효율성을 증가시킬 수 있다. 그들이 관광을 판매하기 위하여 여행사를 설득시키는 시간을 낭비를 더이상 하지 않아도 되기 때문이다. 이것은 또한 운영자들이 관광에 참가하는 관광객들의 유형에 대해 더 많은 통제력을 행사할 수 있도록 하고, 가능한 경우 환경 관심사에 의해 동기 부여된 관광객들이 집단의 대부분을 구성하도록 해 준다. 생태관광의 강점, 약점, 기회 및 위협요소들에 관한 상기 SWOT 분석을 통해, 수요와 기대를 적절히 형성하기 위해, 수 많은 개발 양상들이 건전한 마케팅과 지속가능한 자원 관리를 산출할 수 있도록 보장할 필요가 있다는 것이 분명해 졌다.

● 생태관광은 섬세하게 개발된 관광 사회기반시설을 요구한다. 그러므로 관광 산업은 통합적인 기획 및 규제를 수용해야 한다. 현재까지 관광 개발은 도시, 농촌 및 갯벌 개발을 통해 비계획적으로 이루어져 왔고, 기타 많은 국가들에서처럼, 특정 관광권 설정은 존재하지 않는다. 경제 개발은 개발을 적용하는 데 있어 포함되어야 할 엄격한 환경 평가 기술 및 보고서를 점점 더 요구하고 있으며, 특히 이는 개발이 지닌 환경, 사회, 문화적인 중요성과 같은 질적인 면들보다 경제적 필요성이 선행하는

국가에서 더욱 그러하다.

- 생태관광은 공급에 의해 주도되는 산업이다. 이를 실현하기 위해, 생태 관광은 첫째 산업 자체를 전체론적으로 정의해야 하며, 둘째 다음과 같 은 운영자의 수, 운영허가, 관광객 상한 수, 가격구조 등의 결정을 하기 위해 조정기구 또는 기관과 협력하고 지원할 것에 동의해야 한다.

  가격 결정, 규모의 경제, 가격 수익 관리, 기타 모든 재무도구 같은 구조 적 고려사항들이 그에 따라 변형되어야만 할 것이다. 생태관광 철학은 1인당 높은 표적 가격에 저용량 관광을 필요로 한다. 이러한 전략은 또 한 잠재시장 또는 경쟁업계로부터 새로운 고객을 확보하기 위한 경쟁 가격 경쟁을 하는 비즈니스 철학을 부인하는 것이다.

- 이러한 결정과 산업활동 감시에 책임이 있는 단체는 관광 산업의 제 3 자가 될 필요가 있다. 그러나 특별히 외화가 관련된 경우, 지역, 주, 또 는 국가를 위해 관광이 창출할 수 있는 단기수익 때문에, 관광성장과의 이해관계에서 정부조차도 관점이 편파적일 수 있으므로, 이러한 역할 채택을 위한 정부 부서 또는 위원회 임명에 세심하게 주의해야 한다.

- 생태관광은 환경수용력 확립과 수용력을 엄격하게 감시하는 제도를 확 립해야 한다. 이는 산업계에서 어떠한 이익추구 조직의 책임으로 간주 하지 않고 있는 것이 문제다. 환경수용력의 확립은 환경, 사회 및 문화 적 평가 분야의 포괄적인 지식과 전문기술을 필요로 한다. 후자의 둘은 측정하기 매우 어렵지만, 각 지역사회의 공동 협력하에, 무엇이 사회적 그리고 문화적 중요성을 가지는지 확인함으로써 관광 수용 지역사회와 함께 하는 것은 매우 훌륭한 출발점이 되고 있다. 사회문화적 환경수용 력을 확립하기 위해서는 그 자체 지역사회와 함께 살고 지역사회로부 터 배우기 위해 많은 시간적 투자가 필요하다. 모니터링은 환경수용력 관리의 필수구성요소이다.

  이는 영향 및 변화하는 관계를 모니터하고 평가하기 위하여 지속적인 재정 및 인적자원 제공을 필요로 한다.

● 생태관광은 생태관광 운영자 및 관광객들의 환경적으로 민감한 행동 과 운영에 의존하고 있지만 생태관광 지지자들은 교육 및 인식 프로그램을 통해 관광객, 개발자 및 기타 산업 운영자들의 행동이 수정될 수 있다는 개념에 지나친 신념을 가져 왔다(예, Duffy, 2002; Kamauro, 1996; McLaren, 2003). 생태관광 개발 초기 몇 해 동안 자연보호단체에 서부터(예, 세계자연보호 기금, 호주환경보존재단) 산업체까지(예, 호주관광산업협회(ATIA), 아·태관광협회(PATA)) 다양한 관광산업 단체 및 환경단체들이 내놓은 '헌장'의 '윤리강령'이 홍수를 이루었다. 오늘날 이러한 방식을 통한 인식 고취의 장점이 인정되고는 있지만 그린워싱(greenwashing)처럼 극복해야 할 많은 문제들이 여전히 존재한다.(Honey, 2007)

● 생태관광 시장화의 최적의 방법은 전통적, 사회적, 그리고 생태학적 마케팅 구성요소들을 취하는 것을 포함한다. 생태관광은 분명히 '환경문제 치료를 제공하는 역할'을 하기 때문에 생태학적 마케팅 지원하에 적합한 하나의 상품이며(Henion & Kinnear, 1976). 또한 환경질의 사회적 운동을 촉진하기 위한 시도를 하므로 사회적 마케팅 지원하에 적합한 상품이다. 전통적 마케팅의 '4Ps'는 여전히 생태관광 마케팅과 관련이 있는 것으로 간주되고 있다. 즉, Andreasen & Kotler(2003)는 사회 캠페인의 더 많은 조건들이 상품 캠페인 조건과 유사할수록, 명분은 성공적이라는 점을 제시한다. 그러므로 생태관광 마케팅과 환경질의 마케팅은 전통적 마케팅, 특히 '4 Ps'의 핵심구성요소들을 활용해야 한다.

생태관광 사업의 가장 생산적이며 비용 효율적인 촉진 방법은 입소문과 최신 웹사이트다(Mader, 1999; Owens, Patterson & Owens, 2007: 57-60).[3]

---

3) 연구는 현재 생태관광 사업에서 웹사이트가 극히 중요하다는 것을 보여 주고 있다. 예를 들어 2003년 미국 여행자의 67%가 여행의 조사, 계획, 구매를 위해 인터넷을 사용했다.(관광산업 협회, 2004)

생태관광객이 그들의 생태관광 경험에 만족해 한다면, 매우 효과적으로 호의적인 말을 퍼트리면서 '여행사를 위한 대사'가 될 것이다.

관광 참가자들에게 여행사의 생태관광 참여에 관심이 있을 것 같은 친구들의 이름 및 주소를 적도록 부탁하는 것은 구전을 통한 네트워킹의 하나의 수단이다. 또한 관광객이 그들의 생태관광 경험에 만족한다면, 다시 여행사를 통한 관광을 계속할 가능성이 더 많으며, 적절한 사용자 집단의 심리적인 경향을 확보하고 여행사가 추가적 프로모션을 수행해야 할 필요를 줄이게 된다.

생태관광 단체들의 마케팅에서 환경적 목표에 적합하도록 평가되고 변경되어야 할 주요 마케팅 요인들은 다음과 같다.

1. **표적 시장** 여행사가 특별히 마케팅 노력을 기울이는 사람들의 집단
2. **포지셔닝(positioning) 선언문** 당신의 표적 시장이 당신의 여행사와 '상품'을 어떻게 보기를 원하는가
3. **회사 목표**
4. **마케팅 믹스** 상품, 유통, 판매촉진, 가격

표적 마케팅은 생태관광 마케팅의 중요 절차이다. 생태관광은 그 철학의 특유성 때문에, 조직 목적 및 목표와 양립할 수 있는 표적 시장 선택이 중요하다. 잠재 고객 소집단은 하나 또는 그 이상의 유사 특징을 공유하거나 생태관광 경험을 통해 그들이 원하는 것에서 유사한 아이디어를 가진 이들로 표적화 될 수 있다. 이러한 선호도 중 일부는 환경에 최소 영향을 끼치면서, 교육적 만족 획득에 대한 기대를 가지고 무언가를 지역사회에 되돌려 줄 것이라는 것을 알면서, 자연지역과 그 문화 연구를 목적으로 비교적 먼 지역을 여행하고픈 바람이 될 것이다.

표적 시장을 고려할 때 많은 것들을 고려할 필요가 있다. 첫째는 연령, 성, 소득, 교육, 직업 및 회원수 같은 것들을 포함하는 사회인구통계학적 특징이

다. 둘째, 행동 특징을 고려할 필요가 있다. 생태관광 표적 시장 선택시 이것이 매우 중요한 단계인 이유는 이를 통해 마케터들이 사람들의 어떤 특징을 선택할지 결정할 수 있도록 하기 때문이다. 다음의 고려사항들이 있다.

- 추구할 이익
- 소비자 동기   생태관광 '상품'에 대한 인식
- 기술 수준   생태관광 경험을 시작하기 전에 기초적 수준의 기술을 가지는 것이 표적화에 필요한가?
- 사이코그래픽   소비자의 태도, 의견 및 라이프스타일을 설명하는 개념
- 행동 특징   표적 시장 선택에서 특히 중요한데, 특정 '생태관광'을 위한

CASE STUDY

중미, 벨리즈

벨리즈는 생태관광에 관광개발 초점을 맞추고 있는 중미의 한 국가이다. 독특한 다이빙 경험과 함께 놀라운 대보초로(Barrier Reef, 산호초, 역 주)유명한 나라이지만, 생태관광객들에게 이곳의 자연 명소와 문화재들은 매우 최근에 알려졌다. 잠재 방문객들을 유혹하는 많은 명소들로 관광객들 및 생태관광객들은 모두 이 목적지에 대해 다양한 기대를 가지고 있다. 그러므로 방문객 관점에서 생태관광이 의미하는 것을 정의하는 것은 생태관광 정책 입안자들에게 중요한 것이다. Palacio & McCool(1997)은 편익 세분화 평가에 기초해서 관광시장 정보를 개발함으로써 이러한 목표를 이루기 위한 시도를 했다. 자연기반 방문객 범주 내에서 서로 다른 4가지 유형의 관광객들을 구별하게 하는 특정 특징들이 존재한다는 것이 연구를 통해 밝혀졌다. 이 범주들은 '자연 도피자', '생태관광객', '편안한 자연주의자', 그리고 '수동적인 놀이꾼'이었다. 자연 도피자와 생태관광객이 가장 높은 활동 비율로 보고 되었고, 다음으로 편안한 자연주의자, 그 다음이 수동적인 놀이꾼이었다. 생태관광객들은 도피, 자연 학습, 건강관련 활동 참여 욕구에서 가장 높은 관심을 보이고 있으며, 교제 및 집단 응집력 욕구에 긍정적으로 응답했다.

이 연구는 다양한 레크리에이션 참여 비율 및 여행 특징 차이로 인해, 아마도 특징이 매우 유사한 '자연 도피자' 및 '생태관광객'을 제외하고, 각각의 부분이 다른 시설을 필요로 한다는 점을 주목했다. 또한 각각의 부분에 대한 프로모션 및 상품 전략은 소비자 선호를 상품 제공과 일치하도록 하기 위해 약간 변경될 필요가 있을 것이다. 다양한 자연 기반 관광객에서 환경 속성과 특정 이익의 효과적인 연결은 개선된 마케팅 효율성을 통해 성취될 수 있었다. 이는 또한 조직이 가장 지속가능성을 필요로 하는 사회, 문화, 그리고 생물물리학적 요소들을 결정하는 것에 도움이 될 수 있다(Palacio & McCool, 1997).

사람들을 선택할 때 기준으로 훗날 사용될 수 있기 때문이다. 생태관광 목적지를 위한 마케터로서 여행사의 목적과 목표에 양립할 수 있는 특정 유형의 사람들이 참가하기를 원한다면 구체적 선택을 하는 것이 중요하다.

생태관광 목적지 마케팅에서 포지셔닝은 중요한 고려사항이다. 포지셔닝이란 마케터는 '상품에 대해 표적시장이 무엇을 생각하기를 원하는가'이며, 그러므로 상품의 포지셔닝은 소비자 지향이 되어야 한다(Tonge & Myott, 1989: 168). 생태관광 마케터는 그들의 '상품'과 대중관광을 차별화 할 필요가 있다.

여행사 포지셔닝 목표는(지역 및 상품에 대한) 생태관광이 상징하는 모든 것을 포함한다. 지속가능한 개발, 최소영향, 지역 통제, 공급 주도, 품질 경험 등.(Nowaczek 등, 2007)

마케팅 믹스는 여행사 마케팅 시스템의 핵심이다. 고객 집단 확인 및 마케팅 믹스는 바람직한 결과를 얻기 위해 여행사가 통제하고 조작할 수 있는 변수들의 결합을 의미한다. 이러한 결정이 이루어지면 역동적인 지역사회 환경 안에서 '서비스'가 제공된다. 이러한 외부환경의 역동적 본질은 정치적 그리고 법적 효력, 경제적 고려사항, 과학기술과 경쟁 같은 많은 변수들을 포함한다(Crompton & Howard, 1980: 332). 여행사는 이러한 변수들을 통제할 수 없고, 그러므로 그것에 적응해야 한다.

마케팅 믹스를 결정하는 시점에서, 여행사는 다른 전략을 채택한다고 말할 수 있다. 보통 마케팅 믹스 활동은 잠재고객들이 제공된 서비스를 이용하거나 서비스 사용 증가를 촉진하기 위해 사용된다. 그러나 생태관광은 서비스 수요를 단념시켜야 할 필요성에 직면하고 있는 영역들 중 하나이다. 예를 들어, 멀리 떨어져 있는 환경보존 지역내 초과된 환경수용력은 장기적으로 생태관광 철학을 무시하고 공공복지 및 고객집단 만족을 최대화하는 대가로 일부에게 단기 만족을 제공해 줄 수 있다. 생태관광은 '희소자원'

을 다루고 있기 때문에 여행사는 참여를 단념시키기 위해 효과적으로 마케팅 믹스를 사용할 수 있다. 이러한 수요 단념화는 '디마케팅(demarketing)'으로 불리어 왔다. '만족한 고객수 증가뿐만 아니라 감소를 위해 마케팅을 사용할 수 있다는 것을 강조한다. 디마케팅은 부정적 개념이 아니다…. 수의 감소는 높은 품질 경험 유지를 통해 고객 만족 증가를 이끌 수 있다'.(Crompton & Howard, 1980: 333)

다음은 디마케팅 방법들이다.

- 가격 인상, 생태관광 목적지에서 보낸 시간이 증가함에 따라 불균형적으로 가격 증가
- 경험의 시간 및 기회비용 증가를 위해 대기 상황 창조
- 매체 선택과 전문화를 위해 주요 프로모션 전략 제한
- 대중 교육을 통해 지역의 중요성을 증진하고 최소영향 및 지속가능 개발을 통해 지역 보존 필요성을 촉진
- 욕구 및 요구를 만족시킬 수 있는 주변 지역내 광범위한 대안적 기회 촉진
- 너무 많은 사람들이 지역을 자주 방문한다면 발생할 수 있는 환경 저하 강조
- 지역 여행과 관련된 제한 또는 어려움 강조

상품과 유통은 약간 다르게 볼 필요가 있다. 생태관광의 경우, 상품은 본질적으로 하나의 거래 안에서 고객에게 욕구 충족적 이익을 제공하는 무형의 것이다. 생태관광 상품은 장소, 영역 또는 지역이다. 지역은 비 재생자원이기 때문에 본래의 자연상태로 유지되어야 하는 것은 필수적이다. 가장 순수형태의 생태관광은 이를 목적으로 한다. 유통은 여행사에서 시장으로 상품 및 서비스를 이동하기 위해 사용하는 '채널 구조'이다. 목적지 지역은 보

통 멀리 떨어져 있어 접근성이 부족하다. '상품'처럼 마케팅 믹스의 이 부분은 사실상 변경 불가능하다.

마케팅은 종종 단순히 상품을 대량판매 시장에 부정하게 파는 것으로 보여지므로 부정적 의미를 가진다. 이 논의에서 적절하고 엄격한 전략을 통해 조직의 목적 및 목표를 따르며 생태관광 철학을 유지하는 방식으로 여행사가 '목적지'를 마케팅 할 수 있다는 것은 분명하다. 필수적인 마케팅 믹스 요인들, 표적 시장, 포지셔닝 선언문, 회사 목표의 조작을 통해, 마케팅은 지속가능한 개발 범위 내에서 미래 생태관광 개발을 이끌 수 있는 도구로서 활용될 수 있다. 효과적인 프로모션 및 커뮤니케이션 전략들은 소비자 수요 및 기대를 형성할 수 있는 이 산업의 가장 좋은 기회들 중 하나이므로 제공된 상품과 잘 조화된다.

이상적으로 생태관광은 목적지 환경에서 발생할 수 있는 영향을 최소화하기 위한 소규모, 절제된 관광이다. 이것을 이루는 방법은 상한수 부과를 의미할 수 있으며, 경제적 측면에서 개인 당 청구된 가격이 '주류 관광' 보다 약간 더 높고, 규모의 경제 및 경쟁이 하나의 목적지 내에서 운영되는 조직 내 그리고 조직간 가격 구조 결정에 도움을 준다는 것을 나타낸다. 그러나 이러한 목표들은 현재 운영되는 관광 산업 본질과 특징 면에서 달성 가능성이 없다.

새로운 목적지에서 생태관광의 최초 목표들은 절제와 소규모 유지가 될 수 있지만 관광산업이 새로운 상품 개발 기회를 인식하고 그러한 기회를 마케팅 하기 시작하면 그것을 보장하기 힘들다.(Griffin & Boele, 1993)

지속가능 개발 및 생태관광과 관련해서 제시된 제한들은 관광 목적지 및 명소 접근에 높은 가격 부과 등 질적인 그리고 양적인 척도들을 포함해 왔다. 사실 공급 제한은 자동적으로 관광 상품 가격을 인상하게 하고, 미래 관광객을 위한 기회를 감소시킨다. 문제는 생태관광의 중심주의(主義)들 중 하나인 지속 가능성 개념에 구현된 형평 원리와 일관되는지의 여부이다.

추천 문헌

Andreasen, A, & Kotler, P.(2003) 비영리 단체의 전략적 마케팅, 6판. Prentice Hall, Englewood-Cliffs, NJ

Andreasen & Kotler의 6판 텍스트는 윤리적으로 주도되는 단체에 적용되는 마케팅 믹스 개론을 제공한다.

Middleton, V. & Hawkins, R. (1998) 지속 가능 관광: 마케팅 관점. Butterworth-Heinemann, Oxford

비록 10여년 전이지만 Middleton과 Hawkins의 텍스트는 지속가능한 관광의 일상적 운영 및 마케팅에서 해결책을 찾기 위해 민간 및 공공부문이 어떻게 협력할 수 있는지에 대한 예를 제공하였다.

Chapter 9

'진정한' 생태관광객들이 일어설 수 있기 위해

CONTENTS

새로운 관광 고객 집단이 발생하고 있으며 그들은 관광산업과 구별되는 관광 활동, 경험, 접근법을 요구하고 있다. '이들이 생태관광객이다–인간이 아닌 자연이 지배하는 곳에서, 환경친화적 레크리에이션 기회를 요구하는 사람들'(Kerr, 1991: 248). 그들은 지식과 경험을 추구하며 '전통적인 관광의 틀속에서 벗어나고, 그들의 관심은 호텔 수영장 옆에서 빈둥거리거나 꽉 짜여진 관광 일정'에 있지 않다 (Collins, 1993:7). 그러나 그들은 '자연보호구역, 국립공원, 열대림을 방문하고, 조류, 포유동물, 나무와 야생화를 보는 것에 관심을' 가지고 있으며, '새로운 라이프스타일을 경험하고 그들과 비슷한 관심을 가진 사람들을 만나길 원하며, 그들의 여행 경비가 보존과 지역경제 이익에 기여하는 것을 보고 싶어 한다.(Eagles, 1992)

지금까지 우리는 생태관광의 많은 차원들을 탐색해 왔다. 관광 상품; 계획에 대한 솔루션, 지방, 지역, 국가 및 국제 정치와의 관련성; 지속가능 개발 전략. 그러나 이것들은 우리에게 생태관광이 실제로 무엇인지에 대해 거의 말해 주지 못한다. 우리가 알고 있는 것처럼 다양한 범위의 생태관광 경험들이 존재하며 특정 생태계 또는 야생생물에 대해 배우길 원하는 관광객들과 토착문화 경험에 관심이 있는 이들 그리고 모험 지향적이며 좀더 엄격하게 활동적인 경험에 관심을 가진 이들이 있는 반면, 또다른 이들은 개발도상국에서 자원 봉사 및 지역사회 원조를 원할 수 있다. 그러므로 생태관광객들은 동질 집단이 아니며 종종 명확히 정의하기 어렵다(Wight, 2001). 그럼에도 불구하고, 이 연구를 통해 우리는 전형적인 생태관광객들의 대체적인 그림을 개발할 수 있다.

이 장에서 우리는 관광객 동기 분석을 통해 생태관광객들을 차별화하는 특징들을 탐색한다. 우리는 인구통계학적 그리고 사이코그래픽 특징들, 생태관광객들의 욕구, 생태관광객들이 목적지에 대해 가지는 이미지 및 태도, 그리고 사회, 문화적 환경 및 물리적 환경의 영향력을 고찰할 것이다. 우리는 또한 선호된 소비자 집단과 상품 제공 연결을 시도하면서 앞 장에서 우리가 처음에 깨달았던 것처럼 생태관광 운영자들을 위한 관리상의 시사점을 다룰 것이다.

표적시장 특성을 이해함으로써, 생태관광 운영자는 환경의식적이 있는 소비자의 욕구에 따라 마케팅 믹스 구성요소들을 변경할 수 있다.

어떤 특징들이 생태관광객들을 차별화하는지 이해하는 것 또한 관계가 및 보호지역 기관에게 중요한 의미를 가진다. 환경을 방문하는 어떤 개인이라도 어떤 방식으로 그것에 영향을 끼치기 때문에, 산업체 및 공원 관리 기관은 영향을 관리하고, 제어하며, 통제할 수 있도록 생태관광객 특징에 대한 지식을 필요로 한다. 그러나 지속가능 환경 및 교육 그리고 해설에 대한 포커스와 함께, 하나의 활동으로서 생태관광이 가지는 본질 때문에, 생태관광객들은 다른 여행자들과 비교해서 욕구 및 태도 면에서 다른 점을 가진다.

생태관광 프로파일 수립

생태관광객들을 구별 짓는 특징이 무엇인지에 대한 탐색에 도움을 주는 두 가지 주요 특징군이 있다. 인구통계학적 특징 및 사이코그래픽 특징이다. 인구통계학적 세분화는 연령, 성, 라이프스타일 단계, 직업, 소득 및 교육 같은 변수들에 의해 시장을 정의하는 것이다. 이것은 정량 분석 방법인 반면 사이코그래픽 프로파일은 생태관광객의 가치, 동기 및 기존 이미지 같은 정성적, 심층 분석 데이터이다. 일회성 측정으로서 뿐만 아니라, 고객의 변화하는 욕구에 관한 지속적인 정보체(body of information)로서 두 가지 형태의 정보 모두 생태관광 운영자들에게 극히 중요하다.(Beeton, 1998)

인구통계학적 특징의 편집을 통해 우리는 생태관광객 이미지 수립을 최초로 시작할 수 있다. 표 9.1은 평균 생태관광객의 프로파일이다.

생태관광객들은 일반적으로 평균보다 높은 소득, 대학 졸업장을 보유하고 있으며, 남성보다 여성 생태관광객들이 더 많은 경향이 있다.[1] 국제 생태관광 협회에 따르면(2008), 생태관광객들은 단과대학/종합대학 학위 보유 경향이 더 많은 경험 있는 여행자들이었으며(일반 관광 시장과 비교해서) 고소득 계층이었다. Wight(1996a, 1996b)는 생태관광객 특징의 시장 프로파일을 더욱더 정교화했으며, 생태관광에 관심을 가진 일반 소비자들과 경험 있는 생태관광 여행자들을 차별화했다.

		생태관광객 프로파일		표 9.1
연령	소득	교육	성	출생지
20-40 또는 55+	$42,000-70,000	일반적으로 대학 졸업장 소유	남성보다 여성인 경향이 더 많음	미국, 캐나다, 독일, 스웨덴, 호주

1) 예. Blamey(1995a), Duff(1993), Galley & Clifton(2004), Holden & Sparrowhawk(2002), Loker-Murphy(1996), Niefer 등 (2002), Silverberg 등(1996) & Wight(1996a).

경험 있는 생태관광 응답자들은 매우 교육수준이 높았으며, 생태관광에 관심을 가진 일반 관광객보다 더 수준이 높았고, 지배적으로 부부 여행(59%), 가족여행(26%)인 일반 관광객들과 비교해서 부부여행(61%), 제한된 가족 여행(15%), 싱글 여행(13%) 경향을 보였다. 그러나 가장 주목할만한 차이는 지출에서 발생했다.—경험 있는 생태관광객들은 일반 관광객보다 기꺼이 더 많은 비용을 지불했다.[2] 이와 유사하게 한 연구에서 도전적인 자연 기반활동에 참여했던 자연 기반관광객들은 '과소비 계층'으로 밝혀졌으며, 반면 역사/문화 명소를 방문한 관광객들은 '경미한 소비계층'으로 분류되었다(Mehmetoglu, 2007). 평균적으로 [생태관광객들은] 환경 책임감이 있는 공급자가 제공한 서비스와 상품에 8.5% 더 많은 비용을 지출하였다.(Wight,1994: 41)

출생지 면에서 대부분의 생태관광객들은 미국, 독일, 스웨덴, 캐나다, 호주 같은 비교적 서구 부국 출신이다. 이 국가들에서 급속한 노령화 인구 그리고 베이비붐 세대의[3] 중년 후반기로의 변화는 여가 및 관광에서 실체적인 인구통계학적 추세로 입증되고 있는데, 이 집단의 상당 비율이 여가 서비스에 지출할 수 있는 비교적 높은 수준의 가처분 소득과 함께 상당 수준의 여가 가능 시간을 가지고 있기 때문이다.

이러한 사회경제적(인구통계학적) 특징과 함께 생태관광객들을 상당히 차별화할 수 있는 광범위한 태도 및 행동 패턴이(사이코그래픽 특징) 존재한다.

일반적으로 생태관광객들은 다음의 8가지 사이코그래픽 특징을 보여 준다.

1. 환경 윤리 소유
2. 자원 비파괴 의지

---

2) 전통적인 관광객과 '경험 있는 생태관광객'의 지출 차이에 관한 Pamela Wight의 조사에서, 그녀는 생태관광객들이 전통적 관광객들보다 더 많은 지출을 하는 경향이 있다는 것을 발견했다.(Wight, 1996a)

3) 1946년과 1964년 사이 전후 호황기에 태어난 세대를 말하기 위해 사용되는 용어

3. 외적 동기가 아닌 내적 동기에 초점화

4. 지향점에서 인간중심주의가 아닌 생물중심주의

5. 야생생물 및 환경을 이롭게 하는 것을 목표화

6. 자연환경과의 직접경험을 위해 노력

7. 교육 및 감상에 대한 기대 소유

8. 매우 인식적이고 정서적인 면들을 소유(Ballantime & Eagles, 1994)

생태관광객들은 소집단 및 개인화된 서비스를 선호하며(Weaver, 2002: 21)[4], 야외 열광자인 경향이 있고 자주 부부 또는 개인으로 여행하며 빈번히 여행하고 경험 있는 여행자들이다(예, Galley & Clifton, 2004: Wight, 1996). 그들은 '다른 유형의 관광객들보다 일반적으로 집과 다른 조건들에 더 수용적이다'(Boo, 1991: 13). 이 집단에서 호화 숙박시설, 음식 및 밤의 유흥은 현지 조건 안에서 생활하며 현지 관습과 함께 현지 음식을 시식하는 것보다 훨씬 덜 중요하다. 그들의 '강력한 과학적 지향성' 및 연구와 학습에 대한 포커스 때문에, 생태관광객들은 그들이 방문하는 목적지에 대한 정보 및 교훈을 요구하고 있다.(예, Galley & Clifton, 2004)

예를 들어 캐나다 생태관광객에 관한 한 연구에서, 열대림, 조류, 호수 및 시내, 나무와 야생화, 포유동물, 산과 바다에 관심을 가지고 있다는 것이 밝혀졌다. 이러한 물리적 특징들은 그들의 동기에 관해 질문했을 때 생태관광객들이 매우 상위를 차지한 것들이었다. 동 집단은 휴가중 방문할 장소와 활동중 도박, 놀이공원, 밤의 유흥, 대도시, 경기 관람, 아무 것도 안 하기, 실내 스포츠, 쇼핑 및 휴양지를 가장 즐겁지 않은 것으로 생각했다. 이 연구는 또한 생태관광객들이 자연 자체에 관심을 가지고 있는 반면 신체활동, 새롭

---

4) Weaver(2002)는 한쪽으로는 '하드(hard)' 스펙트럼에 다른 한쪽으로는 '소프트(soft)' 스펙트럼에 생태관광객들을 놓을 수 있다고 제시하고 있다. 하드 생태관광객들은 강력한 환경 책임을 가지고 있고, 소집단의 전문화된 여행을 추구하며, 신체적으로 도전적이고, 서비스가 거의 없거나 원시적인 것을 기대한다.

고 더 단순한 라이프스타일 경험, 유사한 관심을 가진 사람들과의 만남, 문화활동을 관람하고 현지 공예품을 구입하는 것을 통해, 개인적 발전을 즐긴다는 것을 발견했다.(Eagles, 1992)

이러한 면에서 생태관광은 단순한 여가활동 이상의 것이다. 이것은 단지 여행 뿐만 아니라 의미 있는 라이프스타일, 행동 및 철학에 대한 특정한 지향점을 반영하고 촉진하는 여행 스타일이다.

> 생태관광객들은 그들의 생태관광 경험으로부터 발견과 자기계발을 기대하고 있다. 지적인 면 뿐만 아니라 정서적, 정신적 면에서 개인적 성장은 이러한 여행자들의 대부분에서 생태관광 여행의 예상된 결과처럼 보인다.(Williams, 1990: 84)

생태관광객들을 그림으로 그리면서, 이제 우리는 특수 구매층으로서 생태관광객들에게서 나타나는 차이점을 상술하는 데 도움이 되는 관광객 동기를 고찰함으로써 우리의 이해의 폭을 넓힐 수 있다. 이러한 이해는 관광객 만족, 긍정적 경험의 최대화 및 부정적 경험의 최소화로 이끄는 적절한 결정을 하는 데 있어서 관광 사업 관리자들에게 도움이 될 것이다(Pearce, 2005). 이 분석은 Small(1997)애 의해 개발된 관광객 동기 모델에 토대를 두고 있으며 이것은 각각의 동기 요인들과 서로 다른 요인들간의 관계를 생생하게 입증함으로써 관광객 동기 핵심 요인들을 설명하고 있다. (그림 9.1 참조)

관광객들의 욕구, 이미지, 태도, 그리고 욕구와 이미지 평가가 이 모델의 일차적 포커스이며, 물리적, 사회적 그리고 문화적 환경 영향을 주목하고 있다. 이와 동일한 환경에서 관광객(또는 생태관광객)이 끼치는 상호영향이 양방향 흐름 화살표로 표시된다. 욕구와 이미지의 상호작용이 기대를 만드는 것, 이것이 일반 관광객들과 비교해 생태관광객들의 다른 점이다. 지속가능성이 생태관광의 포커스이기 때문에, 생태관광이 현 소비자 기반에 실행 가능한 것인지, 또는 환경/사회/문화적 목표들, 소비자 욕구/필요 및 수익성 간 조화를 위해 운영자가 그들의 시장을 좀 더 엄격하게 정의할 필요가 있는 지 여부를 확립하는 데 있어서 환경에 미치는 영향은 결정적이다.

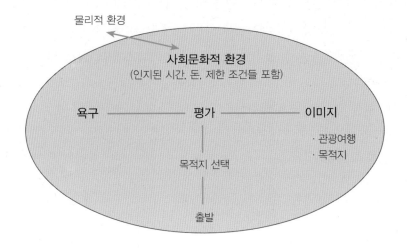

| 그림 9.1 |
관광객 동기의 단순 모델
(Small, 1997에서 개조)

관광객 동기(Tourist motivations)

우리가 관광의 특정 형태 및 스타일을 확인할 수 있는 한 가지 방법은 어떠한 요인이 관광객들에게 동기부여 되는가에 대한 고찰을 통해서이다. '동기는 개인이 잠재적으로 만족을 생성하는 특정활동에 대해 생각할 때 자극된다'. 사람들은 그들의 욕구 만족을 위해 행동하기 때문에, 동기는 여행 행위를 지배하는 궁극적 원동력으로 생각된다. 그러므로 관광객들의 동기는 마케팅 전략의 기초가 되어야 한다(Pyo 등, 1989: 277). 동기 연구는 Dann(1981)의 초기연구에 기반을 두고 있으며, 그는 관광객 동기화에서 'push'와 'pull' 요인이 중심적이라는 것을 확인했다. push 동기는 개인 내적인 반면 pull 동기는 목적지에 의해 자극 된다. push 요인은 여행 욕망을 확립하고 pull 요인은 실제적인 목적지 선택을 설명한다.(Bello & Etzel, 1985)

Crompton(1979)은 관광객의 쾌락 욕망 및 일상으로부터의 휴식 욕망을 확인하면서 push/pull 모델을 수정 하였다. 그는 관광객들을 출발하게 하는 요인과 요인 결정에서 9가지 동기를 확인했다. 'push' 요인들은 개인의 사회적 그리고 심리적 상태와 관련된 동기인 반면 'pull' 요인들은 '여행자 그 자신으로부터 배타적으로 발생하는 것이 아니라 목적지에 의해 발생 되는 동기'들이다.(Crompton, 1979: 410)

그는 7가지 주요 push 동기와 2가지 pull 동기를 발견했다.

push 동기
- 세속적인 일상 환경으로부터의 탈출
- 자아 탐구 및 평가
- 휴식
- 명성
- 회귀
- 친척 관계 고양
- 사회적인 상호작용의 용이함

pull 동기
- 진기함
- 교육

Crompton(1979)은 불균형의 연속체를 따라 자리잡고 있는 것으로 동기를 개념화했다. 하나 또는 그 이상의 push 요인과 관련된 불만족감으로 인해 불균형의 발생하면, 그것은 일상의 휴식을 통해 조정될 수 있으며, 그러므로 여행을 통해 항상성(평형)을 회복하게 된다.

Crompton(1979)에게 목적지는 단지 동기 만족을 이루는 매개물이다.

중요한 것으로서, Iso-Ahola(1983)는 개인이 일차적으로 내적인 보상심리 때문에 여행을 하는 경향이 있다는 것을 발견했다. 내적 동기화된 활동은 어떤 외적 보상이 아니라 그들 자신을 위해 이루어진다. McGehee(1996) 등은 내적 동기 그리고 push/pull 요인간 관계를 연구했으며 대부분의 push 요인들이 내적 동기요인이라는 것을 발견했다. 여기서 생태관광객의 만족이 경험 그 자체뿐만 아니라 환경적으로 건전한 여행을 했다는 것과 목적지 지역에 기여를 했다. 외적 보상으로부터 올 수 있다는 것에 주목하는 것이 중요하다.

　push 요인들은 Maslow의 욕구 단계설과 강력한 연관을 가진다. Maslow (1970)에게 실현은 인격의 중심 원동력이지만 그것이 추구되기 전에 기아, 주거 및 안전 같은(두서너 가지 예만 든다면) 저 차원 욕구들이 먼저 실현되어야 한다. Maslow는 이러한 욕구들을 5가지 수준으로 분류했다.

1. 생리적 욕구-기아, 갈증, 주거, 섹스 등
2. 안전의 욕구-신체 및 정서적 해로부터의 안전과 보호
3. 사회적 욕구-애정, 소속, 용인, 우정
4. 존중의 욕구-내적(자아 존중, 자율, 성취) 그리고 외적(위신, 인정, 관심) 요구
5. 자아실현 욕구

　Pearce(1988, 1993)가 개발하고 Maslow의 욕구단계설에 기초를 둔 관광객 동기 프레임워크는 여행시 관광객들이 충족하는 욕구를 확인할 수 있는 확장적 프레임워크를 제공한다. 주류 관광객은 관계, 자극, 휴식의 저차원 욕구 실현에 더 많은 관심을 가진 반면, 생태 관광객들은 개발과 성취에 더 많은 관심을 가지고 있으며, 이것은 자기교육을 포함한다. 생태관광의 포커스가 자연환경에 대한 어느 정도의 교육 및 해석과 함께 종종 내재적으로 자극되는 자연기반 활동이라면, 생태관광객들이 그들이 추구하는 경험의 본질상 Maslow의 욕구단계설 아래에 있는 기본욕구보다 자아실현 및 고차원 욕구에 더 많은 초점을 맞춘다는 것은 당연한 것이다(예. McDonald 등, 출판 중). 그 예로 잠비아에서 10주 자연 기반 자원봉사 프로젝트를 수행했던 7명의 생태관광객들의 시간의 흐름에 따른 개인적 발달을 조사한 Harlow & Pomfret(2007)의 질적 연구이다.

연구를 통해 참가자들이 자연 속에 있었던 결과로 강력한 정신적 감정을 경험했다는 것이 밝혀졌다. 또한 비환경적 그리고 환경적 사건들을 통해 그들의 자아 개념은 풍성해졌으며 여행 경험의 결과로서 광범위한 새로운 사회성 기술을 개발했다.

또한 Eagles(1992)는 생태관광객들과 일반 관광객들의 동기가 내재적 vs 외재적 여행 동기 면에서 다르다는 것을 발견했다. 그는 대부분의 경우 일반 관광객들이 집을 떠나 왔을 때 집처럼 편안함을 느끼는 것을 좋아한다는 것을 알게 되었다. 이 연구결과는 관광객 동기에 영향을 미치는 'push' 그리고 'pull' 요인과 강력히 일치한다. pull 요인만이 여행 출발에 충분한 자극을 제공한다고 말하려는 것은 아니다. 왜냐하면 생태관광객들에게 pull 요인이 다른 무엇보다 중요하다는 사실에도 불구하고 push 요인은 여전히 출발 결정에 정말로(다양한 정도로) 영향을 끼치기 때문이다. Crompton(1979) 이론의 적용은 주류 관광객보다 생태관광객의 경우 그들의 사이코그래픽 특징에 기초해 pull 요인이 물론 상위를 차지하고 있다는 것을 입증한다.

그러나 생태관광객들의 동기를 정확히 측정하는 것은 어렵다. 우선 push & pull 모델을 이용해서 관광객의 동기를 정의하는 것은 주류 관광객이 아니라 생태관광객 같은 특정 틈새 시장에 적용했을 때 더 복잡한 것이 된다. 발견, 계발 및 개인적 성장의 내적 push 동기들은 생태관광객들에게 중요하지만 자연 목적지라는 특징은 이 집단에게 있어 단순한 pull 동기 이상의 것인데, 생태관광객들은 물리적 위치를 그 자체 동기로 간주하기 때문이다(예, Chan & Baum, 2007). 이것을 pull 현상으로 서술하는 것은 하나의 동기 유발요인으로서 자연환경의 중요성을 조영하는 것이다.(Eagles, 1992)

생태관광의 목표는 자연, 경제, 사회 및 문화환경에 기여할 수 있는 생태학적으로 건전한 여행경험을 제공하는 것이다. 관광서비스 제공은 특별히 채취산업 의존에서 벗어나는 변화 과정 안에서 지역사회의 중심적인 것이 되어가고 있음을 보여준다. 생태관광객의 욕구 그리고 출발 전 목적지에 대한 그들의 이미지 결합은 생태관광객들이 생각하고 있는 것이 충족될 것이라는 기대를 창출한다. 생태관광객의 동기를 이해함으로써, 지역사회는 이러한 욕구 및 기대를 충족시킬 수 있는 더 좋은 위치에 있게 될 것이다.(예, Holden & Sparrowhawk, 2002)

동기연구를 이용한 상품 맞춤화는 모든 관광부문에서 중요하다. 생태관광객과 주류 관광객의 동기가 다르다는 것을 인식하는 것은 관광 매니저들에게 특히 중요하다. 관광객 수, 감소된 영향과 교육적 요소에 대한 관심이 줄어 들 가능성이 있기 때문에, 이러한 틈새 시장이 가진 욕구에 대해 생태관광객들의 역할 및 규정을 재정의하고 형성할 수 있으며, 이것은 더 높은 수준의 만족율을 가져올 것이다.

방문객 기대에 관한 연구는 퀸스랜드 고래상어 관광을 생태학적으로 지속가능한 관리에서 활용되었다. 응답자들은 규정으로 인해 다이버들이 고래상어에 너무 가까이 수영할 수 있게 되었다고 느끼고 있었다. 경영진들은 지침을 수정하기 위해 이 연구를 사용했고, 고래상어 종의 보호를 개선시킬 수 있는 거리를 늘린 반면 생태관광객들에게는 여전히 만족스러운 경험을 제공하였다(Birtles 등, 1995). 이것은 시장의 독특한 요구 및 특징에 토대를 둔 시장에 대한 경영진의 다른 관리의 반응임을 입증한다.[5] 이와 유사하게 미국 조사를 통해 '미국 여행자의 45%가 여행공급업체들이 직원들에게 충분한 환경보호 훈련 및 지원을 제공하지 않는다'고 느끼고 있다는 것이 밝혀졌다. 또한 응답자들은 관광 중에 여행사들이 환경 인식과 보호에 대해 교육적 내용을 거의 제공하지 않는다고 느끼고 있었다. 생태관광객의 동기에 대해 친숙해지는 것은 이러한 불만족을 예방하는 데 도움을 줄 것이며 추가적인 환경 보호 이점을 가져 올 것이다. 생태관광객 욕구를 충족시키는 생태관광 운영자의 능력은 '목적지가 궁극적으로 생존 가능하며 가치 있는 생태관광 목적지로서 간주될 수 있을 것인가'를 결정한다.(Wight, 1994: 47)

---

5) 이것의 또 하나의 예는 웨스턴 오스트레일리아, 멍키미아에 관한 Smith 등의(2006) 연구에서 볼 수 있으며, 인기 있는 이 리조트에서 헤엄을 치고 있는 돌고래와 관련해서 보존과 이용간 갈등을 주립공원 기관이 다루어 온 방식을 조사한 것이다.

관광 상호작용(Tourism interactions)

관광 행동은 여행을 할 때 시작되지 않으며, 관광객이 목적지로 떠나기 전에 이미 존재하는 것이며, 생태관광객과 주류 관광객의 주요 차이가 분명해지는 것이 바로 이 점이다. 이것은 동기를 포함할 뿐만 아니라, 관광객이 어떤 목적지를 방문할 것인지 언제 결정했는지가 포함된다.

관광객과 관련된 사회적 상호작용은 관광객-동료집단 상호작용, 관광객-관광객 상호작용 또는 관광객-호스트 상호작용 형태를 취할 수 있다. 이것들 중 첫 번째는-관광객-동료집단 상호작용-목적지 선택에 중요한 영향을 끼친다. 사회집단은 목적지 선택에 4가지 종류의 영향력을 행사한다.

- 특정 목적지를 방문하기 위한 직접적인 설득
- 여행자의 목적지 의견에 대한 규범적 영향
- 목적지에 대한 전통적인 지식을 이끄는 장기적 사회화
- 목적지 지역에서 살고 있는 사회적집단 구성원(Dann & Crompton, Crompton에서 인용, 1981)

비록 이러한 요인들이 다양한 정도로 일반 관광객들에게도 적용이 될지라도, 생태관광객들은 이러한 영향의 어떤 것과도 관련되지 않는다. 예를 들어 생태관광객들은 먼 지역의 친구를 방문하고 그것을 '생태관광'이라고 부를 것 같지 않다. 게다가 사회집단의 의견과 설득은 종종 생태관광객들에게 그리 중요하지 않은 데, 아마도 그들은 다른 이들이 알지 못하는 장소를 방문할 것이기 때문이다.

일단 출발전 결정이 이루어지면, 사회적 상호작용의 다음 중요한 '단계'는 목적지 장소 자체에서 발생하는 단계이다. 모든 사람들에게 사회적 상호작용은 근본적인 것이다. '사회집단의 상호작용 본질은 개개인 행동에 강력한 영향력을 행사'한다는 것이 오랫동안 인식되어 왔다(Crompton, 1981:

551). 일반 관광객의 경우, 사회적 상호작용의 대부분은 관광객 집단 구성원들 사이에 발생한다. 그러나 생태관광객들의 경우-집단 사이즈가 작고 목적지 속성에 강조점을 둠-상호작용의 초점은 관광객과 목적지에서 만나는 것들 사이에 맞춰진다.(Wearing & Deane, 2003)

이상적인 생태관광객은 그들 자신과 관광수용 지역사회간 인공장벽을 세우는 것이 아니라, 지역 환경에 능동적으로 동참 하려는 경향이 있다. Cohen(1972: 167)은 이것을 '환경적 거품'이라고 불렀으며, 여기서 관광객은 목적지 환경에서-레크리에이션 기회들이 일반적으로 리조트 내에 들어 있는 리조트 시설처럼-분리된다. 일반 관광객과 생태관광객을 차별화하는 사회적 상호작용내 질적 그리고 양적 차이를 결정하는 데 있어서, Cohen(1972)의 관광객 유형 분류는 상호작용의 차이가 자발성의 결과 달리 말해 관광객이 불편을 감수하고 모험을 기꺼이 하느냐 안 하느냐의 결과일 수 있다는 것을 입증한다. Cohen(1972)의 유형 분류는 네 가지 다른 관광객 유형을 보여 준다.

- 조직화된 대중 관광객
- 개인적 대중 관광객
- 탐험가
- 표류자

이러한 관광객 유형들은 관광 수용 문화에 동참할 수 있거나 관광 동반자의 범위 안에 머물러서 불편함이나 문화충격을 최소화할 수 있는 가능성에 영향을 미치는 독특한 특징들을 구체적으로 나타내준다. 조직화된 대중 관광객과 개인적 대중 관광객은 친숙함이 그들의 기본적 관심사이기 때문에 결코 환경에 완벽히 몰입하지 않는다. 그들은 관광 동반자가 제공하는 상대적 안정 안에서 관광수용 지역을 '바라보는' 경향이 있다.

개인적 대중 관광객은 그들의 관광이 전적으로 사전 계획되지 않는다는 점에서 조직화된 대중 관광객과 약간 다르지만, 이 두 등급은 특정 관광행동 방식에서 맞아 떨어진다.

탐험가와 표류자는 관광수용지역사회와 의사소통, 몰입, 그리고 학습하는 정도에서 다르다. 탐험가와 생태관광객은 둘 다 개인적으로 여행하고, '정도를 벗어난다'는 점에서 유사하다. 그들은 '환경적 거품'을 정말로 남기지만 생태관광객들과 달리 종종 믿을 만한 교통수단과 함께 안락한 숙박시설을 요구한다. 그들은 일차적으로 다른 문화와 상호작용하기 위해 여행하지만 또 다시 생태관광객들과 달리 자연환경 경험 열망에 의해 반드시 동기가 유발되는 것은 아니다.

Cohen(1972)의 마지막 관광객 유형은 표류자이다. 이 관광객들은 정도를 가장 멀리 벗어나서 모험을 하며 지역사회 관습과 문화에 전적으로 몰입하고, 여기서 진기함은 최고의 중요성을 가지며 모든 친숙함은 사라진다. 관광수용 문화 및 환경과의 사회적 상호작용 수준은 특별히 대중 관광객과 비교해서 이 형태의 관광객에서 최대화된다(Cohen, 1972). 또한 이러한 관광객 유형은 '경험' 열망에 의해 동기화된다는 점에서 생태관광객과 유사하지만, 반드시 주로 자연경관을 경험하기 위해 여행하는 것은 아니다.

관광객 유형과 사회환경간 상호작용 차이는 관광 '진정성' 개념과 관련해서 개념화할 수 있다. MacCannell(1976)은 관광을 '전통적' 생활방식에서 현대인의 소외를 통해 세상을 인식한 결과로서 사회적 중요성이 감소하고 있는 종교의 영적인 면들에 대한 현대 기능적인 대체물로서 바라본다. 전통적인 제도적 유대로부터의 이러한 변화는 인간으로 하여금 타인들의 '진정한' 삶, 즉 '진정한 '생활방식과 문화로 인식되는 것을 추구하게 하는 원인이 되었다.

MacCannell은 6가지 무대에 걸친 관광환경 연속체를 제시했으며, 각각 특정 관광 경험으로부터 얻는 신뢰도 수준을 의미한다. 1단계는 관광시설, 제도적 문화유적지처럼 관광객들이 극복하거나 침투하기 위해 시도하는 사회공간을 말한다. 이러한 '무대 전면'은 종종 조직화된 대중관광객들을 만족시키는데, 그것이 특별히 그들의 이익을 위해 구성되었기 때문이다. 관광객들이 보통 설립물 가이드 관광을 하는 이유는 그것이 보통 외부인에게 폐쇄된 설립물 지역에 쉽게 접근할 수 있도록 해 주기 때문이다(1976: 98). 연속체의 가장 말단에 6단계가 있으며, '진정한' 문화표현이 발생하고 있다고 인식되는 지역으로서 외부인의 접근이 제한 된(만약에 제한이 실제로 있다면) 배후 지역을 의미한다.(MacCannell, 1976)

비록 MacCannell은 일반 관광객들은 일반적으로 '무대화된 진정성'을 경험한다는 것을 확인했지만 또한 때때로 일반 관광객들이 사회환경과 친밀한 관계를 가진다는 것을 인지하였다. 그럼에도 불구하고 그는 또한 종종 이러한 진정한 경험이 우연히 발생한다는 것을 인정하고 있다. '관광객은 수동적이다. 그는(원문 대로) 흥미로운 것이 그에게 일어나기를 기대한다.' (Boorstin, MacCannell에서 인용, 1976: 104)

구축된 자연의 '진정한' 경험은 종종 투어 가이드의 설명에 의해 촉진되며, 전달된 정보의 인식 및 선택을 통해 조정된다. Boorstin은 '올바른 환경에서 일하는 훌륭한 가이드는 관광객들이 개인의 여행 동기를 성취하는 진정한 경험을 충족할 수 있도록 비교적 안전하고 확고한 환경을 제공한다'라고 말하면서 관광객들에게 영향을 끼치는 가이드의 중요성을 인정하고 있다(Pearce, 1984: 136). Periera는(2005: 1) 다음과 같이 덧붙여 이야기하고 있다, '생태관광 상품의 무형성을 가정하면, 가이드는 상품의 질을 정의한다. 관광객이 지속가능한 실천으로 향하거나 그것에서 멀어지게 이끌며, 생태관광 모험의 성공 또는 실패에 상당히 기여한다.' 운영자들은 환경 및 문화경관을 해석할 수 있는 능력을 가진 지식이 많은 가이드에게 생태관광객들이 부여하는 가치를 종종 과소평가한다.(Gardner & McArthur, 1995)

생태관광객들은 일반적으로 출발전에 지역 환경에 대해 상세한 지식을 얻는 경향이 있다. 그러나 생태관광객들은 가이드의 부정확한 정보에 영향을 받지 않는 것이 아니다. 왜냐하면 그들 또한 이점에 대해 가이드에게 의존하고 있기 때문이다.

가이드가 제공하는 정보는 중요할 뿐만 아니라, 관광객들이 정보를 기억하는지 여부 또한 중요한데, 그것이 관광행동에 영향을 끼치기 때문이다. '관광객 자신의 경험 및 지식, 당면한 환경의 특징은 관광객들의 기억력과 환경 회상을 촉진하기 위한 주요 요건처럼 보인다'(Pearce, 1984: 143). 이것이 의미하는 것은 일반적으로 생태관광객의 지각된 환경 인식이 그러한 환경에 대해 가이드가 제공하는 정보를 더 잘 유지하도록 한다는 것이다. 그러므로 관광 행동에 영향을 미치는 가이드 역할이 문제가 될 수 있다. 일반 관광객은 '전통 대중 관광' 가이드를 제공 받고(가이드는 일반 관광객의 관광 욕구에 대해 특정 장소와 서비스 제공에서 상세하게 설명하지 않는다.), 반면 생태관광객은 그들 고유의 관심을 충족할 수 있는 좀 더 서술적이고 환경적으로 지각 있는 가이드를 제공 받는다. 또한 생태관광객은 일반 관광객보다 가이드의 환경 정보를 더 많이 보유하고 있는데, 이것의 이유는 생태관광객이 환경 영향 및 상호작용 문제 면에서 특별한 관심을 가지고 여행을 하기 때문이다. 그러므로 생태관광객이 주류 관광객과 다르게 행동하는 것은 필연적인 것으로 보이며, 일반적으로 그들은 더 우수하고 더 상세한 정보 접근성을 가진다.

이러한 정보를 통해 그들은 좀 더 환경의식이 있는 행동을 하게 된다. 일반 관광객들은 생태관광객들과 유사하게 행동할 수 있는 동일한 기회를 가지지 못한다. 왜냐하면 그들이 얻는 정보의 본질이 동일한 정도로 그들이 환경에 민감한 행동을 할 수 있도록 이끄는 데 도움이 되지 못하기 때문이다.

지금까지 우리는 생태관광객과 일반 관광객의 상호작용 차이를 그들의 사회적 그리고 환경적 배경과 함께 논의했다. 살펴 본 것처럼, 생태관광객들은 일반적으로 환경에 대한 깊은 이해를 가지고 있고, 그것을 추구하며, 이것은 일반 관광객들의 본질적 요인이 아니다. 그러므로 생태관광객과 일반 관광객 행동의 가장 큰 차이가 자연 환경과 그들의 상호작용에 있다는 것은 분명한 것이다.

자연 환경 관점에서, 생태관광과 일반 관광은 매우 다른 역할을 수행한다. 생태관광객은 이상적으로 '관광 목적지 상품 생활주기'의 '발견 및 출현' 단계에서 목적지 안으로 들어 간다(Prosser, 1994: 23). 이것의 의미는 생태관광객이 '탐험가'이거나 다른 이들이 중대한 영향을 끼칠 수 있는 기회를 가지기 전에 지역 내 자연자산 및 문화재를 위해 자연 보호구역, 또는 훼손 되지 않은 지역을 찾는 사람이라는 것을 의미한다(Chan & Baum, 2007). 대조적으로 일반 관광객은 최초 발견 및 출현 단계 이후에 생활주기의 모든 단계에서 목적지와 관련을 맺게 될 것이다.[6] 그러나 관광 목적지 상품 생활주기 안에 생태관광을 두는 논리적 결론은 일단 '발견' 된 지역으로의 일반 관광객 출현을 통한 필연적 포화 그리고 한 지역의 쇠퇴 시킨다는 결론에 이르게 된다. 생태관광객과 주류 관광객이 다르게 행동한다면 생태관광객이 어떤 장소로 들어가는 것의 궁극적 결과가 대중관광의 궁극적 침입의 원인이 되고, 그 결과 지역의 파괴 된다면 생태관광객과 일반관광객이 다르게 행동하는 것이 중요한 것인가?

관광객 태도는 자연 환경에 대한 그들의 행동과 상당한 관계를 가지고 있다. 일반 관광객들은 일반적으로 휴가 때 덜 의식하는 환경의식적 태도를 가지는 경향이 있다는 것은 널리 인정되고 있다.

> 휴가 때⋯ 우리는 그러한 생각이 우리가 선택한 목적지에서 사회적으로 또는 환경적으로 수용 가능한 것인지에 대하여 거의 생각하지 않는다, 그리고 사실 만약 우리가 의식이 있다면, 우리는 우리가 지불을 했고 그들은 우리의 돈을 가져갔으며, 그러므로 우리가 원하는 대로 휴가를 가질 자격이 있다고 합리화 시킬 수도 있다.(Prosser, 1994: 32)

알다시피 생태관광객들은 목적지에 미칠 수 있는 영향을 최소화하기 위해 노력한다. 그러나 개별 생태관광객이 자율적으로 그 영향을 최소화하는 반면, 그들이 여행하고 있는 자연지역의 경영진은 그 영향이 전체적으로 최

---

6) 이러한 연속 단계는 '인기 및 유행의 증가', '포화', '시들어가는 유행', 그리고 '쇠퇴'를 포함한다.

소화되었는지 여부를 결정한다. "네팔 히말라야 트레킹 관광객들은 거의 예외 없이 그들 자신이 환경의식이 강하거나 환경보호자라고 선언하고 있지만, 그들 역시 환경 수용력을 반대함으로 그리하여 지역 환경의 지속 가능성을 걸림돌이 되고 있다'(Prosser,1994: 33). 그러므로 물리적 환경과 관련해서, 개별적 생태관광객이 일반 관광객과 다르게 행동할 수 있는 반면, 하나의 집단으로서의 생태관광객들은 자연 환경에 일반 관광객 집단과 유사한 영향을 잠재적으로 끼칠 수 있다. Holden & Sparrowhawk는 네팔 히말라야 트레킹에 대해 덧붙여 말하고 있다.

> 안나푸르나의 미래는 구식이지만 여전한 일반적 통념, 관광 성공은 관광객 수 증가에 의해 측정된다는 것에 의해 위험에 처하게 되어서는 안 된다. 그 대신 이 지역을 위한 지속적인 전략적 계획이 요구되며, 이것은 토지 이용 및 환경수용력 측정을 포함할 뿐만 아니라, 지역 환경과 양립할 수 있는 마케팅 및 관광객 유형을 고려할 필요가 있다. 이런 의미에서, 관광객 동기 연구는 전략적 사업 결정뿐만 아니라 전략적 환경 결정에서 역할을 할 수 있다.(2002: 445)

우리가 주목하는 것처럼, 일반 관광객들은 기존 목적지, 물리적 환경이 상당히 발달하고 관광 기반시설이 확립된 장소를 방문하는 경향이 있다. 그러나 생태관광은 종종 더 멀고 환경적으로 민감한 장소 여행과 관련된다. 생태관광객과 일반 관광객을 묶는 공통 맥락은 새로운 경험을 위해 하나의 목적지에서 다른 목적지로 이동하는 행동이다. 자연 환경에 미치는 영향을 제한하는 면에서 일반 관광객들은 반드시 생태관광객처럼 행동할 필요가 없다. 비록 문화 및 사회환경은 파괴되기 쉬울지라도 자연 환경은 생태관광객들이 종종 이용하는 지역들처럼 파괴되기 쉬운 곳이 아니기 때문이다.

관광객 행동 차이에서 하나의 가능한 촉진제는 '최소 영향'이 실제로 무엇인지 개인이 알고 있다는 인식이다. 종종 사람들은 환경 손상을 깨닫고 나서야 환경을 이롭게 하기 위해 변화한다. 그러나 생태관광객들은 그들이 발견했을 때 그대로 환경을 내버려 두기 위해 노력함으로써 여행 시작 순간부터 영향 개선을 위한 시도에서 예방적이다-이것은 일반 관광객들이 항상 공유하는 것은 아닌 목표이다.

자신의 방식대로 자연보호지역을 만날 준비가 된 모든 여행자들을 위해, 수송도로, 카페, 화장실, 주차, 피크닉 시설, 그리고 많은 편의시설 제공과 함께 사용을 위해 개조되어야 할 수 백 가지의 다른 것들이 변영될 것을 요구하는 사람들이 많다(Todd, 1989). 이것 하나만으로도 방문할 환경에 대한 생태관광객과 일반 관광객 행동의 큰 차이를 보여 준다. 생태관광객 행동은 환경에 따라 결정되는 반면 일반 관광객은 그들의 일상적 행동에 맞추기 위해 환경을 개조시킨다.

경제적 차이(Economic differences)

경제상황 또한 생태관광객과 주류 관광객 행동차이를 이해하는 데 근본적인 것이다. 목적지 지역의 경제기반 분석은 주류 관광객과 비교해 생태관광객들이 미치는 효과에서(직접 그리고 간접적 효과 모두) 많은 핵심적 차이를 확인하게 한다. 관광 지역내 경제효과의 균형은 경제 특징(개발과 연계 장치의 사이즈, 수준), 수요가 있는(또는 생태관광의 경우 제공되는) 상품 및 서비스 유형, 관광 유형 및 서비스 소유권, 사회기반시설 및 상부구조에 의존한다. 목적지 지역내 생태관광 발달 수준이 일반 관광객에 비해 감소 경향이 있다는 사실로 인해, 상품 및 서비스는 지역의 환경 수용력에 기초해서 제한된 공급으로 생산되고, 소유권은 더욱 더 지역에 있다.

일반 관광은 종종 도시 및 도심지구 안에서 일어나고 반면 생태관광은 마을 또는 소규모 지역사회 관련이 가장 흔하다. 생태관광객들은 문화, 사회, 자연적 영향을 최소화하기 위해 노력하기 때문에 이익이 되는 경제 효과 창출과 지역 상품 및 서비스 구입을 통해 목적지 지역은 생태관광에서 이익을 얻는다. 생태관광객들은 지역 사회가 광범위한 사회기반시설 개발에 관여하거나 그들의 정상적인 문화적 관습을 바꾸도록 요구하지 않는다. 그러나 일반 관광객들은 공급된 상품 및 서비스가 관광객의 '요구 기준에 반드시 도달하도록' 요구한다(Vellas & Becherel, 1995: 319). 이것이 '환경적 거품'의 한 예이며 여기서 관광객들은 자신의 국가에서 발견되는 것을 재창조하고 관광 경험의 만족도를 결정할 필요가 있다.

이와 유사하게 생태관광 개발의 본질은-최소한의 사회 및 환경 영향을 끼치는 소규모-외부 소유주, 운영자 및 투자가와의 경제 누출 가능성을 줄인다.(예, Rinne & Saastamoinen, 2005)

다음의 경우에서 이러한 누출은 높아질 가능성이 있다.

● 수공업에 의해 생산된 재화와 서비스를 가진 소규모 경제
● 상품 및 서비스 제공을 수입하는 성향이 높음
● 관광 시설 현지 소유권 수준이 낮음
● 일시적인 유입 노동 비율이 높음

CASE STUDY

에콰도르

에콰도르, 까뻬로나, 키추아 인디언 24가구 공동체는 경제개발의 가장 적절한 형태로서 생태관광을 선택했다. 이 공동체는 농작물에서 경제수익 의존성을 보여주었고(불충분하게 됨) 직접적으로 공동체에 이익이 되는 산업형태로서 생태관광을 추구했으며, 반면 누출은 최소화했다. 키추아 공동체 방문객 수 증가와 함께, 이러한 생태관광 모험사업의 새로운 질주는 분명히 급속한 재정 성공을 이루었다. 예를 들어, 리오 블랑코 공동체 생태관광 프로젝트는 운영 첫 해 안에 재정 건설과 개발 비용을 위해 사용된 모든 대부금을 상환할 수 있었다. 이 공동체가 의도한 것은 연간 약 300명까지 방문객 수를 증가시키는 것이었지만, 그 이상은 아니었다. 보고에 따르면, 키추아 공동체는 성공적으로 관광 모험사업을 확립했으며, 이것은 미개척 원시림에서 현금 소득을 제공했고, 특별히 관광과 관련된 부정적인 사회적 또는 환경 영향을 가능한 끼치지 않고 다양화된 경제에 중요하지만 지배적이지는 않은 기여를 해 왔다.(Buckley, 2003: 146)

상기 것들은 종종 개발도상국의 특징이며, 일부 예에서 이들 나라의 생태 관광 채택은 이전의 관광산업 구조화에 의해 높은 유출을 막아왔다. 그러나 일부 경우에서는 생태관광 조차 위에서 강조한 문제점들을 겪고 있다.

개인의 환경 인식은 생태관광이 어떻게 경험되는가에 크게 영향을 끼친 다. '우리가 환경에 가지는 왜곡된 지각과 기대는 우리가 그것에 담당하고 있는 역할에 영향을 미친다. 사람들은 선택적이고 독특한 개념들을 개발한 다(Ittelson 등, 1974: 14). 그러므로 관광객의 기대는 관광객의 행동 방식에 큰 부분을 차지한다. 또한 목적지가 관광객 욕구를 만족시킬지, 즉 기대가 경험을 만족시킬지 여부를 결정한다. 생태관광객과 일반 관광객이 다른 욕 구의 여행 동기를 가진다는 것을 생각하면, 관광객들이 다양한 경험의 만족 을 요구하는 다양한 기대를 가지는 것이 당연하다. 생태관광객은 자연 및 문화환경 경험과 함께 지역에 관한 교육을 추구하고 있고, 관광시장을 지배 하고 있는 '조작된(Pseudo)' 이벤트에 만족하지 않을 수도 있다.

알다시피, 생태관광객들은 출발 전에 목적지 장소에 대해 교육 받기를 추 구하며 그러므로 목적지에 대해 어느 정도 지식을 갖고 있다. 그러나 일반 관광객들은 '진정한 상품, 외국 문화를 거의 좋아하지 않는다; 그는 자기 자 신의 편협한 기대를 선호한다'(Boorstin, 1972: 106). 이러한 기대는 종종 목 적지가 제공해 줄 수 있는 것보다 더 크며, 때때로 '상품화된' 경험에 의해 충족된다.

관광 운영자들 같은 서비스 제공자는 다양한 유형의 관광객 욕구를 충족 하는 관광을 제공함으로써 관광객을 관리하고 만족을 보장할 수 있다. 생태 관광객들이 경험하는 투어를 제공해야 하는 관광 운영자는 관광객들이 관 광 수용 환경에 대해 학습하고 의사 소통할 수 있는 진정한 환경 경험을 고 양시킬 수 있는 관광을 제공해야 한다.

관광 경영은 관광객들의 행동을 통제하고 영향을 미치기 위해 수행되며 그러므로 지역사회 및 환경에 미치는 관광 영향을 최소화하기 위해 노력한 다. 본장에서는 생태관광객과 일반 관광객이 어느 정도 그들의 행동에서 다르며 그러므로 이 두 유형의 관광객들을 위해 수행된 관리 시스템이 다르다는 것이 당연한 것이라는 것을 입증했다. 생태관광객과 일반 관광객의 행동 차이는 두 집단 간에 여행 태도 및 동기가 매우 다르다는 사실과 직접적인 관련이 있다. 생태관광객들은 자연 환경을 경험하기 위해, 이 지역에 관한 교육을 받기 위해 여행한다. 반면 일반 관광객들은 여가, 쾌락 및 레크리에이션 욕구를 충족시키기 위해 여행을 한다. 그러므로 운영자는-관리자 및 마케터 모두- 그리고 이러한 세분 시장을 고려할 때 자연지역 관리자, 지역 사회는 다양한 고객 인식, 욕구, 태도, 환경 관리 수준, 그리고 가능한 영향들을 고려해야 한다.

추천 문헌

Wight, P. A. (2000) 생태관광객: 비 동질 세분시장. 생태관광백과에서.(D.B. Weaver, ed) CAB International Wallingford, UK, pp. 37-62

Wight는 생태관광시장에 대한 포괄적 개론을 제공한다. 특별 포커스 영역은 생태관광객의 정체성, 생태관광객과 그들의 여행 특징, 그들의 태생 및 목적지, 동기 및 만족 수준이다.

Holden, A, & Sparrowhawk, J. (2002) 생태관광객 동기 이해: 네팔, 안나푸르나 트레킹 사례. 국제관광연구저널, 4(6), 435-46.

Holden과 Sparrowhawk는 네팔, 히말라야, 안나푸르나 지역을 방문하는 생태관광객들의 내재적 동기를 탐구해, 생태관광 목적지가 어떻게 관리될 수 있으며 그러한 모험의 성공을 어떻게 측정할 수 있을지에 대한 많은 추천문헌들을 제공해 주고 있다.

Chapter 10

생태관광: 지속 가능 개발을 위한 모델인가?

CONTENTS

우리는 현재 시장의 힘과 그 합리주의 철학이 우리의 사회 및 경제 조직을 지지하고 확인 가능하고, 비용편익비와 통계적 수량화에 의해 유형의 측정 가능한 수익 균형을 제공해 줄 수 있는 것이 '좋은' 결정으로 간주되는 신자유주의 정치 이데올로기가 지배하는 세상에서 살고 있다. 그러나 우리가 알고 있는 것처럼, 그러한 평가를 지지하는 원칙과 가치에 대한 합의는 거의 없다. 서구 세계는 광범위한 저비용 상품과 생산 효율성 그리고 서비스 제공 증가를 열망하고 있지만, 대기 오염, 생물 다양성 감소 및 토지 악화의 형태로 세계 노동 시장의 불안정성, 금융 시장 및 환경 퇴보를 낳고 있다(Beck, 1992)-이 모든 것들이 지구 온난화 형태로 대재앙의 기후 변화를 초래하고 있다.

자연보호지역 및 자연지역이 눈에 띄게 감소하고 있는 것처럼, 양과 질 면에서 이 지역의 관광 수요는 눈에 띄게 증가하고 있다. 그러나 하나의 산업으로서의 관광은 상당한 비판을 받을 만하다. 특히 많은 사례에서 자연지역 감소에 기여를 하고 있기 때문이다. 관광은 서구 선진국가들에 의해 지배되며 관광 마케터들은 점점 더 개발도상국에서 관광을 설계, 기획, 그리고 실행하고 있다. 그러나 관광 수용 지역사회와의 협의를 활용하는 포괄적 과정이 없다면, 또는 이상적으로 이러한 프로젝트 개발이 지역사회에 의해 통제되지 못한다면, 항상 문화적 지배권을 빼앗길 수 있는 위험성은 존재한다. 일단 확립되면, 문화적 지매권은 관광객 문화의 가치가 관광수용 문화를 침해하고 종종 파괴하는 것일 뿐만 아니라 서구의 안목으로 이러한 문화에 대한 편협한 인식 및 표현을 강화한다는 것을 의미한다.[1]

관광 산업은 종종 '명백히 또는 함축적으로 정책에 관한 모든 논쟁이 가치에 관한 논쟁'이라는 것을 인정하지 않으면서도, 관광사업에 대한 접근법, 프로젝트 및 실행에 관한 결정들에 관광산업이 미치는 가치의 영향을 고려하지 않고 정책결정이 이루어진다. 대중 관광에서 생태관광으로의 방법, 기법, 실행 접근법의 변환에서 관광산업의 관련성 또는 타당성에 대한 재평가가 없다면 문제가 되고 있다.

그러므로 분석 및 결과는 적절한 대안을 찾는 것이 아니라 실행 방식을 영속화하는 경향이 있다. 생태관광은 종종 이러한 프레임 내에서 정의되고 논의되어 종종 '틈새 시장'에 지나지 않는 경우가 있다. 그러나 우리가 아는 것처럼 생태관광은 최근의 철학, 사회 및 환경 변화에 영향을 받는 '대안' 관광의 많은 형태들 중 하나이며, 이러한 많은 형태들은 현 가치 시스템 변화에 의해 지향되고 있다.(표 10.1 참조)

반대의 요구에도 불구하고, 생태관광은 관광 산업이 시장 영역을 확장하는 것을 허용하지 않았다. 생태관광의 중요성은 산업체의 운영에 대한 대안적 접근법을 제공할 수 있는 능력에 있다. 이러한 '대안' 패러다임은 이 산업에 대한 이해의 폭과 깊이를 신장시킨다. 환경 중심주의, 에코페미니즘, 환

---

1) 참조. Aitchison(2001), Edensor(1998), Favero(2007), van der Duim 등(2005), Wearing & Wearing (2006).

경 결정론 같은 특정 철학적 접근법들은 우리가 본 것처럼 관광의 경제 합리
주의 실천에 도전하면서 관광 산업에 중요한 문제를 제기한다. 환경중심주
의에 기초한 관점에서 생태관광은 단지 하나의 '산업' 또는 자연환경 내에
서 행해지는 '활동'이 아니다. 그것은 개인 또는 집단이 경험해서 그들의 태
도, 가치 및 행위에 영향을 끼치도록 의도된다. 그렇다면 생태관광은 환경
교육이며, 지속가능한 산업 육성에 관한 것이기 때문에 자연 환경 및 관광수
용 지역사회의 권한 유지에 도움이 되는 태도 및 행동을 촉진한다. 생태관광
은 그러므로 하나의 산업으로서, 그리고 관광 경험의 한 형태로서 3가지 주
요 목표를 가진다고 말할 수 있다. 지속 가능성, 보존 및 관광수용 지역사회
의 권한. 중요 관심사는 바로 자연과 조화롭게 살고 인간이 아니라 자연의
내재적 가치를 인정하는 '인간'에게 있다(Haywood, 1988). 즉, 그것을 좀
더 공평한 관계를 가질 수 있는 인간과 자연의 관계에 초점을 두고 있다.

대중 관광과 대안 패러다임(생태관광) 시각의 관심사(Maguire, 1987: 12)	표 10.1

대중관광	대안관광
1. 자유시장 경제원칙 토대 서구 신자유주의적 합리주의 접근법 내에서 '진화적'변화(적자생존) 경영	1. 기존 관광산업 밖에서 협력 및 지역사회기반 접근법을 향해 움직이는 급진적 변화
2. 이의 제기 없이 사회질서, 기존 관광 시스템 유지	2. 사회제도 변형, 구조적 갈등 및 모순 분석, 방식식 내에 자연을 포함
3. 현 관광시스템의 더 높은 효율성, 그 결과 수익성 증가	3. 관광시스템을 초월할 수 있는 공정하고 공평한 시스템 창조
4. 관광과정에 관련된 사회집단의 외형적, 조화, 통합, 응집력	4. 사회적 이상과 현실간의 모순, 이를 증명하고 완화시키기 위해 시도
5. 응집력과 합의 유지를 위한 방법에 초점을 맞춤	5. 통치제도를 해체하거나 변화시키기 위한 방법
6. 결속	6. 해방과 자유화
7. 기존 사회제도 내에서 개인 욕구 확인 및 충족	7. 기본적 인간욕구를 공정히 충족시킬 수 없는 현 관광 시스템
8. 현실에 초점을 맞춤, 현재를 발견하고 이해함	8. 잠재력에 초점을 맞춤: 무엇이 될 수 있는가에 대한 비전 제공

전통적 관광 형태와 대조적으로, 생태관광은 여행 동기의 기초를 이루는 교육, 개인성장 및 기타 내재 가치들과 함께 환경 중심적인 면에 치중하는 점에서 특별하다. 생태관광객들은 이러한 내재가치들에 더욱 초점을 맞추는 경향이 있으며, 다른 관광 형태들과 달리 이러한 목표들을 '높은 수준'의 신체적 그리고 정신적 '열정'과 함께 추구한다(Williams, 1990; 83). 많은 생태관광 활동들은 트레킹, 사이클링, 카약 타기 같은 신체활동을 환경인식의 향상 추구와 함께 결합되고 있다.

원주민의 음식과 관습을 경험하는 것은 토착 동식물 학습과 매우 밀접하게 발생한다. 그러므로 생태관광 활동은 능동적 감상 노력에 초점이 맞추어진다.(Swanson, 1992)

페미니즘 관점은 생태관광의 표적 시장과 그 만족도 수준과는 관련이 없다. 오히려 생태관광 모든 참가자들의(호스트 및 게스트) 경험 범위를 이해하는 것과 이러한 경험 패턴이 존재하는 이유를 설명하는 것과 관련이 있다.(Wearing & Wearing, 1999)

또한 압박 받는 장소 및 그러한 압박을 극복 가능한 과정들을 확인하는 것과 관련이 있다. 페미니스트 관점이 중요한 이유는, 관광산업의 다른 요소들처럼, 생태관광이 다음처럼 현대 상품화된 패러다임을 반성할 수 있는 가능성을 가지고 있기 때문이다.

> 환경과 그 환경의 거주민들은(인간과 비 인간) 이들을 목적에 대한 수단으로 대하는 과학, 산업 및 기타 이해관계에 의해 지배된다.(Jamal, Borges & Stronza, 2006: 145)

페미니즘은 남성 정의적 개념 해석을 제한할 수 있는 세계화 및 인간 중심설 같은 남성 정의적 개념들을 찾고 문제를 제기할 것이다. 이처럼 페미니즘은 다음사항을 고찰할 것이다.

● 생태관광객의 경험

● 생태관광 경험을 위한 접근성
● 생태관광 경영에서 권한과 의사결정을 위한 접근성
● 관광수용 지역사회에서의 경험

생태관광은 누가 참가하는가, 누가 의사결정을 하며 누가 생태관광 경험의 구조를 통제하는가의 문제를 탐색하게 될 것이다. 페미니스트 패러다임은 하나의 관심 이슈로서 생태관광 '시장'을 구성하는 좁은 사회경제 집단을 강조하고 확실히 하려는 방향으로 초점을 잡아 변화될 것이다. 즉 페미니즘은 접근의 형평성 문제를 증명한다. 이 이슈가 관심을 가지는 이유는 단지 억압제도를 반영하는 본질적인 기회불균형 때문만이 아니라 이러한 이슈가 생태관광 그 자체 본래의 어젠다를 충족시키기 위해 다루어질 필요가 있기 때문이다. 생태관광은 자연환경 가치에 대해 방문객들을 교육하기를 열망한다는 것을 기억하라. 그러나 접근 형평성을 고려하지 않는다면 현 '표적 시장'은 단순히 '부처에게 설법'하는 경우가 될 것이다. 또한 형평성이 하나의 이슈인 까닭은 생태관광 활동이 주로 공적 소유 자원내에서 발생하고, 현재(그러나 아마도 변화하고 있는) 지역사회 견해에 따르면 접근이 엘리트 집단에 제한되어서는 안 되기 때문이다(Swain & Swain, 2004). 살펴본 바와 같이 생태관광은 보존 및 지속가능 개발을 위한 도구가 될 수 있는 커다란 가능성을 가지고 있다. 생태관광은 우리에게 경제개발과 자연지역 보존간 관계가 명확하고 직접적인 극소수 활동들 중 하나를 보여주고 있다.

그러나 이러한 관계가 많은 지역사회 또는 보존 집단의 예상된 이익을 창출하지 못하는 이유는, 특히 많은 경우에서 단기 이익 지향 목표가 지배적이기 때문이다. 확실히, 대중관광에서 생태관광을 분리하는 혁신과 새로운 경영 실천들이 이루어지고 있는 곳에서, 긍정적인 결과들이 발생하고 있다. 파트너십은 이러한 혁신의 중요 구성요소이며 공원과 지역사회 모두의 생태관광 수익화로 볼 수 있다. 상품화된 시장에서 생태관광은, 또한 정부 규제 또는 지역이나 현지 수준까지의 관리 권한의 강력한 위임이 없다면 존재할 수 없으며, 그렇지 않을 경우 생태관광은 대부분의 장소에서 대중 관광과 다르지 않을 것이다. 생태관광 기획자의 도전문제는 문화적으로 그리고 생태학적으로 지속가능한 활동으로부터 사회경제적 이익이 생성되고 적절히 분배되도록 규제와 유인(incentive)을 확립하는 것이다.(Sharpley & Telfer, 2002)

그러나 불행하게도, 정부 또한 이것을 개발 문제의 만병통치약으로 보고 있다. 고용 부족, 사회기반시설을 위한 외화 및 자본 부족. 프로젝트를 체계화하는 과정에서, 사고와 방향성의 부족은 많은 경우에 보존 또는 지역사회 대체소득원 창조를 위한 수익 창출면에서 기대에 부응하지 못하는 생태관광을 초래하였다. 많은 사회과학자들과 관광객들은 점점 증가하는 환경기록의 증거자료, 생태관광이 결과한 문화충격과 일자리의 질을 고려해 더욱 회의적으로 생각하고 있다. 대다수 국가에서 생태관광은 총체적 전략, 효과적인 보호지역 관리 계획 없이, 그리고 현지 지역사회와의 협의 또는 포함 없이 정부 또는 산업체에 의해 촉진되어 왔다. 지역 사회가 생태관광에서 정말로 이익을 얻고 있더라도, 대부분 일시적이거나 저임금 일자리 형태이다. 지역사회 차원에서 생태관광은 수익을 증가하고, 도로와 전기 같은 사회기반 시설을 제공할 수 있으며 생태관광 수익은 학교 건설과 병원 같은 지역사회 계획사업을 도모할 수 있는 데 이는 개발 과정에서 명확히 확인되고 구체화 되어야 한다. 또한 현지 지역사회에 그들의 일상생활과 그로 인한 문화적 변화에 의해 이러한 이익이 상쇄될 수 있음을 명확히 알려야 한다. 외부 통제 또는 지역사회의 수익 지향 부분이 정책결정 과정을 지배할 때 생태관광의 저영향 규모는 종종 확대되며, 이것은 대중관광의 교통과 오염의 증가, 외부인들이 이익을 차지하여, 현지 물가를 인상시키는 특징을 가지게 되어 이 모든 것들은 중요한 문제가 될 수 있다. 이러한 개발 모델은 선진국의 의사결정 및 세계은행에 의해 지배될 때 개발도상국 경제 모델과 유사한 것이다.

미래 생태관광의 효과성은 궁극적으로 그것이 어디에서, 언제, 어떻게 적절히 실행될 수 있는가 뿐만 아니라 누가 이익을 얻게 되는가에 달려 있다. 이 모든 것은 광범위한 범위의 활동에 의존하며, 2장에서 우리가 논의했었던 철학적 접근법들에 의해, 특히 그러한 접근법들의 실행 계획 및 경영 프레임워크와 관련해서 이루어진다.

이 접근법을 뒷받침하는 것은 지역사회의 지지가 필요하며, 이러한 지지를 가장 잘 활용하고 지역사회를 권한 있는 방식으로 포함시키기 위해, 지역사회 개발 접근법을 사용할 필요가 있다. 지역사회 개발 접근법은 지역사회 외부가 아닌 내부에서 오는 변화를 지지하며, 이러한 변화와 관련된 권한 및 의사결정은 지역사회의 주도와 통제하에 이루어져야 한다. 생태관광 관련계획은 지역기반 보존이며(CBC; Community Based Conversation), 이것은 지역사회 내부에서 발생한 것이다(Davidson 등 2006). 공동경영 Joint management(Hill & Press, Western & Wright에서 인용, 1994: 499), 노동자 참여 Co management(Brechin 등, West & Brechin에서 인용, 1991: 5) 같은 많은 용어들이 사용되어 왔으며, 이 모든 것들은 만약 생태관광을 통해 제공되는 대안적 패러다임들을 기꺼이 포용한다면 세계은행 및 세계관광기구(WTO) 같은 기구에 의해 운영화될 수 있다. 그러므로 이러한 관점에서 생태관광은 지역사회가 생태관광개발 및 실행에서 통제권을 유지하고 행사하는 것과 관련이 있다. 즉, 지역사회 개발 관점에서 중심 이슈들 중 하나는 지역사회, 국가, 개인과 법인 기업간 권력의 형평성이다.

관광 파트너십 개발(Developing tourism partnerships)

생태관광은 관광수용 지역사회와 관광개발간 관계에서 중요한 변화를 촉진한다. 이것이 인정된 이후, 현지 거주민과 개발 기구간 협의 없이 어떠한 장소나 지역을 개발할 수 없도록 하는 추세가 있다. 현재까지도 그 필요성 및 관심이 늘 수렴되는 것은 아니다. 그러나 생태관광 및 기타 대안적 관광

형태들은 지역민, 민간부문 그리고 정부의 파트너십이 어떤 한 특정 집단에게만 이용될 수 있는 것이 아니라 폭 넓은 기회를 주어야 한다는 것을 인정하고 있다. 이러한 파트너십 장치의 대부분은 최근에 생겨난 것이며, 대부분 경제적으로 이익이 되고 모든 파트너들에게 이롭기 때문에 수용되고 있다.

예를 들어 일부 파트너십은 현지 지역사회가 일부 마케터들이 판매하고 싶어하는 이미지가 아니라 그들 있는 그대로의 모습을 나타낼 수 있는 이미지를 가지고 목적지를 폭넓은 방문객들에게 시장화해야 할 필요성에서 나올 수 있을 것이다.[2] 그외 다른 관계자들은 단지 현지 지역사회 상황과 관련이 없는 국제 보존 지침 때문에 자연환경지역이 관광이 폐쇄적으로 관리됨으로 유연성의 필요에 의해서 생성될 수 있다. 이러한 종류의 갈등들은 정부와 비정부기구(NGO) 간(또는 지역 기반 기구) 파트너십 개발을 이끌었고, 관리는 이해관계에서 지역사회와 함께 수행하도록 종종 좋은 위치에 있는 NGO/지역사회 단체에 위임된다.

한 예로 멕시코, 오악사카 주 태평양 연안, Bahias de Huatulco에 관한 Barkin & Bouchez(2002)의 연구를 보면, 지역의 토착 지역사회는 벌채 및 지역 해변의 대규모 국제 관광 리조트의 여러 영향으로 인한 숲의 악화로 고통을 받고 있었다. 오악사카 자치정부 원조로 설립된 현지 비정부기구의 (생태학적 지원센터)지원과 함께, 현지 지역사회는 현재 그들의 숲을 더욱 지속가능적으로 관리하고 있으며, 지역내 생태관광 모험사업의 지원과 원조를 통해 지역 야생생물 지정보호지역을 만들었다. 이와 같은 예들은 지역사회 참여 및 연계성을 촉진하는 데 있어 NGO가 담당할 수 있는 고유역할을 인정하게 할뿐만 아니라, 천연자원에 대한 대립적 이해관계들을 조정하는 데 있어 NGO가 어떻게 공헌할 수 있는지를 보여 준다.

NGO는 전형적으로 관광에 대해 비판적이었고, 환경 악화, 아동 매춘과 섹스 관광, 개발도상국의 토지 및 수자원 착취, 그리고 관광자원이 종종 의

---

2) Cunningham(2006)의 연구는 목적지 가치에 관한 메시지를 전달하기 위한 대안적 기초로서 '사회적 가치부여'가 어떻게 사용될 수 있는지에 대한 하나의 예를 제공한다.

지하고 있는 현지 지역사회와는 대립적인 외국 개발자의 수중으로 관광소
득이 유입될 수 있는 관광 리조트 개발에 대한 반대운동을 종종 펼쳐 왔다
(Holden & Mason, 2005). 그러나 위의 그리스 자연을 위한 세계 야생생물
기금(Svoronou & Hlden, 2005) 또는 잠베지강 생태적 지역내 잠베지 협회
(Sithole, 2005)처럼, 지속가능한 관광 모험 사업에 NGO가 활동적으로 관여
하는 것은 점차 일반화 되고 있다. NGO는 지속가능한 개발 과정을(경제, 환
경, 사회적인) 우선시하고 관광 수용지역사회의 상호작용을 강조하기 때문
에 지속가능 관광 모험사업을 기획, 자금제공, 개발 및 운영하기 위해 현지
지역사회와 파트너십을 형성해야 할 고유한 위치에 있다는 주장이 존재한
다.(Wearing 등, 2005)

정부와 민간부문간 파트너십을 바라보는 새로운 방식은 국립공원내 숙
박시설처럼 정부의 자원, 수용력, 능력이 부족했던 곳에서 민간부문이 운영
및 면허를 관리할 수 있도록 해 주는 것이다(예, Darcy & Wearing, 출판 중:
Mackinnon 등 1986). 오스트레일리아, 울루루(Uluru) 처럼 정부와 지역민간
에 흥미로운 파트너십이 시작되었고, 여기서 공동경영 제도들은 새로운 접
근법 및 관광을 조직하는 좀더 정교하고 공평한 방식을 창조했다. 종종 주
류관광 단체들이 고려해보지 않았던 많은 대상들을 포함해서 점점 증가하
고 있는 파트너들과 함께 새로운 메커니즘과 제도들이 지속적으로 고안되
고 있으며, 생태관광에 대한 세계적 인정과 함께 국제적인 산업 기부자들
이 역할을 담당하게 되었다. 예를 들어, 미국 구제 개발기구(USAID; United
States Aid Program)는 저영향 관광(LIT; Low Impact Tourism)이라고 불리어
지는 관광 전략을 진행하고 있다. LIT는 농촌 촌락-기반 관광 사업 사회기
반시설 내 민간 부문 주도 계획 및 투자를 통해 토착 천연자원 관리를 확립
하는 것에 초점을 맞추고 있다. 농촌 지역사회는 관광 소득, 고용 이익 및 개
선된 사회기반시설 수익의 일부를 얻게 되고(Lillywhite, 1992), 반면 국제 기
부자들은 증기터빈(water turbine) 또는 기타 과학기술 기반 사회기반시설
을 생태관광이 이러한 원거리 지역에 도달하기 전에는 이것들을 필요로 하

지 않았던 시장에 제공해 줄 수 있다.

그러나 많은 파트너들을 테이블로 데려 오는 것이 연합된 단체들의 힘을 제공해 줄 수 있을지라도, 조정 및 의사결정에는 매우 방해가 될 수 있다. 이러한 경우 생태관광 개발은 대규모 통합 개발 프로젝트들과 유사하게 보일 수 있으며, 이러한 프로젝트들이 직면하고 있는 많은 문제들을 가지게 된다. 파트너가 적은 프로젝트들은 더 잘 관리될 수 있지만, 다른 기관과의 높은 수준의 조정을 요할 수 있다. 이후 생태관광은 의사결정과정 개선 개발을 위한 촉진제를 제공하며, 공유된 비전에 기초한 파트너십 합의에 이르기 위해 시도할 수 있는 최초의 프레임워크를 제공한다.

예를 들어 생태관광은 관광을 위해 광범위하게 활용되고 있는 국립공원 및 기타 보존 지역내에서 확립되어야 할 지분에 대해 전통적인 토지 관리인과 좀더 최근에 이곳에 도착한 공원관리기관 사이에 신뢰와 존중이 필요하다는 점을 제시하고 있다. 이러한 존중과 신뢰는 다른 실행 방식을 가진 관광산업내 인식을 통해서만 도달할 수 있으며, 좀더 공평한 결과를 이끌 수 있다. 이를 성취하기 위해서는, 주어진 상황에 대한 서로의 해석 및 인식에 타협을 이루기 위해 양측은 다른 상대측의 문화를 이해해야 한다. 이러한 이해는 종종 중요한 문화격차에 대한 이해 촉진을 요구한다.

사람과 사람사이에서 문화의 역할은 아래와 같이 심층적으로 설명된다.

> 문화 학습은 타인의 지각에 영향을 미친다. 문화간 이해 개발은 다른 문화집단 구성원을 긍정적으로 지각하는 것을 포함한다. 사람인식의 기본원칙을 이해함으로써, 그리고 개인 자신의 문화 경험 및 학습이 타인 지각에 미치는 자연스러운 영향을 이해함으로써, 편견 또는 심지어 차이 같은 문화간 오해에 대한 비생산적 설명은 타인에 대한 오해를 피하고 긍정적 인식을 자극하는 생산적 방식으로 대체될 수 있다. 우리가 타인을 지각하는 방식은 우리가 그들에게 어떻게 행동하는가, 그리고 차례로 그들은 우리에게 어떻게 행동하는가에 영향을 끼친다.(Robinson, 1988: 49)

사람들과 지역사회에 대하여 대외적으로 설명하기를 좋아하고 생활방식을(관광 같은) 부과하는 것은 광범위한 방식으로 사람들의 삶에 영향을 끼칠 수 있다(Wearing & McDonald, 2002). 생태관광은 사회 주변 부문과 함께 일할때 일반적으로 사회가 그들에게 부과한 고정관념 및 오해와 이미 관련을 맺게 된다는 것을 인정하는 경향이 있다(Eckermann & Dowd, 1988). 그러므로 주체 집단의 개별 특징 표현에 좀 더 개방적이고 유연한 방식으로 일하는 것이 더욱더 바람직하다. 예를 들어 원주민(Aborigines), 그들의 토지와 문화를 정의하는 것에 대한 이야기에서, Barlow는 4가지 점을 강조한다.

원주민들은 그들 자신, 그들의 문화 또는 토지 경계에 대해 결코 정의할 필요가 없었다−그러한 정의는 위대한 선조의 창조적 존재가 토지, 사람들, 그리고 법을 만든 시기 이전 시간에 이루어졌다. 모든 다른 정의들은 원주민이 아닌 다른 사람들이 자신들만의 이유를 가진 채 지속적으로 원주민과 그들의 문화, 토지가 정의되고 있다. 이러한 정의는 원주민들에게 강요되고 원주민들은 그들과 일치하는 방식으로 효과적으로 행동하도록 강요된다.(Barlow. 1991: 57)

이러한 패러다임의 근본 철학은 생태관광을 고찰하고 해석하는 방식에서 중요하며, 이 접근법들은 생태관광의 본래 추진 철학을 고려하고 있다는 것을 알 수 있다. 이러한 패러다임의 활용이 없다면 생태관광을 둘러싼 중요한 윤리적 아이디어를 놓칠 위험이 있다.

이 세상에서 우리가 보는 것에 영향을 미치는 것 이외에, 패러다임들은 우리의 각각의 학문분야에서 기대 또는 운영 표준을 설정하고 있다. 필요한 것은 우리가 관광을 생각하고, 쓰고 실행하는 방법에 관한 해체(解體)주의 접근법이며, 지식을 구조화하는 전제 및 이론을 동기화하는 욕망에 관한 반성적 분석이다. 생태관광의 애매성은 그 자체 의미 및 구체화 이동에 관한 이론과 연구 접근법 대상이 된다.

2장에서 본 것처럼 우리는 생태관광이 명확히 정의된 철학적 접근법을 제공해 줄 수 있다고 믿으며, 생태관광은 실증주의와 로고스 중심주의를 (logocentrism, 말씀중심주의 역주) 넘어서서 관광 패러다임을 확장시켜 왔으며, 환경 지속 가능성과 그것과 연계된 사회적 목표들을 이룰 수 있다. 이러한 목표들에는 천연자원 손상 최소화, 생태관광객들에게 보존가치 교육, '개심(회개) 집단 및 엘리트집단'을 넘어선 관광경험 접근, 현지 지역사회에 수익 분배 등이 있다.

생태관광은 관광의 대안적 접근법이다. 현대 관광 관행에 도전할 수 있기 위해 생태관광은 현재 지배적 프레임워크 외부에 생태관광이 위치할 수 있도록 허용하는 대안 패러다임에 의해, 지배적이지는 않을지라도, 동등하게 나타날 수 있다. 생태관광은 생물 다양성을 위한 수익을 생성하며, 종종 다른 활동에서는 충족될 수 없는 조건들을 충족시키는 데 성공할 수 있다. 그것은 자주 경쟁적인 장소의 파트너십을 가능하게 하고, 보호지역 사업기관은 생태관광내에서 실행 가능한 프레임워크를 가짐으로써 그들의 보호지역 목표와 일치하는 지속가능한 생태관광을 설계, 실행, 그리고 관리할 수 있는 능력 및 사법상의 권한을 가지게 된다. 실제적인 관광 및 현장보존 비용을 반영하는 요금이 부과될 수 있다. 마지막으로, 요금 수익이 공원에 할당될 수 있고 국가의 총체적인 생물 다양성 보존 중 우선순위에 적용할 수 있는 메커니즘을 가지게 된다. 이러한 구조들은 생태관광 인식 이전에는 확립되거나 어렵다.

지속 가능 모델과 생태관광

'지속 가능 개발'은 인도네시아, 발리, 2007 유엔 기후변화 회의 그리고 남아프리카공화국, 더반, 2003 제 5차 국립공원과 보호지역 세계 대회 같은 여러 회의와 함께, 정책적 배경에서 개발 모델에 관해 많은 이야기들이 있어왔다. 그러나 현지 지역사회가 관광에 참여하는 메커니즘은 단지 생태관광 현상을 통해 발생했다. 현지 지역사회는 생태관광 개발의 영향, 선택권, 그리고 가능성에 대해 알아야만 하며, 특정 생태관광 모험사업의 소유권을 위한 수단들을 탐색해야 하고, 지역의 삶의 질과 지역개발계획 지원을 위해 관광객들로부터 지역 수익자 부담금 징수를 개선시킬 수 있도록 지역 사회기반시설 및 서비스에 대한 공동투자를 포함해서 제한된 보호지역 접근성의 보완으로서 생태관광 전략을 고려해야 한다.

생태관광 계획 및 관리와 관련된 기관의 사법적 권한과 책임을 분명히 하는 것뿐만 아니라, 정부문서의 구성요소로서 생태관광 전략 개발을 요구하는 것을 포함해서 기존정책을 개선함으로써, 정부는 진행 중인 활동을 보완할 수 있는 접근법들을 제공해 준다는 것을 알게 되었다. 또한 정부는 보호지역 운영 및 유지를 위한 사회적 비용을 반영하는 가격 정책 개발을 이러한 지역에서 사용하기 위해 정당화할 수 있었고, 특별 지구별 생태관광, 전략 및 개발에 대한 책임을 분산시킬 수 있었다. 또한 많은 정부들은 관광객들로부터 수익자 부담금 징수를 지원하고 있다. 그러나 많은 경우 이러한 부담금은 종종 규모, 구조 및 환경에서 환경적으로 그리고 문화적으로 적절한 사설 개발에 의해 공원 및 보호지역의 질을 유지하고 개선하는 것이 아니라 일반 수익확보에만 이용되었다. 이와 유사하게, 쓰레기 감소 및 재활용을 포함해서 확고한 환경적 실천을 도입하는 것처럼 폭넓은 원칙들을 채택할 필요가 있고, 현지 지역사회, NGO, 기타 생태관광 개발 단체와의 합작투자 및 파트너십을 탐색할 필요가 있다.

관광산업의 개발을 지원해 온 NGO 및 학문기관들은 생태관광에서 지속가능성을 실천할 수 있는 메커니즘을 발견했다. 이러한 배경에서 그들은 생태관광 개발에서 민간부문과 지역 이익단체간 중개자 역할을 하는 것처럼 관광산업에서 분명한 역할을 가질 수 있다. 이와 유사하게 그들은 쓰레기를 줄이고 지역단체에 생태 관광 수익과 고용기회에 참여할 수 있기 위해 필요한 훈련, 기술 원조 및 정보를 제공하기 위해 지역에서 생산 또는 사용되고 경제적으로 그리고 환경적으로 지속가능한 과학기술 및 상품을 확인할 수 있다. 마지막으로 그들은 정보를 수집하고 생태관광 개발을 모니터하고, 평가할 수 있다.

기후 변화와 생태관광

이 책의 초판 이후 기후변화는 지구가 직면한 유일의 가장 큰 이슈가 되었다. 어떤 종류의 관광이든 간에-생태관광을 포함해서-한 장소에서 다른 장소로의 사람들의 이동을 포함하며 그것은 온실 가스 배출 증가에 기여한다.

세계 온난화 면에서 가장 문제가 되는 수송형태, 그리고 관광과 가장 빈번히 관련된 수송형태는 비행이다. 모든 교통수송 형태들 중에서 승객당 가장 높은 탄소를 배출하며 지상 배출보다 훨씬 더 손상을 일으키는 고도에서 탄소를 배출한다. 현재 항공기는 모든 탄소 배출의 5%를 차지하고 있으며 이러한 비율은 2003년 2억에서 2030년 4억 7천만으로 상용 여객기 여행이 증가하게 됨에 따라 늘어날 것으로 예상되며, 이것은 세계 온실 가스의 가장 빠른 증가 원천이라는 것을 나타낸다(지구의 벗, Friends of the Earth, 2008). 이 문제의 하나의 해결책은 탄소 거래, 또는 탄소상쇄이며 다음과 같이 정의된다.

> 하나의 활동에서(제조업, 운전, 또는 비행에서 화석연료 연소 같은)
> 탄소배출을 다른 활동으로(효과적인 과학기술 설비, 탄소 감소 식물
> 심기, 또는 탄소 배출 활동에 참가하지 않는 이들과 계약 체결 같은)
> 상쇄하기 위해 설계된 거래 시스템.(지속가능 경영 사전, 2008)

탄소 배출 상쇄를 위한 여러 가능성들은 'Climate Care'같은 단체들이 있으며, 이들은 관광 운영자 또는 휴가 여행객들에게 항공여행에 대해 자발적인 징수액을 지불해서 재생 에너지 및 숲의 탄소 격리 프로젝트를 지원하는 기금화 할 수 있는 기회를 제공한다(WWF, 2001: 1). 기타 옵션들로는 풍력, 바이오매스, 태양력 같은 재생 형태의 에너지 공급을 활용하고, 고효율 표준을 엄수하는 숙박시설 및 목적지를 선택하는 것 등이 있다. 가능한 경우 관광객 목적지 수송은 버스, 철도, 도보 및 자전거를 포함할 필요가 있다. 단거리 목적지 여행에는 비행 대신 철도 및 장거리 버스를 이용해야 하며 이

러한 두 가지 옵션들은 승객 당 훨씬 낮은 수준의 탄소를 배출한다.(WWF, 2001: 2~3)

생태관광객들은 보통 위에서 말한 숙박설비에 매력을 느끼며 일반적으로 자연을 바라보고 즐기는 한 부분으로서 도보, 자전거, 카약, 크로스 컨트리 스키 같은 활동을 수행하지만, 비행 문제는 여전히 남아 있으며, 이는 현재 생태관광객들이 주류 관광객과 동일 수준의 영향을 끼치고 있는 것이다. 탄소 거래 또는 탄소 상쇄가 탄소 배출의 가능한 개선책을 제공해 주는 반면 이러한 해결책은 매우 문제 여지가 있고, 사실상 세계 주요 환경 NGO들의 지지를 받지 못하고 있다. 현재 탄소 상쇄 정책 및 절차들은 국제적으로 합의가 된 반면 이를 감시하고 시행하기 위해 존재하는 국가 또는 국제 기구는 없다.

기후 변화는 또한 많은 생태관광 목적지 환경에 극적인 영향을 끼치고 있다. 생태관광객들은 일차적으로 경관이 아름답고 생물학적 다양성이 있는 지역을 방문하는 데 관심을 가지고 있기 때문에, 생태관광의 성공 및 지속 가능성은 이러한 생태계의 건강 및 복지에 매우 의존하고 있다. 지구 온난화는 이미 전 세계 생태 관광 목적지에 영향을 끼치고 있다. 이러한 영향으로는 해수 온도 증가 및 높은 조사도(irradiance)에 의해 표백된 산호초, 이동 중이거나 사라지고 있는 많은 보호지역 내 야생생물 개체군, 감소하고 있는 산과 북극의 빙하, 해수면 상승으로 사라져 가고 있는 해변 및 저지대 섬들이 있다. 생태관광 목적지 공급은 위협 받고 있으며 관광 사업의 유일한 가장 큰 문제를 제기하고 있다.

자원봉사활동과 생태관광

지난 10년에 걸쳐 급속히 성장하고 있는 생태관광 영역이 '자원봉사 관광'이다. 생태관광처럼, 자원봉사 관광은 목적지를 방문해서 방문한 지역의 사회, 경제/그리고 환경 조건에 긍정적 차이를 낳는 프로젝트에 참여하는 여행자들에 토대를 두고 관광객과 현지 지역사회 간 긍정적 상호작용을 강조한다. 프로젝트들은 보통 자연 중심, 인적 중심이거나, 건물 및 인공물의 복구를 포함한다. Wearing은 다음과 같이 자원봉사 관광객들을 정의하고 있다.

> 일부 사회집단의 물질적 빈곤 원조 또는 완화, 특정 환경의 복구, 또는 사회나 환경 양상들 연구를 포함하는 휴가를 시작하기 위한 조직된 방식의 자원봉사자. (2001: 1)

자원봉사 관광 수치는 대략적이지만 시장 연구 업체 Mintel은 2005년 갭이어(gap year)를 50억 달러로 평가했고, 2015년까지 200억 달러로 예측했다. 영국에서는 18세에서 25세 사이 200, 000 명의 사람들이 매년 장기간 동안(보통 6-12개월) 해외여행을 위해 시간을 내는 것으로 평가되고 있으며, 종종 그들 여행의 일부로서 일정 형태의 자원봉사활동을 수행하고, 평균적으로 각각 9500 달러를 쓰고 있다(Bowes, 2005). 미국 관광산업 협회는(TIA) 5천 5백 만명의 미국인들이 그들 생애의 어떤 시기 동안 자원봉사 휴가를 가진다고 보고했다. (TIA,2008)

이러한 관심 증가를 이용하기 위해, 자원봉사 관광 프로그램을 제공하는 단체수에서 상당한 증가가 이루어져 왔다. (Brown & Morrison, 2003)

많은 여행자들, 특히 젊은 여행자들은 전통적인 수동적 휴가를 넘어서는 경험을 찾고 있다. 그들은 지역문화에 몰입하고, 현지 지역사회뿐만 아니라 그들 자신을 위해 긍정적 차이를 만들 수 있는 무언가에 자신들의 시간과 전문기술을 기여할 수 있기를 원한다. Mustonen(2005)은 자원봉사 관광이 현대 배낭여행 관광과 밀접한 관계를 가지고 있지만 다른 가치들, 특히 주목할만한 것으로서 이타주의에 의해 동기화된다고 제시하고 있다. '무언가를 돌려주는' 이타주의에 초점을 맞추는 것은 자원봉사 관광이 일반적인 관광, 특히 생태관광과 관련된 문제들을 극복할 수 있기 때문에 이상적 형태의 비

상품화 생태관광이라는 것을 의미한다.(Gray & Campbell, 2007)

생태관광과 가장 밀접한 관련을 가진 환경 자원봉사는 대중적인 활동이 되었다. 환경 프로젝트의 본질은 종종 원거리 그리고 농촌지역에 위치한 목적지로의 일박 여행을 요한다. Gray & Campbell(2007)은 영국 지구 감시단이 1971년 설립 이후 과학연구 탐험 여행에 72,000명 이상의 돈을 지불하는 자원봉사자들을 보냈다는 것을 주목하고 있다. 호주 환경자원봉사 그리고 영국 자원봉사보존 트러스트 같은 다른 단체들이 지난 20년 동안 급속히 증가하고 있으며 환경자원봉사에 대한 유사한 관심 및 동기를 반영한다. 생태관광 산업에서 자원봉사 관광은 상당한 성장 가능성이 있는 새로운 시장을 나타낸다.(그림 10.1 참조)

그럼에도 불구하고, 모든 급속히 확장하는 산업들처럼, 자원봉사 관광은 많은 초기 문제들을 경험하고 있다. 일차적인, 그리고 가장 일반적으로 알려진 것은 너무 비싼 값으로, 열악한 조직으로, 참가자들에게 성취감을 주지 못한 채, 프로젝트가 이루어지는 현지 지역사회에 거의 직접적으로 이익이

| 그림 10.1 |
과테말라 생태관광 프로젝트의 자원봉사 활동. 사진,
호주 유스 챌린지
(Youth Challenge)

되지 못하는 자원봉사 관광 패키지를 개발도상국에 판매하려 하는 사악한 조직들의 급증이다.

더 나쁜 것은 일부 자원봉사 관광 프로젝트들이 이전에 존재하지 않았던 새로운 문제들을 낳는다는 것이다. 이것은 자원봉사 관광객들이 그들이 봉사하고 있는 지역사회 욕구보다 자신들의 욕구를 앞세울 때 발생한다 (Klaushofer, 2007). 예를 들어, McGehee & Andercek(2008)는 많은 관광객들과 자선단체들이 의도는 가장 좋을 수 있지만 그들의 행동이 현지 거주민들의 존엄성에 어떤 영향을 끼칠지에 대한 이해는 부족하다는 것을 발견했다. 저자들은 멕시코, 티후아나 사례에 대해 이야기하고 있으며, 이 사례에서 미국의 한 단체는 지역의 한 자선 사업단으로 트럭 한 대 분의 중고 의류를 가져와서 그들이 그것을 직접 지역의 가정에 나누어 주는 것에 관심을 가지고 있었다. 지역 사업단은 어떤 종류의 상품 안내 무료 유인물도 지원하지 않았고 그들은 의류를 가져가서 그것을 그들의 지역 중고품 할인점에서 매우 저렴한 가격으로 판매하겠다고 했다. 이런 방식으로 현지 거주민들의 존엄성을 지켰고 외부물자 의존을 줄이게 되었다. 미국 주최측의 답변은 그들이 트럭에 테이블을 놓고 가난한 사람들에게 개인적으로 의류를 건네주길 원했다는 것이었다.(McGehee & Andercek, 2008)

영향, 잠재성 및 가능성(Impacts, potentials and possibilities)

이 책은 보존 및 지속가능한 개발을 위한 도구로서 생태관광을 이용하는 것에 대한 복잡성을 강조하고 있다. 생물 다양성 및 문화 유산 보존을 위한 자금원으로서, 사회경제 개발을 하기 위한 전략으로서 생태관광에 대한 관심 폭발은 생태관광을 보강하는 지속가능 개발 모델과 더욱더 일치하기 위한 방향으로 관광 산업이 이동하기 위한 하나의 메커니즘을 발견하게 한다. 그리고 꾸준히 증가하고 있는 생태관광 수요와 함께, 관광산업과 지역사회에 지속적인 영향을 끼칠 수 있는 트렌드는 오직 지속가능한 개발 모델 촉진 시에만 유지될 수 있다.

생태관광이 생태학적 그리고 문화적 민감성 원칙들과 고려 사항들을 통합하면서 대중 관광 관행에 영향을 끼칠 수 있다면, 그리고 부정적인 영향 최소화를 시도한다면, 지속 가능성에 중요한 기여를 하는 것이다. 이 책은 독자들을 위해 생태관광이 그것에 대한 기대에 얼마나 잘 부응할 수 있는지 평가할 수 있는 수단을 제공하려 시도했다. 이 책의 사례 연구들은 광범위한 보호지역, 문화, 생태관광 기획 유형 및 경영 옵션들을 다루고 있고 우리가 지속가능한 모델들을 향해 움직이고 있다는 점을 제시하고 있다. 보존을 위한 수익 창출 또는 보호지역이나 현지 지역사회 부담을 줄이는 대체 소득원 창출면에서 이러한 프로젝트들이 기대에 부응하지 못하는 곳에서, 적어도 생태관광을 통해 보존을 위한 가능한 수단이 될 수 있는 메커니즘 개발이 시작되었다.

영향에 대해 알게 되는 과정을 통해, 생태관광 개발의 잠재성과 가능성은 생태관광 기획 및 개발에 모든 이해관계자의 참여를 허용하는 메커니즘 창조를 가능하게 한다. 지속가능한 개발 모델들은 본질적으로 제한을 위해 설계된 것이 아니며, 공동의 이해가 이끄는 광범위한 목표들을 성취할 수 있고, 성취해야만 하는 새로운 사고 방식을 가능하게 한다. 지속가능한 개발 실천으로서 생태관광은 21세기 환경과 인간의 상호작용을 위한 새로운 접근법을 발견하고 다루기 위한 하나의 전략이다.

추천 문헌

Jamal, T, Borges, M, & Stronza, A. (2006). 생태관광의 제도화: 증명, 문화 형평성과 활용. 생태관광 저널, 5(3), 145-75

Jamal, Borges, 그리고 Stronza의 논문은 인간-생태학적 관계 같은 문화 양상들에 초점을 맞추고 현재 생태관광내 존재하는 일부 불공정성을 비판적으로 평가하고 있다. 저자들은 생태관광의 일부 요소들이 상업화 및 수단성 등을 초월하기 위해 추구하고 있는 가치들을 반성하게 되었다고 주장한다.

Craig-Smith, S.J. (2004) 지구 온난화와 오세아니아 관광. 오세아니아: 관광 핸드북 (C. Cooper & C.M. Hall, 편집자). 채널 뷰 출판, Clevedon, UK, pp, 353-61

Craig-Smith의 이 챕터는 지구 온난화 결과로서 남태평양에서 어떠한 일들이 일어날 수 있는지 그리고 도시 관광, 생태관광, 겨울기반 관광, 해양기반 관광 및 소도(small island) 관광을 포함해서 지역내 다양한 관광 유형에 미치는 온난화 영향을 예측하기 위한 시도를 하고 있다.

지속가능관광저널(2005), 13(5)이 저널 특별판은 전 세계 지속 가능 관광 운영에서 NGO가 담당하고 있는 창조적 기여 및 파트너십을 탐구하고 있다.

용어 해설 *Glossary*

Alternative Tourism(대안 관광) '대안관광'의 공통특징은 특징적으로 대중관광으로 간주되는 것과 전혀 다르게 태도를 제시한다는 것이다. 대안관광은 종종 여가 활동시 사람들의 부정적인 환경 및 사회문화적 영향을 최소화하기 위해 시도함으로써 철저히 다른 관광 접근법들 안에서 근본적으로 대립된 존재로서 제시된다. 이 예로는 생태관광, 녹색관광, 자연지향 관광, 연성관광, 빈곤해소관광 및 방어적 관광 등이 있다.

Anthropocentric(인간중심주의) 인간 그리고 자연의 도구적 가치에 초점을 맞추고, 인간을 우주의 핵심 사실로 간주하며 모든 것을 인간과 그들의 가치에 의해 해석한다.

Areas of high conservation value(고 보존 가치 지역) 토착 동식물, 풍토 또는 자연체계, 문화적 의의가 있는 장소의 보존을 위해 지역 또는 국가 차원에서 중요한 지역.

Baseline study(기초조사) 시간에 걸친 환경 변화를 측정하기 위한 현 상황 평가.

Best practice(모범 경영) 우수성 추구, 혁신과의 지속적인 접촉, 폐기물을 방지하고 지역사회에 이익이 되는 결과에 초점을 맞춤. 변화 관리와 지속적인 개선을 포함하며 이러한 방식으로 조직의 모든 차원을 처리한다.

Biocentric(생물 중심주의) 인간 그리고 자연의 도구적 가치에 초점을 맞추는 인간중심주의와 반대로 가치시스템 개발의 중심으로서 생명체에(다양한 종과 유전적 다양성) 초점을 맞춘다. 환경중심주의 참조.

Biodiversity(생물 다양성) 각 종의 개체 간 다양한 종들의 다양성 및 유전적 다양성.

Biological diversity(생물학적 다양성) 모든 생명형태, 다양한 식물들, 동물들, 미생물, 그들이 가지고 있는 유전자, 그들이 형성하는 생태계의 다양성. 보통 3가지 차원에서 고려된다: 유전적 다양성, 종 다양성, 생태계 다양성.

Bioregion(생태적 지역)   지정학적인 고려사항이 아닌 생물학적, 사회적 그리고 지리적 기준들에 의해 복합적으로 정의된 지역; 일반적으로 관련된 상호 연결 생태계의 체계.

Built environment(구축 환경)   사람들이 살고 일하며 놀고, 돌아다니고, 의사소통하며, 광범위한 기능들을 수행할 수 있도록 해 주는 건물, 거처, 구조물, 시설, 도로, 그리고 서비스를 말함. 어떤 한 장소의 구축 환경은 그것의 역사 및 공간적 발전, 과거와 현재, 사회구조 및 갈등을 나타낸다.

Carbon offset(탄소 상쇄)   하나의 활동에서(제조업, 운전, 또는 비행에서 화석 연료 연소 같은) 탄소배출을 다른 활동으로(효과적인 과학기술 설비, 탄소 감소 식물 심기, 또는 탄소 배출 활동에 참가하지 않는 이들과 계약 체결 같은) 상쇄하기 위해 설계된 거래 시스템(지속가능 경영 사전, 2008).

Carrying capacity(환경 수용력)   높은 방문객 만족도와 자원에 적은 영향으로 어떤 한 지역이 수용할 수 있는 방문객 사용 수준. 환경 수용력 평가는 환경, 사회, 관리 요인 같은 많은 요인들에 의해 결정된다.

Climate change(기후 변화)   특정 지역의 평균 기후 패턴에서 중요한 장기적 변화를 말함. 기후 변화는 일사, 지구 궤도, 해류, 텍토닉 플레이트[tectonic plate], 화산 같은 무수한 요인들의 영향을 받는다. 최근 기후 변화라는 용어는 지구 온난화와 함께 사용되고 있으며, 현재 과학자들은 가장 큰 원인이 대기 중 CO_2. 가스 증가를 일으키는 인간의 영향이라는 데 동의하고 있다. 지구 온난화 참조.

Code of conduct(행동 규범)   사회, 문화, 환경적으로 적절한 책임감 있는 행동 지침. 행동 규범은 산업체 또는 개인에게 어떠한 구속력도 가지지 않는다.

Commodification(상업화)   생산자의 직접 사용과 대립되는 것으로서 시장 교환을 위한 상품의 생산. 오늘날 상품화된 여가의 한 가지 형태는 특정 관광 형태들 안에서 볼 수 있으며, 여기서 장거리 및 다양한 장소의 여행은 '천국을 얻는 것'으로서 마케팅된다. 관광은 소비되어야 할 '자유롭게 선택된' 여가 활동이 된다.

Community(지역 사회)   Local Community 참조.

Community based tourism(CBT)지역 기반 관광   CBT는 일반적으로 개인적으로 제공되는 환대 서비스로(그리고 특징으로) 간주되며, 개인, 가정, 또는 지역사회에 의해 방문객들에게 확장된다. CBT의 핵심 목표는 관련된 이들의 상호 이해, 연대, 평등을 가능하게 하는 균형적 방식으로 호스트와 게스트 간 직접적인 개인/문화 교환을 확립하는 것이다.

Conservation(보존)   자연환경의 보호, 유지, 관리, 지속가능한 사용, 복구 및 향상(ANZECC 생물 다양성 테스크 포스, 1993).   생물권의 인간 사용을 관리하여 현 세대에게 가장 큰 지속가능한 이익을 낳을 수 있고, 미래 세대의 욕구 및 포부를 충족할 수 있는 잠재성을 유지하도록 함.(호주 국가보존전략)

Conservationist(환경 보호론자)   자원은 파괴되지 않고 불필요하게 낭비되지 않으며 현재와 미래 세대가 이용할 수 있도록 사용되고, 관리되며, 보호 되어야 한다고 믿는 사람들.

Constant attractions(지속 유인)   광범위하게 퍼져 있거나 무형의 질을 가지고 있는 속성들(예, 좋은 날씨, 안전 등)

Creative thinking(창의적 사고)   새로운 관점에서 문제를 봄으로써 그것을 재 정의하는 행위

Decentralization(분권화)   기존 거주 지역 확장 또는 새로운 도시 설립 그리고 동시에 사회기반 시설 개발과 함께 조직의 일부 또는 전부를 수도권에서 떨어진 외딴 지역에 위치시키거나 재 위치시키는 의도적 정책. 정책은 특정 지역 행정센터의 강화를 목표화할 수 있다.

Deep ecology(근본 생태론)   지구 자원은 인간뿐만 아니라 다른 종들을 위해서 지속되고 보호되어야 한다는 신념. 이러한 철학을 믿는 사람들은 지구 자원 관리 및 지속에서 인간 중심 접근법이 아니라 생명 중심 접근법을 가지는 경향이 있으며, 자연과 함께 일하고 불필요하게 자원 낭비를 하지 않고 인간의 욕구 충족을 위해 비 인간 종들을 방해하지 않는다.

Demarketing(디마케팅) 이 용어는 마케팅이 만족한 고객 수를 증가하는 것뿐만 아니라 감소를 위해 사용될 수 있다는 것을 강조하기 위해 사용된다. 이것은 고품질 경험 유지를 통해 고객 만족 증가를 이루도록 수를 줄이기 위해 사용된다.

Development(개발) 인간의 욕구 충족과 삶의 질 개선을 위한 생물권의 변형, 인적자원, 금융자원, 생물 및 무생물 자원의 적용(세계 환경보존 전략). 인간의 욕구 충족과 삶의 질 개선을 위한 인적 자원, 금융자원, 물리적 자원의 적용: 필연적으로 개발은 생물권의 변형을 포함하고 개발의 일부 측면들은 지방적으로, 지역적으로, 국가적으로 또는 세계적으로 삶의 질을 손상시킬 수 있다.

Ecocentrism(환경중심주의) 인간 그리고 자연의 도구적 가치에 초점을 맞추는 인간 중심주의와 대립된 것으로서 가치 시스템 개발의 중심으로서 환경에 초점을 맞춘다. 생물중심주의 참조.

Ecologically sustainable development(생태학적으로 지속가능한 개발) 생명체가 의존하고 있는 생태학적 과정이 유지되며, 전체적인 삶의 질이 현재 및 미래에 향상될 수 있도록 지역사회 자원을 사용, 보존 및 향상함.(생태학적으로 지속가능한 개발 특별 조사 위원회, 1991)

Ecologically sustainable tourism(생태학적으로 지속가능한 관광) 환경 및 문화적 이해, 감상 및 보존을 촉진하는 활동.

Ecosystem(생태계) 식물, 동물, 균류, 미생물 군집의 역동적 복합체 그리고 하나의 생태학적 단위로서 상호작용하는 관련 비생물환경.

Ecotourism(생태관광) 현재 통용되는 일반적 정의는 없지만 이 개념은 지역 자연환경을 공부하고, 찬탄하며 즐기는 목표하에 비교적 방해 받지 않고 오염이 안 된 자연지역을 여행하는 것과 관련되어야 한다. 중요한 점은 생태관광을 실천하는 사람은 대부분의 사람들이 그들의 일상, 도시 존재물 안에서 누릴 수 없는 방식으로 자연에 몰입할 수 있는 기회를 가진다는 것이다. 생태관광의 명확한 정의에 대한 엄격한 합의가 이루어지지 않았기 때문에, 자연 환경을 보존하고 지역민의 복지를 유지하는 책임 여행으로도 또한 제시되어 왔다.

Environmental impact assessment (EIA) **(환경영향평가)**   제안된 주요 개발이 주변 지역의 사회적 그리고 물리적 환경에 미치는 가능한 영향을 예측하기 위한 분석 방법.

Endangered species**(멸종 위기종)**   인간의 직접적인 개발, 매우 특수화된 서식지 침입, 다른 종들의 위협, 먹이 사슬 장애, 오염 또는 이러한 요인들의 결합으로 인해 멸종 가능성이 있는 동물군 및 식물군.

Endemic tourism**(풍토 관광)**   개별적인 장소 또는 지역사회는 그것의 특별한 특징을 가지고 있으며, 특정 특징 또는 정체성은 관광객들에게 중요한 매력이 될 수 있다는 것을 인정하는 관광으로 정의된다.

Environment**(환경)**   개인 또는 사회집단 내 인간의 주위환경이 가진 모든 양상들.(영연방 환경보호[OP] 개정안 no. 12, 1967)

Environmental economics**(환경 경제학)**   경제학의 승인된 전문 분야. 환경 경제학은 오염 통제, 환경 보호의 비용과 편익을 연구한다.

Environmental education**(환경 교육)**   환경문제에 대한 미디어 보도에서부터 정규 환경교육까지 범위 개념. 목표는 인식 고양에서부터 정규 훈련까지를 범위로 하고 있다.

Environmentalists**(환경 운동가)**   오염, 대기, 수질, 토양 악화 방지에 주로 관심을 가지고 있는 사람들. 환경보호론자 참조.

Ethics**(윤리학)**   옳거나 잘못된 행동으로 우리가 믿고 있는 것.

Ethic of 'Nature'**(자연 윤리)**   비인간 존재들이 인간과 동등한 가치를 가지고 있다고 주장함. 이것은 일반적으로 내재적이고 환경중심적이다.

Ethic of 'use'**(사용 윤리)**   인간과 자연 관계의 표준적인 또는 지배적인 방식이다: 여기서 자연은 인간이 자신의 분명한 목적을 위해 자유롭게 사용하는 자원으로서 주로 간주된다. 도구적이며 인간 중심적인 관점.

Global warming(**지구 온난화**) 20세기 그리고 21세기 지구 하층 대기 및 해양 온도의 상승을 말한다. 최근 전 세계 과학자들은 1900년 이후 0.6 도의 꾸준하고도 근소한 온도 증가를 주목하고 있다. '기후 변화에 관한 정부간 패널'은 20세기 중반 이후 관찰된 세계 평균 온도 상승이 인공적인 온실 가스 농축 때문일 가능성이 많다는 점을 보여 주고 있다. 과학자들은 온실 가스가 감소하지 않는다면 평균 세계 온도는 2100년까지 5℃까지 상승할 것으로 예측하고 있다. 세계 온도 상승은 해수면 상승을 일으킬 것이며 가뭄, 홍수, 폭풍 같은 심각한 기상 재해가 증가하게 될 것이다. 이것은 농업 생산에 극적인 영향을 미치며 융빙(glacier retreat)을 이끌고, 말라리아 같은 질환이 증가하게 될 것이다.(Porteous, 2000)

Greenwashing(**그린 워싱**) 그린(환경적으로 건전한) 그리고 화이트워싱을(나쁜 행위를 은폐하거나 미화함) 결합한 용어. 그린 워싱은 지속 가능하지 않은 상품, 서비스, 또는 실행에 대해 기업, 정치, 종교, 비 영리 조직을 환경문제에 대한 긍정적 연관과 연결시키기 위한 마케팅 또는 홍보 형태이다. 일부 경우에서 조직은 그린 상품, 서비스, 실행을 진정으로 제공할 수 있다. 그러나 마케팅과 홍보를 통해 이러한 그린 가치 시스템이 전체 조직을 통해 편재한다는 잘못된 믿음을 가지도록 이끈다.(지속 가능 경영 사전, 2008)

Infrastructure(**사회기반시설**) 어떤 장소와 관련된 건물 또는 항구적인 설치물. 생태관광을 위한 사회기반 시설은 종종 보호지역 내에서 개발되며 보통 물리적 개발과 변화에 대해 축소 또는 최소 접근법을 포함한다. 판자 산책로 및 관망 플랫폼 같은 사회기반시설은 자원 관리자에 의해 방문객들이 생태관광 목적지에 접근할 수 있도록 사용될 수 있는 반면 동시에 환경영향 관리 및 자연자원의 물리적 보호에 도움을 준다.

Institutional planning(**제도적 기획**) 기획 과정에 중심적이지는 않지만 환경 기획에 중요한 의미를 가지고 있는 제도 기관과 공공기관의 기획. 주요 기획 기관의 기능 중 하나는 총체적인 계획 목표와 함께 다른 기관의 목표들이 융화될 수 있도록 제안들을 수용하고 조정하는 것이다.

Integrated planning(**통합 계획**) 관광이 각 장소에 적절한 형태를 이루도록 관광 수용 지역사회의 사회적 그리고 문화적 우선순위를 고려하는 계획 과정.

Intergenerational equity(**세대 간 형평성**) 현 세대는 미래 세대의 이익을 위해 환경의 건강, 다양성 및 생산성이 유지되거나 향상되도록 보장해야 한다는 개념을 말함.

Internalization of environmental costs(**환경 비용의 내부화**) 환경 비용의 내부화는 경제 효율성에 대한 사회 및 개인적 견해가 일치하도록 하는 경제 환경 창조와 관련이 있다. 이는 구조, 보고 메커니즘, 그리고 목표를 이루기 위한 도구와 관련된다.

Interpretation(**해설**) 단순히 사실 정보를 전달하는 것이 아니라 본래 목적, 일차적 경험 및 설명 매체 사용을 통해 의미와 관계를 드러내는 것을 목표로 하는 교육 활동.

Intrinsic value(**내재 가치**) 그 자체로서, 그 자체를 위해 존재하는 가치.

Land use zoning(**토지 이용 구역제**) 토지 이용 구역제는 토지 구역을 민감성과 보존 가치에 기초한 지역들로 나눈다.

Limits of acceptable change(LAC) (**변화 허용 한계**) 현 세대와 미래 세대를 위한 자원의 보호자로서 한 사회가 수용을 준비해야 하는 자원의 최대 '손상' 수준을 확립하는 데 도움을 주고, 이러한 손상 수준과 일관된 최대 사용 수준을 정의하기 위해 사용되는 모델.(RAC 해변 지구 조사 정보 논문, no, 8, 1993)

Local community(**지역 사회**) 지역 사회 개념은 개인이 공통적으로 가지고 있는 어떤 것에 기초해서 특별히 구성된 사회적 관계들과 관련이 있다—보통 정체성의 상식.(예, Marshall, 1994: 73-76)

Management plan(**관리 계획**) 보호지역 또는 현지 지역사회 혹은 조직 내에서 공통의 방향으로 이끄는 목표의 기록과 실현을 조정하고 준비하는 과정.

Market demand(**시장 수요**) 특정 가격으로 얼마나 많은 경제재(economic good)를 소비자들이 구매하려 하는가.

Market supply(**시장 공급**) 주어진 기간 안에서 얼마나 많은 경제재 소비자들이 특정 가격으로 생산 및 판매를 하려는가.

Mass tourism(대중관광) 대중관광은 일반적으로 대다수 여행자들이 행하는 관광에 대한 대단히 중요한 용어로 간주된다. 심층적으로 특정 관광객 경험의 특수성을 탐색하면서, 이러한 명제는 대중 관광과 대안 관광 사이에 존재하는 중요한 이질성 및 동질성뿐만 아니라 이러한 관광 경험의 범위를 정하는 미묘한 뉘앙스 이해에 기여할 수 있다. 그러므로 이것은 이분 양식 안에서 대중관광의 일반 범주 그리고 그 안의 틈새 요소 유도 간 단순한 차별화의 문제가 아니다. 기호론적으로, 구조적 의미에서, '대안'이라는 호칭은 논리적으로 대조법을 의미한다. 이것은 전통적 관광의 부정적이거나 해로운 것으로 보여지는 것에 대립적으로 발생하며, 그러므로 항상 의미론적 반전을 가지고, 이것은 모든 차원의 담화에서 발견된다.

논리학 영역에서 대안은 단지 두 개의 가능성만을 제공하는 변증법적 패러다임에 기초한다. 두 개의 동시 발생적인 용어들이 '배중률'과 함께 상호 배척 안에 놓이고, 이것 아니면 저것이라는 결론을 남긴다. 그러므로 대안 그리고 대중 관광이라는 용어는 상호 의존적이며, 각각 그 자체 용어의 정의 상 내용을 구조화하는 일련의 가치 지향적 판단에 의존한다.

Microsocial(미시 사회) 거시 및 미시 사회는 사회학 환경에서 사용된다. 전자는 일반적으로 사회생활의 폭넓은 구조, 상호의존적인 사회제도, 세계적인 그리고 역사적인 과정을 연구하며, 반면 후자는 행동, 상호작용, 의미 구성과 더 관련이 있다. 그러나 사회제도와 사회적 행위자간 관계가 항상 명확히 구별되지는 않는다고 지나치게 일반화하지 않는 것이 중요하다. (예, Marshall, 1994: 298)

Motivations(동기) 무언가를 하기 위한 인간의 이유를 결정하는 요인들, 여행 환경에서는 누군가가 목적지까지 여행하는 이유.

Multiple use(다목적 이용) 예를 들어 국유림에서 목재, 광업, 레크리에이션, 목초지, 야생생물 보존, 토양 및 수질 보존 같은 다양한 목적을 위해 사용될 수 있도록 한 공유지 관리 원칙.

Natural(자연적) 자연 안에 존재하거나 자연에 의해 형성, 비 도시적; 또한 문화 양상들을 통합함.

Performance standard(**성능 기준**) 　바람직한 결과를 명시하지만 성능 기준 충
　　족 방법은 그 자체 명시하지 않는 환경계획에서 사용되는 기준.

Philosophy(**철학**) 　인간이 살고 있고 그들의 행동과 발전에 영향을 끼치는 모든
　　조건과 관련된 원칙 체계.

Precautionary principle(**사전 예방 원칙**) 　심각하거나 돌이킬 수 없는 환경 손상
　　위협이 있는 경우, 완벽한 과학적 확실성 부족은 환경 저하를 예방하기 위
　　한 조치를 연기하기 위한 이유로 사용되어서는 안 된다. 사전 예방 원칙
　　적용에서 의사 결정은 심각하거나 돌이킬 수 없는 환경 손상을 피하기 위
　　한 주의 깊은 평가 및 다양한 옵션에 대한 위험 가중 결과 평가에 의해 인
　　도되어야 한다.

Pro-poor tourism(**친 빈곤 관광**) 　지역의 고용과 수익 생성을 위해 가난한 지역
　　사회에서 관광을 이용함으로써 빈곤 감소 시도를 하는 대안 관광의 한 형
　　태. 친 빈곤 관광은 특정 상품 또는 관광 부문은 아니지만, 하나의 산업 접
　　근법이다. 이것의 목표는 경제적 이익이든 기타 생계 수익 또는 의사 결정
　　과정 참여이든 간에, 빈자들을 위한 기회를 여는 것이다.(Asley 등, 2000)

Protected areas(**보호 지역**) 　생물 다양성에 관한 국제 협약 2조의 정의에 의하
　　면 특정 보존을 위해 지정 또는 규제 및 관리되는 지리학적으로 한정된 지
　　역. 보호지역 시스템 특징은 다음과 같다. 타당성-개체, 종, 군집의 생태학
　　적 생존 능력 및 무결성을 유지할 수 있는 보호지역의 능력; 포괄성-보호
　　지역 내 완벽한 생태학적 군집과 그들의 생물 다양성이 통합되는 정도; 대
　　표성-국가 지정 보호지역에 포함되기 위해 선택된 지역이 알려진 생물 다
　　양성 그리고 생태학적 군집 또는 관련 생태계의 생태학적 패턴 및 과정을
　　반영할 수 있는 정도.

Recreation opportunity spectrum(ROS) (**레크리에이션 기회 스펙트럼**) 　ROS의 기
　　본 가정은 레크리에이션 경험 질이 다양한 범위의 레크리에이션 기회 제
　　공, 다양한 기호 및 사용자 집단 선호 충족에 의해 보장된다는 것이다.
　　ROS는 레크리에이션이 발생하는 환경에 초점을 맞춘다. 레크리에이션 기
　　회 환경은 어떤 장소에 가치를 부여하는 물리적, 생물학적, 사회적 조건 및

관리 조건의 결합이다. ROS는 기회의 실제적인 기여 및 가능한 관리 행위를 평가하기 위한 절차를 살펴 볼 수 있는 체계적 프레임워크를 제공한다.

Social impact assessment(SIA)(사회 영향 평가) 주요 개발 프로젝트들이 사람들과 사회에 미치는 영향 평가: 사회 영향 평가는 종종 환경 영향 평가에서 하나의 약점이다. 사회적 영향은 외부 변화에서 기인된 지역사회, 사회, 시설 구성원들간 사회적 관계 변화로서 정의된다.

Stewardship(관리) 주로 경제가치 제도 및 과학기술의 탁월성에 의존하는 인간의 지배를 통한 자연 관리 접근법.(과학적 이해에서 거대한 진보에 의해 지지됨)

Strategic planning(전략적 계획) 개인/조직이 의미 있고 바람직한 미래를 통제할 수 있도록 도와주는 역동적이고 이슈 지향적인 과정. 전략적 계획은 미래 운영이 무엇이 되어야만 할지, 그리고 그러한 미래를 위해 어떠한 전략이 따라야만 할지를 결정하는 과정이다.

Sustainable(지속가능한) 자연 및 문화환경의 장기적인 건강 및 무결성에 손상 없이 수행될 수 있음.

Sustainability(지속 가능성) 이것은 'ecological sustainable development: 생태학적으로 지속가능한 개발에서 'economically sustainable development: 경제적으로 지속가능한 개발'로 두문자어 'ESD'에서 문자 E의 대체에 의해 용어의 마술적 변형을 통해 발전되었다. 이것은 지속 가능성 개념이 해석될 수 있는 범위를 나타낸다. 그러므로 지속 가능성 개념은 종종 심오하게 다양한 이유들로 논쟁되고 전개된다.

Sustainable design(지속가능한 설계) 환경적으로 그리고 문화적으로 민감한 건물 설계, 여기서 건설 방법과 자재들은 환경에 최소한의 영향을 미친다.

Sustainable development(지속가능한 개발) 1987년 환경 및 개발에 관한 세계위원회의(WCED) 정의에 의하면 '미래 세대가 그들 자신의 욕구를 충족시킬 수 있는 능력을 손상시키지 않고 현 세대의 욕구를 충족시키는 개발'이다. 환경 보호 및 관리는 지속 가능 개발에 중심적이다.

Sustainable yield(지속가능한 생산량) 수확량 수준에서 그리고 자원이 상품과 서비스를 무기한으로 공급할 수 있도록 하는 방식으로 생활 자원을 사용함.

SWOT analysis(**SWOT 분석**) SWOT는 프로젝트/조직의 강점 및 약점 평가 그리고 시장에 존재하는 기회와 위협에 대한 분석이다.

Technocentrism(**기술 지향 주의**) 재생 가능 자원의 고갈 또는 파괴전에 새로운 상품 및 공정의 창조가 우리의 생존, 안락, 그리고 삶의 질을 향상시킬 수 있을 것이라는 사고를 지지하는 신념 체계.

Tourism Optimization Management Model(TOMM) (**관광 최적화 관리 모델**) 이 모델은 강력한 정치적 차원을 통합하는 LAC 시스템 하에 수립되었고, 최대 수준 또는 환경 수용력이 아니라 최적의 지속가능한 수행을 추구한다. TOMM은 전략적 요구사항 확인(정책과 최근 이슈 등), 지역 가치, 상품 특징, 성장 패턴, 시장 추세와 기회 확인, 포지셔닝과 브랜드화 그리고 지역 관광을 위한 대안 시나리오를 포함하며, 최적 조건, 지표, 수용 가능 범위, 모니터링 기술, 벤치마크를 추구하고, 연간 성과와 예측 성과를 통해 부족한 성과를 조사하고 원인/결과 관계를 탐색할 수 있도록 한다.

Tourism industry(**관광 산업**) 여가, 쾌락, 레크리에이션 욕구 충족을 위한 특정 활동을 수행하는 모든 협력 회사 및 조직들.(Stear 등, 1988: 1)

Tourists(**관광객**) 어떤 목적을 가지든 간에 평상적인 거주 장소에서 40 킬로미터 떨어진 곳에서 최소 하룻밤 묵는 여행을 하는 모든 방문객(세계 관광 기구)

User pay(**사용자 부담 원칙**) 개인 부분에 대한 관리 및 유지 비용은 사용하는 사람이 부담해야 한다는(부분적으로 또는 전적으로) 원칙.

Utilitarian(**공리주의**) 인간의 가치 면에서 미(美) 또는 정신성에 초점을 맞추는 것이 아니라 자연의 유용성에 초점을 맞춤-물질적 이익을 위한 인간의 자연 이용이 가지는 실용성.

Visitor activity management process(VAMP) (**방문객 활동 관리 과정**) 방문객 활동 관리 과정은 해설 및 방문객 서비스와 관련이 있다. 이러한 프레임워크에는 참가자의 사회적 그리고 인구통계학적 특징과 활동을 연결하는 활동 프로파일 개발, 활동 환경 요건 및 활동에 영향을 끼치는 트렌드가 포함된다. VAMP 프레임워크는 천연자원 관리과정과 함께 운영하기 위해 설계된다.

Visitor impact management(VIM)**(방문객 영향 관리)**　방문객 영향 관리 과정은 법률/정책 검토 및 과학적인 문제 확인)사회적 그리고 자연적인 문제 모두) 모두를 포함하고 있다. VIM 원칙은 방문객 이용 결과로서 발생하는 수용 불가능한 변화들을 확인하고 수용 가능 수준 안에서 방문객의 영향을 유지할 수 있는 관리 전략을 개발하는 것이며 동시에 방문객 영향 관리를 기존 기관의 계획, 설계, 관리 과정 안에 통합하는 것이다. 최상의 과학적 이해 및 이용 가능한 상황 정보에 기초 해 이러한 것을 시도하게 된다. LAC와 VIM 프레임워크 모두 수용 불가능한 것으로 간주되는 영향을 정의하는 수단으로서 표준과 기준에 의존하고 환경 수용력을 광범위한 관리 환경 안에 놓는 반면, 그러나 VIM은 계획과 정책을 언급하고 영향의 가능한 원인 확인을 포함하고 있다. 반면 LAC는 기회의 종류를 정의하는 것에 더 많은 강조점을 두고 있다.

Volunteer tourism**(자원봉사 관광)**　자원봉사 관광은 목적지를 방문하고 사회, 경제/환경 조건에 긍정적인 차이를 만드는 일종의 프로젝트 형태에 참가하는 여행객들에 토대를 두고 관광객과 지역사회 간 긍정적 상호작용을 강조한다. 프로젝트들은 보통 자연 중심, 인적 중심이거나 건물과 인공물의 복구를 포함한다.

Wilderness**(자연보호구역)**　포함하고 있는 식물 및 동물 군집과 함께, 유럽 정착지에 의해 상당히 변형되지 않았으며, 그것의 영향으로부터 멀리 떨어진 상태에 있거나, 그러한 상태까지 복구될 수 있으며, 그러한 상태 내에서 유지관리를 실행하기에 충분한 사이즈인 토지. 자연보호구역은 넓고, 실질적으로 변형되지 않은 자연 지역이다(또는 그러한 상태까지 복원 가능함). 이러한 지역은 비교적 자연적인 상태를 보호하거나 향상시키기 위해, 또한 비교적 변형되지 않은 자연환경 안에서 자립적 레크리에이션 기회를 제공하기 위해 관리된다.

Zone of opportunity**(기회 지대)**　특정 자원/관광명소뿐만 아니라 핵심적인 풍토 자원을 이상적으로 포함하고 있는 지리적 지역.

생태관광 여행사 및 기타 지속가능한 관광 자원 가이드

생태관광 & 지속 가능 개발 센터 www. Ecotourismcesd.org

크라이멧 케어 www.climatecare.org

지속가능경영사전 www.sustainabilitydictionary.com

호주 생태관광 협회(EAA) www.ecotourism.org.au

라오스 생태관광 www.ecotourismlaos.com

윤리적 도피 www.ethicalescape.com

지구의 벗 www.foe.co.uk

갈라파고스 보존 트러스트 www.gct,org

세계 자원봉사 네트워크 www.volunteer.org.nz

히말라야 트러스트 UK www. himalayantrust.Co.uk

국제 책임관광 센터 www.theinternationalcenterforresponsibletourism.org

국제 생태관광협회(IEA) www.ecotourism.org

국제 포터 보호 단체 www.ippg.net

호주 해석 협회 www.interpretationaustralia.asn.au

국제 자연보존 연맹(IUCN) www.iucn.org

생태관광 저널, 지속 가능 관광 저널, 국제 자원봉사 관광 및 사회개발 저널
     www.multilingual-matters.com

지속가능한 북극 관광 www.arctictourism.net

지속 가능 목적지 내셔널 지오그래픽 센터 www.nationalgeographic.com/
     travel/sustainable

지속 가능 관광 넷 www.sustainabletourism.net

사람과 지구 www.peopleandplanet.net

빈곤 해소 관광 www.propoortourism.org.uk

색 인 *Index*

역자 소개

채예병 (蔡禮秉)

· 현) 동서대학교 관광학부 관광경영학전공 교수
· 경기대학교 대학원 관광학박사(관광경영전공)
· 한국관광연구학회 부회장, 한국관광레저학회, 대한관광경영학회, 관광경영학회 이사

■ 경력

· 한국관광공사 기획, 평가, 총무, 인사부장, 관광마케팅 업무담당 조사편찬실장, 감사실장 등 엮임
· 성균관, 숭의, 용인대학교 시간강사, 경기대학교 겸임교수
· 관광통역안내사 (영어, 일어, 중국어) 국가자격시험 전형 및 면접위원
· 관광호텔 2급 지배인 국가자격시험 전형 및 면접위원
· 제1회 KORAIL 대학생 마케팅경진대회 심사위원장

■ 수상

· 세계관광의 날 교통부장관상
· 문화관광부주관 태권도 공모논문 문화관광부장관 우수상
· 세계관광의 날 문화체육관광부장관상

■ 주요저서 및 논문

· 그린 투어리즘에 관한 연구, 생태관광자의 구매속성에 관한 연구 등 다수
· 관광경영학원론, 관광법규, 관광자원론

김현지 (金賢志)

· 현) 동의대학교 상경대 국제관광경영학과 교수
· 일본 치바대학 대학원 이학박사
· 관광통역안내사(영어, 일어, 중국어) 국가자격시험 전형 및 면접위원

■ 주요저서

· 국제관광론, 국제관광의 이해, 문화관광론 등

생태관광론

초판1쇄 발행 2012년 10월 30일
2판 2쇄 발행 2022년 1월 20일

저 자   Stephen Wearing & John Neil
역 자   채예병 · 김현지
펴낸이   임 순 재

펴낸곳   (주)한올출판사
등 록   제11-403호
주 소   서울시 마포구 모래내로 83(성산동, 한올빌딩 3층)
전 화   (02)376-4298(대표)
팩 스   (02)302-8073
홈페이지   www.hanol.co.kr
e-메일   hanol@hanol.co.kr

ISBN 979-11-5685-596-5